宗教世界與世界宗教

吳汝鈞 著

臺灣學生書局印行

自 序

　　通常一本著書寫完，作者會寫一篇序文，以交代寫書的動機、經過和期待。這本書也不例外。可是當我拿起筆來，又不知寫些甚麼東西才好。或許可以這樣說，我過去在香港浸會大學宗哲系教了十五年書，主要是講授佛學的課程，包括印度佛學與中國佛學。那時剛好浸會大學要開設宗教研究（Religious Studies）的學位課程，把有關資料寄到英國的一些大學評審。有關人士看到其中大部分都是基督教的課程，卻沒有佛學方面的，宗教系怎能沒有佛學課程開設呢？於是提議補上佛學的課程。浸大宗哲系便找我來開設佛學課程。便是這樣，我被聘任教浸大開講印度佛學與中國佛學，一待便是十五年。這可說是影響了我下半生的生活與心路歷程。當時我正接受過脊骨融合的手術，在積極地撰寫加拿大麥克馬斯特大學（McMaster University）的博士論文，準備短期內便回加拿大繼續把論文寫好，在那邊找一份大學教職，待在那邊，像很多留學美加的亞裔人士那樣。倘若真是那樣做，我的學術研究的歷程和成績一定不是像現在那樣，起碼不會寫那麼多的書，更不要說開拓自己的純粹力動現象學的哲學體系了。但事實的確是如此。我是以研究佛學為專業的，怎麼會待在有濃厚的基督教背景的浸大十五年之久呢？我自己也感到奇怪，有時想起來也覺得莫名其妙。但事實確是

如此。現在已離開浸大多年，回過頭想這件事，覺得很陌生，好像未曾發生過的樣子。其中一個原因，可能是因為浸大一向比較自由，我除了講課外，未有積極參予其他的行政工作，校方和系方也沒有施壓，要我做些行政上的事。便是因為這樣，我便可有充足的時間做自己的研究。沒有課上我便待在家裏，閉門寫書，不必每天都到大學裏面去。

　　我在香港浸會大學除了教佛學外，也要教一些通識的科目，最常任教的，便是世界宗教（World Religions）。幾乎每個學期都教。這本來不是我的專業研究範圍。但既然要教，便得在這方面多看些書，臨渴掘井。居然看了不少東西，而且每個學期開始，我都把教材溫習一下，看看有哪些地方講得不足夠的，便作些補充。這同時也逼自己多留意宗教哲學的問題。這些教材越積越多。近日拿起來翻閱一過，覺得值得整理，以著書的方式寫出來，對一些青年朋友可能會有點用處。於是便開始撰寫，幾個月便寫完了。由於我對宗教哲學和西方的宗教認識不足，或者簡直是很有限，因此不能從學術研究的角度來寫，只能寫思想性的，甚至是通俗性的。希望讀者不要對學術性方面有很多要求，這樣我便感恩不盡了。這不是客氣，而是實情。由於看的書比較多，材料也很龐雜，我把很多別人的觀點也吸收進來，變成自己的理解了。因此，書中一些內容，哪些是參考別人的，哪些是原來知道的，或自己體會出來的，都分不清楚了，敬祈讀者垂注。

　　回顧在浸大十五年教學生涯中，可以以「寂寞」兩個字來概括。宗哲系的同事每人都有頗強的性格，也頗覺得拿了博士，又在大學中找到安定的教職，因而表現出很強的主體性。系主任更時常

以權謀私。只有余達心先生比較謙虛些，也比較有眼光。但他待不
了幾年便離職了，去主持他一向服務在其中的中國神學研究院了。
那大約是一九九三、九四年間的事。我在浸大也待了五年了，應該
有警覺性，另覓棲身之所。但我好像懶得去想，不求改變，竟一直
待了十五年，才離開浸大，到中央研究院中國文哲研究所。十五年
後，才由副校長曾憲博教授拍板，讓我到中研院，但以合聘教授的
身分，一年中有四分之一時間回浸大，繼續講授佛學，而且我的著
作，可以為浸大視為內中教師的著作來錄用。於是便這樣決定了。
副校長知道我的著作多，能把我的著作列在系中教師的著作欄中，
對系的學術研究會有積極的作用。事實上，我的著作，就量言，比
系中其他教師的著作加起來還要多。而且他們的著作很多時是編
的，不是著的。我並未有編過甚麼書。起碼在那個階段是如此。系
中有同事曾稱我是一個多產的老師（prolific lecturer）。當時系中
有一個書架，放著系中同事的著作，比較之下，我的著作等於他們
的兩倍。而奇怪的是，我的一些重要的著作，擺不了幾天便失了
蹤，不翼而飛了。到底這是甚麼一回事，我到現在還不清楚。當時
我覺得副校長的提議很好，便接受下來。但中研院雖有跟其他學術
機構建立合聘的制度，但名單上沒有浸大。於是我便從浸大裸退，
到中研院作研究。我才發現中研院比較適合自己。因為浸大一向被
香港政府定位為教學性質的大學，不是研究性質的，因此不很重視
教師的研究成果，反而教學方面非常重要。教師的教學成績，只能
在學生的教學評估表中顯示出來。這對我來說，非常尷尬。我一向
不大順從學生的意願。他們總是要求我派發講義。我知道他們是想
缺課，有了講義便可應付考試。這樣，他們便可一邊在大學中註冊

為大學生，同時也可用很多時間在外面工作，賺錢使用。我不大喜歡這樣做，也不認同。於是不發講義。結果往往不討好，學生在對我的教學評估方面不予支持，有時竟給我負面的批評，特別是在通識課程中為然。這對我在大學中的升等，造成障礙。因為浸會對於教師有三方面的要求，一是教學（teaching），一是研究（scholarly work），另外是服務（service），每一方面都置設一個門檻（threshold），教師要在這三方面都具有一定的水平，才能升等。我認為這是過於苛求，不合情理。一個人只有一副腦袋，怎能同時在這三方面都有良好的表現呢？即使是諾貝爾得獎人不見得必能達致這個標準。最令人難解的是，服務應該是職員的事，不是教師的事。不然的話，大學拿那麼巨額的錢，請那麼多行政人員，他們不做出服務，做甚麼呢？我在教學方面，特別是主科方面，表現得最好。這可由最多學生找我作他們的畢業論文（Honours Project）的指導教授便可見到。初步統計，十多年來，每一個教師平均指導十五個學生寫畢業論文，而我自己負責指導學生寫這些畢業論文，有五十多篇。這是教學質素的明證，如果你教學記錄不好，沒有學問，便不會有學生請你指導他們。但姓鍾的系主任卻說這是教師的本務，沒有積點（credit）可言。但這是說不通的。指導一個學生寫畢業論文，需要花費相當的時間和精神，其實也有服務的意味在裏面。在教學上的成績，更不用說了。難怪另一系的同事說，他們要讓你升等，便升等；不讓便不讓；你無話可說。洋教師有較高的升等的機會，這其實是崇洋心理在作怪。在英國政府統治時期猶可說，但一九九七年後香港回歸中國，成為特區，還這樣崇洋，實在令人不解。

　　我是研究佛學的,也負責任教佛學的一切科目。在具有深厚的基督教背景的浸會大學教這些科目,是有點尷尬的。我初入浸大,便定下一種心理:只在課室內講佛學,在課室外或課餘,絕口不提佛學的學問。但還是不能避免麻煩。有一次,大概是在一九九三年,系主任沈志飛(J. Sharp),突然召我到他的辦公室去,以警告的語氣說有些人聽到我在校園中批判基督教。我覺得很詫異,因為我沒有這樣做。於是我問是對誰批評?批評甚麼?何時何地批評?沈博士答不出來,說內情不能跟我說。這不是莫須有麼?我說如沒有其他詢問,我便回辦公室去,因為還有事要處理。沈博士沒說甚麼了,也未交代批評的事,沒有道歉,便讓我離開了。我覺得他很無聊。這是我在浸大十五年中很不愉快的事。

　　上面提到,系主任以權謀私,我姑舉兩個例子。浸大有教師休假制度,但這不是教師的權利,而是看特殊的情況而定,不像香港中文大學與香港科技大學,教師每連續教課五年,便有一年休假。浸大原則上是每三年有半年休假,這需要多方的配合,才能成辦,不能影響教學,而且是論資排輩,服務時間長的有優先權。同時,休假不是休息,而是要到外面的大學或研究機構進修或作特別研究,取得有關的接納證明,才能申請。而且每個學期只能有一個同事休假。有一年,我跟鍾博士約好,上半年他申請休假,下半年則我申請。結果中途殺出一個程咬金。上半年系主任盧博士休假,下半年則鍾博士休假,我的申請落了空,申請案是白做了。原來盧博士也要休假,但論年資,鍾博士最優,其次是我,盧博士是較遲才來浸大任教職的。他知道他的申請是不會通過的。於是把鍾博士的申請推到下半年,與我的申請競逐,結果鍾的通過,我的不通過。

盧主任的申請自然通過。因他運用他的權力，把鍾和我的申請排在下半年，上半年只有他的申請，自然是通過了。另外，又有一年，系主任鍾博士在他的任內最後半年，讓盧博士休假，翌年盧博士接任，馬上讓鍾博士休假，這不是私相授受、檯底交易麼？我私下算一下，在待在浸大的十五年之間，我只休假了一次，鍾博士休假了四次。其中自然有人心中有鬼，運用手段，以達成目的。

　　浸大的學生，就質素而言，一年比一年差，其他大學也有類似現象。有人推測，這是英國人故意弄成這樣的，他們想把香港的大學搞垮，在一九九七年香港回歸中國以前，大量認可大學的成立。香港最初只有香港大學，後來成立了香港中文大學。然後又有香港理工大學和城市大學成立。再後又准許浸會學院、嶺南書院和公開進修學院轉換、升格為大學。回歸之後，又有樹仁學院轉為大學。目前在審查的，有香港師範學院，這早晚會升格為大學。香港有這麼多的大學，入讀大學的機會大大增高，有些資質很差的學生也進大學，嚴重扯低了大學生的質素。浸大的宗哲系更慘，別系不肯收容的學生也躲到宗哲系來。較近的一年，有一個宗哲系的女生來到我的辦公室，說要跟我分享耶穌的福音。我說好呀，便請她講一下耶穌的道成肉身的問題。她講了半天，重複又重複，總是講得不清楚。我心想巴特（K. Barth）的《教會教義學》（*Kirchliche Dogmatik*）我也看了，你能與我分享甚麼耶穌的福音呢？結果她留了班，很多科目考試都不及格，包括我所教的佛學在內。她的同學說她花費太多時間在團契的工作中，所以唸書唸得不好。

　　最後我還是在退休前三年離開浸大，到中央研究院中國文哲研究所來。這裏便有些不同，同事們各有專業的研究，態度謙和。鍾

彩鈞所長更是平易近人，能包容海涵。我能獲得傑出人才講座和當上中研院的特聘研究員，都有他的支持在裏面。在此也一併向他表示謝意。

回返到這本小書方面。我主要是闡述世界的較為流行和具有影響力的宗教，如印度教、佛教、猶太教、基督教、道教、伊斯蘭教、神道教等，其他的部落的宗教，非我所知，便不能探討了。這便是所謂「世界宗教」。另外，我又對宗教本身作些反思，看看它的信仰、義理、儀式諸方面的特性，這便是「宗教世界」。另外，我又討論及一些具有宗教的功能、意涵，但不具有固定儀式的教派，如儒學、道家、京都學派和我自己近年提出的純粹力動現象學。書中第一、二、三、四、五章是講宗教世界的，其餘則是講世界宗教的。嚴格來說，宗教世界與世界宗教是不能截然分開的。很多時我們可從某一世界宗教中，看到宗教的性格、品質，亦即是宗教世界；也可就宗教世界的內容，看到某一世界宗教的不足處。例如就宗教的平等性，反映出猶太教的神選說的偏隘、流弊。

讀者可能也覺察到，在宗教的義理與宗教的儀式之間，我是比較偏重前者的，因此敘述、闡釋也較詳細。我的理解是，宗教的儀式有現象性格，會隨著歷史的發展而有相應的調整、改變。宗教的義理則較具普遍性，與真理的距離也比較近，因而有較濃厚的本質意味。儒學所強調的三年之喪和民間一般的夜間在靈堂守候的表達哀思的方式，隨著社會經濟結構的改變與現實的快速的生活步閥的增強，可作適度的調整，但人對父母的孝心和對親人的思念應該具有普世價值，是不應隨便放棄的。在普世價值與儀式之間，我想前者應居於較重要的位置。

在這裏試對參考書目作些交代。由於這本書主要是思想性的，不是學術性的，雖然有些地方仍脫不了學術性的意味，而讀者也偏重在中文學界，因此，我列了很多中文的參考著書，其中也有一大部分是翻譯，這對中文讀者較為方便。近幾十年來，由於大陸方面的改革開放，很多有心的學者翻譯了多量的西方宗教和宗教哲學的著作，品質一般也不錯，因此我在這參考書目中，列了很多這方面的著書。每一本我都翻過一下，確認有參考價值，才列入。同時，為了迎合東方讀者的興趣，我也把有關東方宗教內容的著書列入。不過，在佛教、儒學、道家和日本京都學派的參考資料方面，在我所寫的其他著書中已有相當周延的列述，因此，在目下這本書的參考書目中，我並未有詳細列出這方面的資料，而只列有代表性的，這是為了避免重複的緣故，請讀者諒察。事實上，這本書的題裁所牽涉的範圍非常寬廣，要列舉所有有關的參考文獻，非得以一本書的形式來處理不可。我並沒有這個意圖。如上面所說，我比較多列中文的資料，以遷就我國的讀者。在外文的資料方面，有英文、日文和德文方面的。我國讀者比較多接觸英文的，對於日文的、德文的則比較陌生，故書目中收入較多的英文著書，日文與德文的著書則較少列入。這自然不表示在日本與德國中，很少人關注宗教研究的問題。

關於這個參考書目，我擬好名單，由趙東明博士代為編排次序，謹此致謝。

二〇一三年一月
於南港中央研究院

宗教世界與世界宗教

目　次

第一章　宗教是甚麼

　　在我們日常的生活中，總會有些信仰，對一些事物具有信心，相信它們。例如在咖啡店點了一杯咖啡和一塊三文治。咖啡和三文治來了，便喝便吃。我們不會有咖啡或三文治可能有毒，喝了、吃了便會死亡的想法。這表示我們對這家咖啡店有信心，相信老闆和伙計不會加害於自己的想法。這信心或相信，便有些信仰的寬鬆的意義。宗教當然包括信仰，但不是對咖啡店的信仰，而是對一些抽象的東西如上帝、神祇或祖先的信仰。有時也涉及對一些具有獨特性格、能力或德行的人的尊敬、膜拜，如觀音菩薩、關帝或孔子等。他們可以是歷史人物，也可以不是。

　　信仰是宗教的開始。宗教信仰雖然有上述諸點的意思，但它的內容要深廣得多。我們一說到宗教，總會想到神聖方面的（sacred）東西，認為宗教是關聯著神聖的事物的精神的活動，有時也有情感在裏頭。有人認為宗教是與神聖者相遇合（encounter, Begegnung），得到後者的加持、照顧，而影響到個人的行為、際遇。或人與某種神聖而不可測度的力量，使人在精神上得到昇華，超越現實困境的力量的關係。又有人以為宗教能給予人安全感，是人對絕對的、超越的、神聖的對象的依賴感，或對於具有大能的靈性的或屬靈的存在的信仰。更有人認為宗教不是哲學，不是神學，

不是世界觀（Weltanschauung），而是在與神聖者的交往中的這些東西的總合體。

就較低層次說，一提到「宗教」，一般人會很快想到寺廟、僧侶、道士、傳教士、教堂、清真寺、祈禱、禮拜、禪坐、唱誦等東西，或者某一特殊的、個別的宗教的建築物裏面的物件或擺設，如佛像、十字架、聖母像、天堂與地獄的圖像、鐘、鼓等各種法器，以至咒語、符水之類。或者一些宗教活動，如告解、懺悔、寫經（抄經）、拜祖先、禮佛、超渡亡魂、放生，甚至在教堂中舉行婚禮。這些活動多是在嚴肅的氣氛與莊重的儀式中進行的。至於剃度、洗禮之類，更不用說了。[1]

---

[1] 我們或許可以換一種方式說：宗教是人對上帝、靈魂和鬼神的信仰，與它相牽連的，有教堂、寺院、清真寺、神廟、佛碑、大雄寶殿、聖像，及種種的祈禱、素食、守戒律或清規、禮拜、鬼上身（靈魂附體）、跳神以至種種式式的巫術耍弄之類的活動。心理學家喜歡從人的內心世界來看宗教，認為宗教展示人對於未知而將要到來的事情的疑惑與畏懼，也有依賴權威的傾向；也表示人的幻想，希望死後能處身於一種平安的、清淨的環境，去絕一切暴力與殘殺等逼害活動。社會學家則擅以氏族社會來說宗教的生起，人們通過宗教，把整個氏族團體連繫在一起，其中各各分子相護相持，以避免外來者的入侵與逼害。

說得比較深刻一些，我們也可以說，宗教是人的意識形態的表現，是人對自身、人的生活以至自然世界的認識或意識，這意識可通過信仰活動表現出來。這些活動有它們自身的對象，如上帝、真主、佛，或不同的、各種的自然神靈。這些對象的存在形態，不是人的理性所能客觀地認識的，它們來自人的主觀的想像。各區各域的人，各有他們自身不同的想像，因而這些對象（信仰對象）各自不同。不過，其中

　　就深刻的精神的層次來說，或從義理方面來說，宗教是一種甚麼樣的東西呢？日本當代大哲西田幾多郎以「心靈的事實」或「心靈的真實」來說宗教。這便較有哲學的意味，以心靈、精神方面來鎖定宗教的源頭和目標，而且有一種使宗教內在化、實存化的意義。即是，宗教是一種關乎個人的主體性的提升、開顯的活動，是理性的、自覺的，不是迷信的、盲從的，不是被人牽著鼻子走的。主體性、理性、自覺都是就心來說，不會向外物或外在對象傾斜，哪怕是對於外在而超越的機械化的對象的膜拜。

　　西田幾多郎說宗教是心靈上的真實，主要是點出宗教是一種作為終極主體性的心靈的活動，不能外在化、對象化。這是真正的自覺：自己對自己的自我同一、自我認同。在這裏，一切外在的、對象性的東西都湊泊不上。關於這點，我舉禪宗中流行的「達摩安心」或「慧可斷臂」的公案便會很清楚。或說當年由印度而來的菩提達摩（Bodhidharma）（禪宗第一代祖師）正在嵩山少林寺旁的岩洞中面壁禪坐，慧可（禪宗第二代祖師）立於洞口，等待達摩大師啟導。達摩一直不理不睬。到了隆冬，洞外下起大雪，慧可仍然在洞口站立，積雪到了半身，大師仍然無動於衷。慧可為了表明決

有一點是共通的：這些宗教信仰的對象，都具有一種超乎人間的（supernatural）能力。人不能做到的事，他們能做到。他們或者是菩薩、神仙、上帝、妖魔、精靈，以至作巫術的童乩，他們各自有自己的神秘的力量，他們所處的世界，都是神秘莫測的，不是凡人以一般的力量所能進入的。重要的是，人相信他們控制以至主宰自然世界，決定人的命運。依於趨吉避凶的心理，人不得不信奉他們、禮拜他們。希望自己能擺脫厄運，過幸福快樂的生活。

心，竟拔出刀來，霍然斬斷臂膊，血流如注。這終於動觸到大師的慈悲之情，便請慧可進洞，問他有甚麼疑難，慧可告以內心總是未能安穩下來。大師便說：你把心拿出來，待我替你安穩它。慧可答不出話來，被逼退到牆角。最後他釜底抽薪，爆出一句話來：我到處去找心，但找不到呀！（覓心了不可得）然後恍然大悟。大師再補一句：我已替你把心安穩下來了。此中的密意是，慧可一向把自己的作為最高主體性的心從生命的內裏向外推出去，使它成為自己在知識論上的對象。這是心的外在化、對象化，因而也變了質，變成相對的性格。到達摩叫他去「覓心」，此心已被推向於外了，成為對象了，故「覓」不到。但正在這覓不到的當下，他猛然醒覺到心的超越的、絕對的性格是不能外在化、對象化的。達摩最後說已替他把心安穩下來（我為汝安心竟），是印證他的覺悟。這種印證（certification），只有佛或祖師才能做，其他人都不行。我們可以由這一公案理解西田所說的「心靈上的真實」。

倘若讀者認為這樣還不能讓人清晰地確認自己的絕對的真心，我們也可以引述德國神學家田立克（P. Tillich）的說法來助解。田氏以「終極關懷」（ultimate concern）來說宗教的本質。即是，宗教是有關終極的關懷的事，表示我們對終極問題如罪惡、苦痛、死亡的現象的關切，這些現象都是有終極性格的。「終極」是最後的、無可替代的、不能進一步還原、化約的。田立克說：

> 宗教是為一種終極關懷所緊抱的狀態，這種關懷使其他所有的關懷成為準備性格的，它自身包含有關我們的生命意義的問題的答案。因此，這種關懷是無條件地誠懇的，它顯示一

種意願：要犧牲與這種關懷衝突的任何有限的關懷。[2]

即是說，在我們日常生活中，有很多事情是要關心的、關懷的、要處理的，其中以宗教信仰的事務為關懷的焦點，它是終極性的（ultimate），比任何其他關懷具有價值上的（axiological）先在性。我們要把宗教信仰的事務放在首位。當這種事務與其他事務在時間與空間上有衝突、矛盾時，魚與熊掌不能兼得時，便應把其他事務暫時擱置，先處理宗教的事務。這種取向，與我國傳統儒家的看法顯然不同。儒家認為我們最重要的事務，是道德的實踐；在這種實踐中，我們要開顯自家所本具的道德的主體或道德理性，並且把它拓展開去，由主體以及於客體，更擴張到天地宇宙的形而上的界域。孟子講「盡心知性知天」，陸九淵講「吾心即是宇宙」，便是展示這種意涵的。日本的京都學派便不是這樣看。他們認為宗教與道德相比，更有其先在性。宗教與道德相比，宗教是絕對的，道德則仍有善惡的相對性。道德必須被解構，真正的宗教的建立才能說。

另外，說終極關懷，表示關懷有兩種：終極關懷與非終極關懷。非終極關懷所關心的問題或對象是權宜性格的、有變化的、經驗的、受時空限制的。例如參加一個宴會，要穿甚麼樣的衣服呢？朋友生日，請他吃飯慶祝，要到哪家飯館呢？等等，不一而足。終極關懷所關心的問題或對象具有終極性格，不是主觀的、情緒的，

---

[2]　P. Tillich, *Christianity and the Encounter of the World Religions*. New York: Columbia University Press, 1964. pp.4-5.

對時空有超越性。例如問宇宙的來源、生的來源與死的歸宿、信仰的對象、道德的基礎之類，以至對在現實人生總是存在著的苦痛煩惱與由死亡而來的畏懼的超克（徹底的、絕對的、永恆的超克）。再說得完整一些，宗教的終極關懷是要追求和實現一種絕對完滿的事物或境界。現實的事物都存在於時空之中，因此都是相對的、有限的，這便不完滿。終極關懷的對象則是絕對的、無限的，例如永生、極樂淨土、最高善、全知、全能、天國、涅槃之類。

倘若認為終極關懷還是過於抽象，一時難以把握，則我們可以作些補充。終極關懷涉及一些極為寶貴、有價值的東西，是我們可以生死相許的東西，如個人的人格尊嚴、對國家民族的忠誠、權力、名譽、地位、親情、愛情、承諾的實現，以至宗教上的覺悟、解脫的目標。所謂「問世間，情是何物，直教生死相許」中的「情」。這情可以是愛情、親情、友情、情義、天地宇宙之情。莊子說的與天地精神相往來的懷抱，也可以是終極關懷的對象。[3]

3　上面講宗教的契機，是從主觀一面看，人從甚麼樣的情況下，選擇他
　　的安身立命之所。因此不同的人，其生活背景、思維方式和願望、理
　　想等都可以不同，故每個人要進入宗教的殿堂的動機、契機，都可以
　　不同，甚至相差很遠。倘若從偏向客觀的面相來看，看宗教的成立、
　　興起，便可以有不同的風光。關於這點，可以說是與客觀的整個生活
　　模式有密切的關聯，這也是一件值得探究的問題。即是說，人在初始
　　時候，在現實的、物理方面是非常脆弱的，沒有抵抗種種自然的災害
　　的能力，對於洪水猛獸的侵襲，是不堪一擊的，基本上都是受到外在
　　的大自然力量所支配。他們便幻想有各種超越的、超人間的神靈來保
　　護自己。這是初期的情況。及後，人的文化逐漸發展，有了文明的社
　　會，又由於現實上的種種規限，受到多種不平等的事情的壓逼，但他

們又不能脫離現實的環境，在這種情況下，他們對來世產生一定程度的幻想，希望未來的環境是美好的，在現實上沒有得到的東西，可以在來世擁有。他們相信天堂、地獄、上帝、仙人的存在性，更盼望冥冥中有主宰，為他們主持公道。他們也有因果報應的信仰。這些點，都是宗教得以興起、成立的因素。

另外，人進入文明階段、時代，自然會有文化。而宗教與文化的關係，非常密切。在原始時期，宗教因素幾乎無處不在，人的一切文化生活，都留下宗教的痕跡。它常常透過種種藝術的文化模式，如繪畫、音樂、建築、歌唱、舞蹈以及詩歌、雕刻，甚至書法中表現出來。不同民眾、民族的物質文明和文化涵養，他們的願望、理想，會透過不同的宗教模式與活動反映出來。宗教便這樣出現了。

第二章　宗教的內容

　　談起宗教，它的內容是不能免的。通常是就教義與儀式兩方面來說。但這並不足夠，應該包括教主或創教者、所宗奉的聖典、教徒，再加上誡律與教會組織，才算周延。這是就公認的世界三大宗教即基督教、回教（伊斯蘭教）與佛教而言。當然還有很多影響力較小，又未有完全包括上列諸項內容的宗教，如猶太教、印度教、道教、淨土真宗（在日本發展開來）、密教（在印度、西藏與日本都有發展）、神道教、耆那教、錫克教、蘇非教與薩滿教等等，以下我們都會談論到它們。另外，有些思想派別，並不完全地包括上列諸項內容，但具深邃的教義或義理與廣遠的影響，例如中國的儒家與道家。又有從基督教分化出來的德國神秘主義。我們也會牽涉到它們。

　　對於教義與儀式，通常是以兩方面來說它們：以宗教的本質來說教義，以宗教的現象來說儀式，後者也可包括一般所謂的宗教運動。在教義方面，我們通常強調基本概念或終極觀念，這是某一宗教的理念，一切義理，都是在這一理念的脈絡下開展出來。例如基督教的理念是愛、天堂。神造萬物，包括人在內。祂是以愛來宣示神的恩典，祂的內容便是愛。即使世人犯了罪，甚至原罪，神亦以道成肉身的方式，化身為耶穌，來到世間，犧牲寶血甚至生命，為世人贖罪。這種愛有很多種表示方式，較明顯的，便是藝術與音

樂。德國巴洛克時期的巴哈（J. S. Bach）便曾表示，他是以音樂來顯示神的愛的福音。佛教的理念則是空、涅槃。它是以緣起來說空，以還滅來說涅槃。所謂緣起是以一切事物都是依因待緣而生起，因而不具有常住不變的自性。我們明白了這個道理、真理，便不會生起執著，這樣便能免除種種顛倒的見解，不會生起種種顛倒的行為。這是一種對作為終極真理的空的理解與實踐，最後便得著覺悟，成就解脫，而達致無生無滅的、永恆的涅槃境界。儒家的理念是道德意義的仁，這仁有主體的面相，也有客體的面相，最後遍及於天地、宇宙。唐君毅先生以天德流行來說儒家的境界，是恰當的。在實踐方面如何能體證仁呢？這有很多途徑，依修行者自身的主觀條來決定。孔子便說「克己復禮為仁」、「剛毅木訥近仁」。仁是德性意義的公心，公的精神。人若能隨順這公心的仁來生活，最後便能成就聖賢的人格。道家的理念是道、無、天地精神、自然。這些觀念的意涵很接近，都有終極真理的意思。人如何體證這終極真理呢？老子教人「致虛極，守靜篤」，即是致虛守靜，一切本於虛心而低調行事。莊子則教人「坐忘」、「心齋」的工夫，要淘洗自身的虛妄的人心、成心、識知心，以求同於大通、大道。能這樣做，最後便能實現聖人、真人、神人的人格。印度教則以大梵實體作為其理念，這實體落在我們的個別的生命存在中，則成為我。大梵和我本來都是清淨無染的，但自我在周圍的染污環境中，不斷受到負面的經驗的熏陶而變得虛妄不真了。這種宗教要人進行種種瑜伽的工夫，對自己不斷加以淨化（purification），回復與大梵相通的清淨的本質，最後回歸到大梵方面去，而認同於大梵，成就「汝即梵」（tat tvam asi）的終極理想。

　　若就理論立場一面來看宗教的本質，則一切宗教離不開實體主義（substantialism）與非實體主義（non-substantialism）兩種形態。實體主義肯定天地宇宙的終極原理是一個超越的實體，它常自不變，但是動感性格，具有真實的、充實飽滿的內容（Inhalt）。[1]它是一切存在事物的形而上的根源，創生萬物而又導引萬物運行不息。世界上很多偉大的宗教，自古及今，自東至西，都是實體主義的形態。西方猶太教的雅克維、基督教的耶和華和中東的伊斯蘭教的安拉，都是大實體，而且是人格神。東方的印度教的梵、儒家的仁、天道、天理，以至良知，和道家特別是老子的道、無，都是實體性格。日本的神道教的天照大御神，也應是實體形態。

---

[1]　實體主義所肯定的終極原理，基本上都是健動性格的、能活動的。只有動感，才能說對萬物的生化作用。但亦有例外。如柏拉圖所提出的理型（Idea），是實體性格，但不能活動，缺乏動感。它存在於寂靜的理型世界中，和存在於經驗性格的現象世界中的萬事萬物遙遙相對應。現象世界中的一切東西，都是理型世界的理型的倣製品。這些倣製品各有自家的圓美狀態的理型。如球的理型，存在於理型世界中，但現實世界中有很多不同的球：籃球、足球、水球、乒乓球、桌球、保齡球，甚至羽毛球，都是球的理型的倣製品。但柏拉圖的理型是靜態的，沒有動感，不能移動，它如何被移動到現實世界，讓有關的東西被倣製出來呢？柏拉圖便搬出上帝來說。在他看來，上帝具有動感，能移動理型。但上帝也有祂的理型，這理型也是靜態的，需要另一上帝來推動祂。這就要預設另一上帝。這樣便會構成無窮追溯。這正是理型說的概念的、理論的困難。故後來亞里斯多德提出四因說的形而上學，建立動力因、目的因來解決這個困難。關於這點，我不想在這裏涉入太多。我只想補說一點。柏拉圖的理型是圓滿無缺的，它是純然的理。而現實世界或現象世界的東西都是有缺失的，不是圓滿的，這是由於它們的物質性的緣故。凡物質性的東西都不圓滿。

　　另外一種非實體主義則確立一負面的或否定性格的理境為終極原理。它是虛的，不是實的，因此很難說形而上的體性，但不是一無所有。倘若以精神空間或意識空間來說，則庶幾近之。與實體比較，非實體有明顯的靈通無礙性，在這裏也可以講動感。這動感是就形而上的體性的淘空而展現為一種包容性或無所不包性而說的。佛教華嚴宗所說的在法界緣起中諸種事物的相互攝入的關係，也可以說是非實體主義的導向（dimension）。這樣的非實體主義形態的宗教，在西方比較少見，較明顯的是從基督教中開拓出來的德國神秘主義（Deutshe Mystik），其代表人物是艾卡特（M. Eckhart）和伯美（J. Böhme）。他們不視上帝為有（Sein），而視之為無（Nichts），這無與我們人自身是同質的。這便打破了西方的正統的基督教所確定的人神異質的框架、架式，把上帝從上面拉下來，與人齊頭並觀，因而被正統的教會視為異端邪說。至於東方的宗教，如佛教所講的空與禪所講的無（無念、無相、無住、無一物），則是非實體主義的精神方向。道家的莊子和魏晉玄學的道或天地精神也屬這種思想走向。日本哲學中的虛無的思想，特別是京都學派所講的絕對無、場所的觀念或理念，都是這樣的哲學形態。西方的哲學一直都是走實體主義的路向，只是到了近現代，才有非實體主義的想法出現，例如尼采、海德格和懷德海。特別是懷德海，他講機體主義（organism），而不講實體主義。

　　以上是就宗教的教義或義理方面說。以下要就宗教的儀式或現象方面說。一說到儀式，我們馬上會想到修行的方法。各宗各派都有其獨特的修行方法，其目的不外是要與神明溝通，尋求覺悟與解脫。這覺悟與解脫，基本上依循兩種途徑：自力與他力。自力是以

自己的努力為依據，以求得覺悟、解脫。他力則依仗一個外在的他力大能，藉著祂的慈悲、恩典，而得救贖、解脫。所謂他力大能通常指一個具有超人的力量的神明，如上帝、救世主、佛、菩薩、天師、童乩、大御神之類。一般所謂的聖賢，或真人、至人，也可以包括在內。不過，就儒家與道家而言，聖賢（儒家）、真人、至人（道家），不一定是大能，他們只是一些德行或工夫非常深厚的人，能夠透過教導、講學的方式，讓一般人理解人生的意義、終極的真理，和進行艱鉅的實修實證工夫，達致宗教上的覺悟、解脫的目鏢。他們最終能否成功，還是要靠自己的努力。

　　如上面所說，不同的宗教有其不同的儀式。基督教奉行施洗、祈禱、告解、懺悔、瞑思、靈修。伊斯蘭教奉行淨身（用水或沙粒）、禮拜。印度教奉行苦行、Oṃ 聲瞑想。佛教奉行剃度、坐禪、念佛、放生、超度亡魂、封棺說法。道教奉行呼吸運氣（吐納）、煉丹術（丹鼎派）。密教奉行阿字觀、曼陀羅（maṇḍala）觀。薩滿教奉行跳神（神靈附體）。另外，佛教有時也講神通，如天眼通、天耳通、他心通、宿命通之類；但這不是主要途徑，只是修行者依序作實修實證，到了某一階段或達致某種境界，便自然有這些特殊能力。釋迦牟尼也不會特別鼓吹這種能力。另外，一些原始的宗教奉行獻祭，屠宰動物來祭神。

　　儀式也包括不同的誡律或受戒。如猶太教有十誡，佛教有五戒，印度教教徒戒吃牛肉，伊斯蘭教教徒不吃豬肉，佛教徒強調素食，和尚不娶，尼姑不嫁。但也有例外，如日本的淨土真宗宗徒可以娶妻納妾，他們的親鸞聖人便是一個著名的例子。

　　另外，幾乎每一種宗教都有其自身的教主。猶太教的教主是摩

西（Moses）。基督教的教主是耶穌基督（Jesus Christ）。伊斯蘭教的教主是穆罕默德（Muḥammad）。佛教的教主是釋迦牟尼（Śākyamuni）。禪宗的創始人是菩提達摩（Bodhidharma）。道教的教主是張天師（張道陵）。儒家的創始人是孔子。道家的創始人是老子、莊子。耆那教的創始人是耆那（Jaina）。

又，幾乎每一種宗教都有其基本文獻。猶太教有《舊約聖經》（*Old Testament*）。基督教有《新約聖經》（*New Testament*）。伊斯蘭教有《可蘭經》（*Kur'ān*）。印度教有《吠陀》（*Veda*）、《奧義書》（*Upaniṣad*）、《薄伽梵歌》（*Bhagavad-gītā*）。佛教有《阿含經》（*Āgama-sūtra*）。禪宗有《壇經》。道教有《太平經》。儒家有《論語》。道家有《道德經》（《老子》）、《南華經》（《莊子》）。神道教有《古事記》、《日本書紀》。

最後，每一種宗教都有其教徒，如回教徒（伊斯蘭教徒）、基督徒、佛教徒。又有其教會，如基督教的教會（church）、佛教的僧伽（Saṅgha）。另外又有教徒聚會的方所，如教堂、清真寺、寺院、大雄寶殿、道觀、神社。

倘若覺得上面講宗教的內容仍然太抽象，不好理解，則我們亦可以就以下所述作結。即是，關於宗教的內容，一般來說都會涉及以下諸點：一、對於超越的神靈的信仰，這神靈也可以包含我們的祖先在內。二、透過禱告的方式與神、佛、菩薩與祖先溝通。三、對於神靈有一種敬畏與祈求的情感。四、終極的理想，如天堂、淨土、涅槃、神仙世界。五、以某一宗教的信念為核心的團體、徒眾。六、使我們清心寡欲、提升精神的誡條，如不殺生、不邪淫、不打誑語。七、神聖的經典。

第三章　宗教的契機

　　一個人信仰一種宗教，可以有幾種原因，例如不自覺地隨著先輩的做法，也可以為摯友所推動，也可以在一種突如其來的意外事故而致，而使然。這些情況都具有深沉的主觀性在內。就較客觀的角度來說，亦即是從自覺的、理性的面相來說，人信奉一種宗教，或進入宗教之門，時常依於一些機緣或契機，這也可以說是宗教的時刻（religious moment）；不過，這時刻（moment）不是就時間（time）說，而是就具有導火線以至媒介的意味的機緣說。這樣的機緣，我們在這裏說為是契機。這契機並不一定是很切近、很具體的，也可以是一種久遠的、遙遠的緣由或憑依。基於這種緣由或憑依，人進入宗教的殿堂。

　　我們還是就較具體的動機說起。在我們的日常生活中，會做很多事，這些事時常是由一些動機出發的。例如我們入大學，動機是要拿到好的學歷（學位），讓將來有好的出路，日子過得好些。也有另外的動機，如要有豐富的知識，或能在他人面前炫耀自己，或乾脆是隨順父母或長輩的願望。我們結婚，動機或目的是要生兒育女，讓生命的血脈能延續下去，或者要過一種比較完整的人生。

　　倘若我們就終極關懷來說宗教的契機的話，則這種宗教的契機不可能是一些零碎的現象性的東西，而是與人在心靈深處所要成就

的目標或要解決甚至是徹底地解決人生的一些重要問題，特別是負面的問題。這些負面的問題是多元的，讓人在生活中感到厭煩、不爽，例如青年朋友的失戀、找不到工作，或染上種種疾病，或在人際關係中到處碰壁，好像總是找不到一個讓自己自由地、適意地容身的處所。要為這些多元的負面的問題找尋到出路，的確很不容易。我們在這裏也只能就根本深厚的、影響廣遠的負面的問題著手來探討。我認為這些問題可以大體地概括在罪、苦與死這三個項目或範疇中。

我先說罪的問題。現實的人，不是聖人，而是凡夫，生命中有很多染污的成分，這會常常使人犯罪，特別是人不察覺的時候。到後來才知做了有罪的事，受到良知的責罰，在法律上也會受到懲處。輕則被判坐牢，重則會被判死刑，連命也保不住了。罪的意識或良知會讓你感到痛苦，這痛苦不單是身體的，也是精神的。這良知相當於西方精神分析專家弗洛伊德（S. Freud）所說的超我（Über-Ich）。不過，良知是超越的、德性的；超我則是經驗的、心理學的。就表面來說，不管懲罰是來自良知或超我，都會讓人痛苦。犯罪輕的結果不是那麼痛苦，犯罪重的結果則是非常痛苦，讓人難以抵受。在很多情況，當事人會求助於宗教，信仰某種宗教，讓宗教信仰舒緩痛苦，甚至給予贖罪的機會，使自己重獲新生，而得救贖。

罪作為一種嚴重的苦惱的人生問題，基督教說得最多。它說人有原罪（Original Sin），由於自身的力量有限，要徹底解決這種不斷纏繞人的生命、生活的問題，需要依賴上帝的恩典。上帝由於與人相隔得太遠，不能直接與人溝通，便差遣祂的獨子耶穌以道成肉

身的方式，來到人間，受盡種種苦痛與折磨，以祂所流出的寶血，淨洗世人的罪業，最後被釘在十字架上，死狀甚慘。亦是由於這種刑罰的慘烈性，很多人的內心受到強烈的震撼，對耶穌展示出無條件的同情、敬愛與信仰，而皈依了基督教。耶穌在死後三天復活，回返到上帝的身邊，完成祂下凡為世人贖罪的神聖的宗教任務。《聖經》中這樣記述耶穌的悽厲的感人情節，以吸引眾多的教徒，是無可厚非的，它所宣示的上帝對人的愛的深切，也是毋庸置疑的。這使得基督教成為全世界具有最多信徒的宗教，不是偶然的事。我在這裏只想提出一點：人的原罪始於他們的祖先阿當（Adam）與夏娃（Eva）在伊甸園偷食禁果而來，惹來原罪的問題，這種負面性格的東西便成為人的生命存在的天生的、遺傳性格的成素。一切由遺傳而來的東西都是經驗的性格，原罪亦不例外。它沒有超越性、必然性，其普遍性也是有條件的，即是在材質與氣上為普遍，不是在絕對的、超越的在理上為普遍。即是說，這種結果不是由道德自覺、價值自覺的失落而致，故人不必為此而負上責任。既然是如此，則以人一出生便不能免於原罪，這對人來說，便不公平。不過，對於宗教信仰的問題，我們不能以理性的、邏輯的路數來解決，宗教自身便有一種非理性的情感在裏面。我們不能尋根究底問個清楚，並要求一種理性的答案。宗教信仰與哲學的不同，便在這裏。

　　基督教的宗教信仰由原罪開始，我們便得聚焦在這裏作工夫，看應如何解決。從純哲學、純邏輯的理路來考量，並不現實、不相宜，也不會有結果。原罪在人來說，既然是一出生便是事實，是具體的生命存在本身的問題，便需要歸入人的個別的主體性來解決。

這是人的內在的問題，上帝或耶穌畢竟是外在性格，祂們施予給人的恩典和幫助，在原則上看，便不見得是必然有效。上帝歸上帝，凱撒歸凱撒，人自己的事，畢竟需緊貼人自身來處理。即便是人的罪業深刻無比，有上帝和耶穌的幫忙，人自己總不能不理，袖手旁觀，一切交託予上帝和耶穌來做，自己坐享其成。

　　實話實說，對於原罪或一般的罪，人自身可以藉著懺悔的心懷，對於自己的錯失作完全的反思，承認甚至全體坦承自己的過錯，而矢志悔改，可以在自己的生命內裏作出反彈、巨大的反彈力。這種反彈可以承擔很大的任務，爆發出超乎自己的想像的強勁無倫的力量，來徹底改變自己，和自己周遭的環境。這便是日本京都學派田邊元所提出的懺悔道哲學。人在深沉的懺悔中，會覺得自己無法面對現實，不能彌補自己所犯下的重大的過失，致連生存下去的資格都沒有了。在這種情況。人便應該自殺，自我毀滅。但也不必這樣。人越是覺得沒有生存下去的資格，便愈要掙扎下去，要做一些正面的對他人、社會方面有益的事情，讓環境變化而有易轉的機會，讓自己變得有生存下去的資格。這種反彈的力量可以是無比巨大的，可以驚天地、泣鬼神的。這是人的生命存在的弔詭，看來沒有可能，但事實上是存在的，而且有不少現實的例子。韓信跨下受辱，連洗衣服的漂母也看不起他。但他最後成功了，幫助劉邦打敗了驕橫的項羽，建立漢家皇朝。這種結果，是誰也難以想像的，但事實便是這樣。這種做法，是置諸死地而後生，是人生的極為矛盾、弔詭的現象。

　　說到底，道德的懺悔雖然可以開展出驚人的巨大力量，但這種情況畢竟不多見。一般人還是需要宗教信仰來幫助解決人生的問

題。

　　跟著我們看苦。基督教喜說罪的意識，佛教則多說苦的意識。
罪與苦都是人生的負面現象。在佛教，四苦是生、老、病、死；八
苦則是這四苦加上愛別離苦、怨憎會苦、求不得苦和五盛陰苦。在
這種種苦中，我們可以注意愛別離苦與怨憎會苦。前者指在日常生
活之中，我們與所至愛的人，往往不能相聚在一起，而是長年分
隔，讓我們孤單。後者指我們所憎惡的、怨恨的人，卻總是和自己
牽纏在一起，讓我們厭煩。這兩種事情顯現出人生的無奈，所謂
「造物弄人」。就表面看，苦是苦痛煩惱的感受，自然是不受歡迎
的，人總是希望能離苦得樂的。但苦與樂之間，並不是對等的，卻
是苦是常數，樂是變數。這個意思應如何理解呢？我們可以這樣
看，人生的活動、現象，其基調是苦的，樂只是人的活動到了某個
程度、某種適當的限度中的正面的感受，過了這個限度，或不足這
個限度，都是苦的感受。舉例來說，在打籃球這種遊戲中，你打一
個鐘頭，雖然不錯，但還覺得不過癮，不舒服、痛快。再多打一個
鐘頭，你會覺得非常痛快、滿足。再繼續打下去，三個鐘頭，四個
鐘頭，你便感到疲累，覺得體力撐不下去了，便是苦。再勉強打下
去，你便越打越疲累，越辛苦，最後可能體力不支而昏倒在地上。
因此，打籃球對於你來說，只在打兩個鐘頭上下的程度，你會覺得
樂；不足兩個鐘頭，或超過兩個鐘頭，你便不是樂，而是苦了。這
便是過猶不及。游泳這種活動更為明顯，你游一個鐘頭，覺得很
好，很舒服，這是樂。只游半個小時，或游兩個小時，或以上，你
便會疲累，或覺支持不住，而淹死。這不但不能說樂，而且連性命
也賠上了。

　　苦大體上有兩種：身體上的痛苦與精神上的痛苦。這兩者很多時不能截然分開。身體上的痛苦是肉身性格；劇烈而短暫。精神上的痛苦則是心靈上的，特別是受良知的譴責而來，有很長的歷程。另外，我們也說心理上的痛苦，這則難以確定是肉體上的，抑是精神上的。一個人心情不好，感到不安，其原因可有多種，其結果則影響精神，讓它不能集中起來思考，所謂「心亂如麻」。在精神醫學（不是神經醫學）中，身體上的痛苦，特別是劇烈的、激烈的痛苦，會影響腦部細胞的運作，導致思維上的失衡（mental disorder），而產生憂鬱症狀。牟宗三先生在他的《時代與感受》中，提到知識分子在殘暴的政權下受到兩種難以忍受的逼害：被殺與被辱。被殺導致肉體上的痛苦，被辱則導致精神上的痛苦。後者較前者更為悽慘。

　　佛教講四法印：諸行無常，諸法無我，涅槃寂靜和一切皆苦，這一切皆苦正回應上面提及的苦是常數，樂是變數的說法。筆者在漫長的生命歷程中，體會到並接受了人生本來便是苦這樣的事實；但人生的意義在於在種種痛苦或苦痛中，承受苦痛並在其中自我淬鍊，以提升自己的精神境界和擴充自己的包容限度，以至於把罪、苦、死包容過來。其中的實行的原則是：在哪裏跌倒，便在哪裏掙扎站起來，吸收失敗的教訓，繼續向前行。倘若人生只是捱苦的話，則不如儘快自殺，把自己毀滅掉算了。心性的淬鍊是極其重要的，若能堅定心意，則關關難過關關過。過不了也無所謂，無愧於天地良心。《孟子》書中也說，上天要把偉大事業交託給某人，會先在心志、筋骨、肌肉等方面讓他受到折磨，自我淬鍊。承受苦痛而自我淬鍊是非常重要而需要的。人要不斷在苦難中掙扎才能成就

其人格，才能苦盡甘來。達摩禪的「體怨進道」，要宣示的也是這個意思。《孟子》書中所說的天，有人格神的意味，與「盡心知性知天」的天不同，後者是道德理性由主觀經客觀而通向絕對的精神真理，而為一形而上的終極原理。

以上是對於苦痛或苦的樂觀的描述。但我們人畢竟大多數是凡夫，有很多迷執在裏頭，限制性很大，只有極少數有聖賢的資具是例外。因此，要解決苦的問題，而得著救贖、解脫，除了自己努力外，很多時要求助於他人、他者。即是說，我們不能憑自力而成功，而需要依賴他力。這依賴也不見得是不好，自力加上他力，有甚麼不可以呢？倘若他力是真實的、誠摯的，接受它又何妨呢？正是在這種情境中，人需要宗教信仰，需要一個外在的他力大能來幫助自己克服苦的問題。這他力大能可以是上帝、佛、菩薩，或是其他的神靈。

讀者也許覺得自力信仰才是強者的宗教，他力信仰則是弱者的宗教。其實不必這樣看，也不應這樣看。人能靠自力來解決苦的問題，能脫苦海，自然很好。如果不能，依仗一他力大能的慈悲協助，亦應是可以的，但亦不易做到。你得完全放棄自己的主體性，把自己的整個生命存在及其未來，都毫無保留地、整全地交託給外在的他力大能，說來容易，做起來卻也有困難。佛教說自我中心意識，說我執，要把我癡、我見、我慢、我愛四種嚴重的煩惱驅除，進行自我解構、自我捨棄，非要有極為強大的勇氣，不能為之。這即是原始佛教所說的無我（anātman），是一種艱難的工夫實踐，不是有很多人能真正做得到。即便做到了，也不表示能夠離苦得樂，證得涅槃。如淨土宗所說，你即使能獲得阿彌陀佛的慈悲願

力，祂也只能把你接引到西方極樂淨土而已，並不表示證得涅槃。你仍得自己在淨土這種殊勝的環境中，努力不懈，才有成功可言。可見他力信仰不是那麼簡單，那麼容易。

最後說死。死表示形軀在世，大限之期已屆，要離開世間了。這是說身體、肉身的死亡。自古以來，人生在世，過個六、七十年，最後必是形壽已盡，精氣消失殆完，便要離去。一般來說，人在少年、青年以至中年，由於血氣旺盛，所以不停地打拼，為完成理想而不斷努力，很少想到死亡的事。但隨著歲月日增，身體日漸羸弱，便會想到在世時日無多，不知是哪一天，身體這個臭皮囊便會化滅，自己要離開世界了，因而死亡的意識變得明顯、強旺起來。到了六十，這種意識不斷增長，人便會有更具體的想法，想到將來難免一死。但死後便如何呢？自己會到一個甚麼樣的地方呢？或者自我會隨著肉身腐朽，而逐漸消失，最後變得一無所有？在這種狀態，人會想到死後的世界，覺得是漆黑一片，進入一個深不可測的完全陌生的世界，所有世間的親人和美好的、有價值的事物都消失淨盡，自己受到種種殘酷的刑罰，內心不免畏懼起來。說實的，死的世界會是甚麼樣子，根本無法說清楚。自己不知，別人也不可能告訴你他對死亡的經驗與感受。人在死亡之前，由於尚未死，因此不能說死是甚麼狀況。在死亡之中，他已變得迷迷糊糊，心智不清，不能把感受說個清楚。死亡之後，人已沒有意識，不能說話，即便對死亡有所知，也不能告訴你。總之，死亡由始到終，都是一個謎。

死的世界和死的經驗不可知，不可確認。但有一點是可以確認的，這即是生與死的同一性。有生必有死，生與死是同一物的不同

面相，二者同是生命現象，不能分離。我們既然享受生的樂趣，也必須接受死的結果。這種生死現象，是「生死一如」。莊子便說生與死是同一的東西（一條），以材質義的氣來說：氣聚為生，氣散為死。生與死是一體的，我們不能把生與死分開，而選取生，拋棄死。因此，道教所強調的長生不死，而為神仙，是不可能的。我們或許通過服食某些東西，或透過吐納運氣的動作，讓身體平衡、平穩下來，而延年益壽，達到長壽的目的。即使是這樣，我們亦只能多活幾十年而已，最後還是會死，與草木同腐。歷史上從來便沒有神仙出現過。

　　從工夫修行的角度來看生死，又是另一種境界：在精神上不死。京都學派認為，生和死成一個背反、矛盾（Antinomie）。我們不能以生來克服死，因而讓生成為勝者一方，可以繼續生下去。此中的關鍵點是，生對於死，不具有存有論的先在性（ontological priority）。要處理、克服死的問題，不是選生而棄死，而是要在生死這一個背反的內裏，突破開來，超越上來，讓自己的精神境界臻於絕對，而無生無死。即是，我們不是處於相對的生或相對的死的狀態，而是處於無生無死的絕對的狀態。若人能在精神和意志上能夠達致這樣的處境，則肉身的消失或死亡，便變得不重要了，不值得畏懼了。這種處境正是宗教所能提供的。這是人接受宗教的一個重要的契機。

　　關於突破生死的背反，我們可以就禪的修行多說一些。在禪中，有所謂「大死」、「大死一番，歿後復甦」的說法。依據禪宗的很多公案，修行者到了最後一個關卡，便是為生死這個背反所困惑。即是，在要突破這個背反之中，修行者心中總是存在著一個疑

難，或稱「大疑」；在其中，他面對生與死，不知道應選取哪一邊，這正是生也不是，死也不行，不能選取其中一端，讓自己陷於空前的、致命的困惑。這個空前的困惑便是一大疑團。若是能衝破這個疑團，便能得著覺悟，成就解脫，這是真正的生。倘若不能衝破，他的心靈便會自動撕裂、崩潰而死亡，這是真正的死，是「喪身失命」。在這個緊急關頭，祖師或師父會起很大的作用。他會作出一些奇奇怪怪的動作，刺激修行者，作為導火線，讓他的靈光、智慧爆發開來，這即是同時克服相對的生與死，而突破生與死的背反，達致「無生」的精神狀態。一面是無生，另一面是無死。無生無死，便成就大覺。「在生死關頭得大自在」。

在西方的宗教與哲學中也有同樣層次的體會。海德格（M. Heidegger）曾引述一個中世紀的神父的說法：

> 一個在死亡之前曾經死亡過的人，在他死亡時，他不會死亡。

其中，第一個死亡表示肉身的死亡；第二個死亡是對背反的突破，大疑團得以崩解；第三個死亡是肉身的死亡；第四個（不會）死亡是爆破大疑團，得著覺悟、永生。

在罪、苦、死這三方面的宗教契機之中，似乎人對死的畏懼、憂慮是最流行的、普遍的契機。因為罪與苦作為人生的負面現象，終究可以通過宗教的方法來處理、解決，這樣，罪與苦便不必視為人生的必然的命運、歸宿。唯有死是不能避免的。上面提出對死亡或生死的背反加以突破、克服，讓人在精神上得到解放、解脫，但

在肉身上人最後還是要死的，無人能避免的。因此，我們可以說死，具體地說是對死的恐懼，是宗教的最寬廣的契機。基督教的信仰可以使人成為真正的基督徒，死後可以還生於天國。但這是精神上的生，肉體上的死還是免不了的。我們中國流行的拜祖先，雖然有傳宗接代的作用與意義，讓生命的世世代代都可以傳留下來。但這不是當事人自己的事，而是子子孫孫的事了。當事人的肉身的死同樣是免不了的。

綜合這三者而作一種存有論的反思，我認為苦是最根本的，罪與死則是苦的導出物、包融物。我們可以說罪是痛苦的，死也是痛苦的，但不能說痛苦是罪，不能說痛苦是死。譬如說，一個人天生便缺乏兩隻手，一切活動都只能靠兩隻腳來做，這自然很不方便，痛苦自然不用說了。但這不是他的過失、罪過而使然的，父母生他出來便是這樣的，父母也不想會是這樣，他們也同樣痛苦。這怪誰呢？所以不能說苦是罪。另外，說痛苦是死，便縮小了苦所涉及的空間；痛苦包括死，這當然沒有錯，但也包含很多其他現象、事情。我們毋寧應說，死亡是痛苦的極限，事實上也有很多人是抵受不住痛苦帶來的災難而自殺，而死亡的。

第四章　宗教經驗與神秘主義

　　以下我們看宗教活動。這宗教活動不是指一般具有文化性、社會性的公開活動，而是指個人或宗教教徒的作為日常必修習的功課的瞑思、靜觀的活動，是個人性格的。這即是宗教經驗；而這種經驗又與神秘主義思想有密切的關聯。我們甚至可以說宗教經驗與神秘主義在意涵上有重疊之處；或者進一步說宗教經驗基本上以神秘主義思想及修行為核心內容，宗教經驗以神秘的意識狀態為中心、本根。

　　神秘主義（mysticism）常被視為負面的文字表述。它有缺乏事實根據的意味，也有模糊不清、情感泛濫、不能公開的意思，所謂夢態（dreamy state）也。它也有一點迷醉的意識之意，指在理性思維、理性意識之外的東西。倫理學或道德哲學甚至一般說法都排斥神秘的意識狀態，認為是一種病態，特別是心理上、精神上的不正常的狀態。英國作家施蒙茨（J. A. Symonds）以哥羅仿（chloroform）或三氯甲烷（$CHCl_3$）的麻醉作用來說神秘經驗：最初當事人的意識呈空虛的狀態，然後覺得有忽明忽暗或明暗相間的光在閃耀。跟著感到自己的靈魂與上帝關聯起來，以至於覺得上帝現前，祂的光輝在自己的身體中流動不息。最後便引致自己方面

的狂喜或出神忘我（ecstasy）的感受、現象。¹

　　宗教經驗或神秘經驗自然是與真理相關的。作為基督教神秘主義的創始人戴奧尼秀斯（Dionysius [the Areopagite]）擅長用負面的、否定的語詞來說絕對真理或終極原理。後者超越一切透明性、壯觀性、精粹性、崇高性之類的東西。基督教神秘主義的重要人物艾卡特（M. Eckhart）視上帝為寂靜的沙漠，在其中，沒有任何差別性，沒有聖父、聖子、聖靈的分別，只是一片平和、安祥的氣氛。另外一個神秘主義者伯美（J. Böhme）以本源的愛（Primal Love）與無作對比；認為這種愛不是任何事物，卻是超越一切事物之上；它是純粹的無，是上帝本身。我們要推廣伯美的觀點，可

---

¹　一般以「神秘」為與科學、理性不協調的東西，因而不能免於負面價值的解讀傾向，假定我們以科學、理性為正面的活動的話。但不必須作這樣的理解。世間中有很多東西是難以馬上以科學和理性來理解的，或竟它們的性格、本質是不能從科學和理性看的，我們得通過另外的渠道來理解，神秘主義便是其中的一個例子。或者說，宇宙中超越科學、理性的東西多的是，要接近它們，我們得尋找另外的途徑。睿智的直覺便是其中受到注意的。它不是感性的直覺，也不是純智思的認識能力。我們通常認為這種機能或途徑可以認識宇宙的奧秘，如上帝、物自身、本體之類。這自然有神秘性，但不是幻覺，只是我們日常所運用的機能如感性、知性所不能到而已。神秘主義者便持這種觀點。我們不應機械性地以為只有科學、理性有其正當性，其他神秘深奧的東西都不是真實的、虛構的。馮友蘭以孟子的思想是神秘主義，而有貶抑的意味。其實不必是這樣。孟子思想中的一些觀念，如心、良知、良能，不是很符順科學、理性的方向，但不是虛構的、不真實的，若能以上面提及的睿智的直覺來處理，便會有另外的結果、認識。這個問題比較複雜，我們在這裏並沒有足夠的篇幅探討下去。

以說就宗教經驗的角度來看，我們應本著苦行的精神、一無所有的心境，來開拓真正的幸福。當我們脫離種種事物的束縛，而進入虛無之域，便可體會、證成靈魂的尊貴性。但這往往只能心會，不能言詮，這便有神秘的意味。

　　上面提到出神的問題。我們的靈魂的出神，可以產生巨大的力量、精神力量。靈魂本來是軟弱無力的；經過出神而甦醒過來，則會變得無比堅強，充滿動感。它通過上帝所給予的恩典（grace），激發出驚人的勇氣，自覺到自己本來是無（Nichts）。同時也會把對上帝有障礙的東西，視為虛無，而予以克服，或根本不理會。它甚至視錢財如糞土，對於一切名譽、地位、權力，都不放在眼內。

　　聖約翰（Saint John）在他的《靈魂之夜》（*The Dark Night of the Soul*）一書中，談到我們與上帝相冥合的經驗。他指出我們可以通過「陰暗的瞑觀」（dark contemplation），達致「愛的會合」（union of love）的境界。此中有極其深邃的智慧，有極其微妙的精神性的感受。智慧可以生起知識，但這種知識不用感覺和想像，它是一種神聖的語言，超越感官的直覺。若一定要說直覺，則只能說是睿智的直覺。在這種直覺中，靈魂變得自然而沉默，不期然地感到已經沉澱到一種無邊無際的深不可測的孤寂中，遠離一切具體的、被創造的事物，好像邁進了廣漠無涯的沙漠。這是一個智慧的深淵，靈魂在其中領受到慈愛的養分，而活現起來。在大寂靜中有大活躍。在這種與上帝的會合中，上帝像是一塊巨大的鑽石，通體透明，把我們的一切行為包攝起來，完全展現我們的罪過，一無遺漏。透過對罪過的克服，我們的精神、心性才能超升。

　　這種與上帝的會合，在特勒韋（J. Trevor）看來，是一種上帝臨在的經驗，是一種短促的、瞬間的意識活動。這不是虛幻不實的、詐現性格的，而是使人覺得自己存在是實實在在的、明晰的、深邃不可測的，有一種沉浸在上帝的無盡的愛的懷抱之中。特勒韋所說的神秘經驗，讓人想到印度教所說的人的小我與梵的大我的相即不離的關係。在這種關係中，人克服了自我的分化，遠離宇宙大源的渺小性，而回歸至這宇宙大源，證成與宇宙大源的同一性（identification）。上帝與宇宙大源的梵都是大實體，都是終極原理、究竟真實。不同的是，上帝是具有人格性（personality），梵則是不具有人格性，而純是一個終極性格的、最後的普遍的原理。由人格性我們可以說意志、感情，以至價值意識，甚至選擇哪些作為自己的選民，如猶太教的「神選說」。非人格性則不能說這些東西，終極原理沒有意志、感情，它只是自然的運行，「以天地萬物為芻狗」。

　　不久前，我們在上面提到恩典問題。這恩典不是一般所理解的作種種施予那麼簡單，而是具有存有論意味的。即是，上帝是通過恩典的方式而存在於我們的生命存在之中。倘若以一般所理解亦即是施予的意味來說恩典，則恩典仍不免於外在性格，若涉及上帝存在於我們的心中，則恩典便有內在的意義。恩典若是內在性格，則我們人與上帝的距離便會大大靠近了。但我們也不應作過多的聯想，以為這樣的恩典會使我們與上帝的關係由異質變為同質。因為上帝給我們恩典，是上帝的決定，不是我們的決定。我們自己要有恩典，但上帝不回應這種要求，我們仍然是沒有辦法的。我們不能由於這恩典而說上帝對我們的關係是超越而內在的。

　　宗教的神秘經驗有一個歷程，由對於個人周圍的事物的注意開始，不斷擴展、開拓，一直撲向宇宙的原始洪荒的領域而奔赴，最後形成一種世界的經驗、意識，或宇宙的經驗、意識。在個人的主觀的感受來說，的確是新奇、微妙和開朗的，感到天地宇宙間有一種大愛存在，而興奮不已。加拿大的柏克（O. M. Bucke）對於這種體驗，有如下的描述：

　　我同兩個朋友在一個大城市共度晚上的時光，一起閱讀詩歌與哲學，並且展開討論。到半夜，我們才告別。我坐上馬車，走了很長時間才到寓所。我的心思深深陷入剛才閱讀和談話所引起的那些觀念、意象和情緒，甚是恬靜與平和。我處於安寧的狀態，幾乎成了一種被動的享受，不是實際地思想，好像是讓觀念、意象和情緒自動流過我的心靈。忽然間，並沒有任何預兆，我發現自己被一團火紅的雲彩包圍著。……過了一會兒，我發覺這團火在我內心。緊接著，我感到一種喜悅，一種巨大的快樂，同時伴隨著或緊跟著一種理智的猛醒，其情形根本無法描述。我不僅開始相信，而且親眼見到，宇宙不是由僵死的物質構成，相反，乃是一種活生生的神靈（a living Presence）。我在內心意識到永生。不是相信我將來會永生，而是覺得我當時已經永生了。我看見一切人都是不朽的。世界秩序是這樣的：世界的一切事物絕無偶然，都是為了彼此的利益而合作。這個世界以及所有世界的基本原則，就是我們所說的愛。……這種觀點、這種信念也可以說這種意識，即便在最憂鬱的時期，也從來沒有喪

失過。[2]

這便是對世界、宇宙的一種神秘經驗、意識。最初內心是恬靜與平和的，心靈中有觀念、意象和情緒在自動地流逝。傾刻之後有動感的狀態出現，這動感由火紅的雲彩展現出來，從內心爆破出來。跟著來的是喜悅與快樂，宇宙也轉化，由僵固轉為活現，讓內心感到神靈的臨在與永生。重要的是，永生不是將來有的，而是在當前已經被體證得了。這種永生的根源，明顯是上帝對人類以至萬物的愛。這愛有永恆的效力，永遠有加持的支持的力量。

按這裏說永生，是就基督教的脈絡說。在佛教，特別是禪，他們說不生。即是，修行者突破生死的背反，便克服了生與死的相對性：「大死一番」。結果是歿後復甦，沒有了相對的生死，因而是「無生」。無生即是超克了一般的生，既沒有生，也就沒有死，這便是超越的不生不死，亦即是無生。但這無生不是來自上帝，而是修行者自身的菩提智的自覺、大覺所致。殊途而同歸也。

神秘主義思想的殊勝之處，是克服人的有限性與絕對性、終極性之間的分別、隔閡。它讓我們與絕對者合一，意識到自己便是普遍的一者。這與儒家的天人合一說、莊子的與天地精神相往來和印度教的梵我一如說，是相合旨趣。

跟著，我在這裏要說明一點：神秘主義的真理的本質是上帝，而最能把它們關聯起來，以展示上帝的愛的，莫如音樂。在西方文

---

[2]　轉錄自威廉·詹姆斯著，尚新建譯《宗教經驗種種》，北京：華夏出版社，2012，頁285。

化中，宗教總是與音樂關聯起來，而且關係非常密切。這讓宗教音樂有非常廣寬的發展空間。而很多著名的音樂家，如維瓦第、巴哈、韓德爾、海頓、莫札特、貝多芬、布拉姆斯、白遼士，以至一些沒有那麼著名的音樂家如佛瑞（G. Fauré）、佩告離斯（G. Pergolesi）、貝塞（H. Purcell）、羅西尼（G. Rossini）、布斯特虛德（D. Buxtehude）、高達勒（A. Caldara）、史卡拉蒂（A. Scarlatti）、薩德特（S. Scheidt）、雪茲（H. Schütz）、巴勒斯特連納（G. Palestrina）、夏邦泰（M. A. Charpentier）、梅湘（O. Messiaen）等，都擅長創作宗教音樂。我在這裏只舉自己比較熟知的，遺漏的自然很多。在其中，有好些旋律，足以讓人落淚的，如巴哈的「耶穌是我的願望的歡樂」（Jesu bleibet meine Freude）、夏邦泰的早禱曲（Te Deum）第五節 "Te per orbem terraum"，和貝多芬的第九交響曲中間的一段慢板，都讓人聽後感到上帝的臨在與慈愛。但這上帝不必要是基督教的人格性的耶和華。如就筆者的純粹力動現象學來說，種種不同宗教的上帝、人格性的上帝，都是作為終極原理的純粹力動（reine Vitalität）對於不同民族、文化的詐現（pratibhāsa）。祂們有共同的存有論的來源，這即是純粹力動。

　　美國實用主義哲學家詹姆斯（W. James）提到以神秘主義為主的宗教經驗，認為這種經驗是信徒的一種特殊的體驗，如見到上帝，與上帝對話，其根源頗難說。[3]詹氏認為宗教有強烈的感受

3　　我在香港浸會大學宗教與哲學系任教時，由於很多同事都是基督徒，我跟他們提到上帝臨在的問題。我提出：我們能否見到上帝呢？或者

（feeling）成分，這感受可以發自人的生命的深層結構，它可使人生起宗教經驗。這是信仰的問題，不是理性論證的問題。我認為詹氏把這種宗教經驗限定為信徒的特殊的體驗，並不完全適當。凡是有強烈的宇宙意識和救贖感的人，都會有這樣的感受。陳子昂的詩句「前不見古人，後不見來者，念天地之悠悠，獨愴然而涕下」，便有這種意涵。不過，他不必過於悲觀，他不是「獨」的，卻是存在於上帝或純粹力動的懷抱中。宗教和宗教經驗不必只屬於信徒，而是屬於全人類的。這並不表示人一定會有宗教信仰，而表示人有權利、可能性去接受宗教信仰。[4]

說，在甚麼情況下，我們可以說面對面（face to face）與上帝相會合呢？他們對我所提出的問題，似乎感到很詫異，沒有提出比較確定的回應。他們好像有這樣的想法，與上帝面對面會合是一種宗教經驗，甚至是神秘經驗，說不出口的。我後來想到，「見到上帝」的見，當然不同於見到朋友的見。後者是在時間與空間中發生的。而見到上帝，則沒有時空性，也沒有形像可言。這種活動是心領神會的。有一位竟然說，你為甚麼不自己去問祂呢？我便糊塗起來。我不是基督徒，沒有祈禱的活動，如何去找上帝，直接問祂呢？我的意思是，如果自己能找到上帝，和祂面對面溝通，又何必提出那個相關的問題呢？我最後終於能為自己提出一個答案：與上帝面對面會合、溝通，是心靈上的問題，特別是信仰的問題。沒有相關的信仰，那個問題便無從提出，也無從找到答案。我因此又想到「有沒有上帝」的問題。對有信仰的人來說是有，對沒有信仰的人來說則是沒有。這如同「有沒有鬼」的問題，信便有，不信便無。這是信仰、相信的問題，不是客觀的知識論、存有論的問題。

[4] 我認為，有宗教信仰是一種福氣，但不能勉強，更不能有動機。上世紀六、七十年代，臺灣有很多母親登記為基督徒，並接受入教儀式。但她們不是真信，只是希望獲派發奶粉而已。因為教堂很多時會向基

　　最後作一小結，說明一下宗教的性格。詹姆斯他們把宗教經驗以以下諸點來交代。一是不可言詮性（ineffability）；我們不能以理性的言語傳達神秘的感受，例如沉邃的喜悅。老子說「道可道，非常道」，也有這個意思。真正的道是不能言詮的。二是解悟性（noetic quality）；能領悟理性所無法把握的東西，如上帝的慈愛。如上面所指出，上帝的大愛，最好透過音樂來體會。不管是巴洛克音樂抑是古典音樂。禪宗說覺悟的經驗是「言語道斷，心行處滅」的，其中的旨趣極為相近。三是暫時性；宗教經驗不是持續不變，滯著在某一階段；卻是或斷或續，歷時短暫。某種狀態出現後即漸次地逝去，讓新的經驗具有足夠的空間來展現。四是被動性（passivity）；我們不能刻意強求宗教出現，而應順其自然，在不經意、不自覺中得之。這是佛教所謂的「自然法爾」，也是海德格所說的「泰然」（Gelassenheit）。五是難以檢證其真偽；宗教經驗有很強的主觀性，純粹是個人的親切的感受，不能交託予他人。但它又是真實的，不是虛妄的，不是幻覺。六是不能完全被排除；宗教經驗不易證實，但也不能完全排除。有上帝抑沒有上帝，有愛抑沒有愛，是心靈的至真至實的信念，一切邏輯分析在這裏都不能派用場。

　　督徒派發奶粉。俄國大文豪托爾斯泰曾說有宗教信仰便有依靠。這依靠自然是就精神上、心靈上的依靠言，這讓自己在遇到困難時不會感到孤單，起碼有上帝的加持，或阿彌陀佛的慈悲照顧，還有教友的鼓勵、加油。托氏所說的依靠，不會是如奶粉那樣物質性的。

第五章　東西方宗教的異趣

　　在闡釋與評論東西、古今各種宗教之先，我要先凌空地說明東西方的宗教體系的不同點。關於在大方向上的相同之處，上面已經作過說明，特別是以終極關懷一觀念來統合世界各種各派的宗教，這裏則集中在它們的相異分際的探討方面。

　　首先從地理方面說。德國神學家孔漢思（H. Küng，漢思昆）指出，世界的宗教有四個發源地，都是與大河流域有密切關聯的。這些流域為尼羅河（Nile）流域、美索不達米亞（Mesopotamia）地區、印度河谷地（Indus Valley）和華北平源的黃河流域。大河在培育一種文化方面是非常重要的，特別在水源、交通這些項目上。另外，大河可以孕育出種種內容豐富的神話，給予人許多藝術創作的靈感，也讓人開拓出種種既深且廣的哲學思維。在生活上促使同族的人的凝聚，共同努力以不同方式去生活，創造出多姿多彩而富有特色的文化體系。

　　以下我們先簡略地和扼要地流覽一下東西各大宗教所給予人們的鮮明印象。基督教給人的印象是一種倫理的宗教。猶太教、伊斯蘭教是講律法的宗教。而印度教、佛教則是充滿哲學思維而又重視實踐修行的宗教。儒家與道家雖然缺乏宗教的儀式，因而不能視為典型的宗教，但它們的義理、思想密切關聯人與自然的關係，提供

人一種能安身立命的生活模式，因而有宗教的效能、作用。道教則是一較為低俗的宗教，但頗為只具有一般知識的人所接受，它強調在氣上呼吸吐納，在煉金術上的研究。它的宗教目標：成為不死的神仙雖然不能達致，但對延年益壽有幫助，因而成為流行的民間宗教。

　　下面我們要對一些最為世人稱道的幾個大宗教在反映義理方面作比較進深的闡釋。印度教或婆羅門教宣揚有想像豐富的神靈世界和高深典奧的哲理和意境，使人特別對它的終極實在論的思維留下深刻印象。佛教以深邃廣遠的智慧眼看透大千世界的無常性與虛幻性，滲透到這些世界的空寂本質中，證成佛教的妙善。又開展出嚴格而又縝密的邏輯推理和富有弔詭性格的哲學思辨。它最能反映東方世界的深遠智慧與對它的善巧運用。猶太教強調敬神自責、守律自罰的紀律性，內中含有嚴苛的民族意識、意志。故它的教徒雖然分聚於世界各處，仍能保持其宗教的認同感。它具有強勁的動感和社會自律的精神。基督教宣揚仁愛忍讓，愛神愛人，重視倫理說教。耶穌說左邊面被人摑，又把右邊面轉過來讓人摑，其謙卑精神與態度，令人動容。伊斯蘭教則以其教法規定倫理行為，形成嚴格的教規與戒律。教徒若越軌而行，會受到嚴厲的懲處。

　　以下我們先就宗教的共識、共同點作為基礎，逐項述說東西方的宗教的異趣。先從宗教的極限與境界說起。宗教的極限與境界，是精神性格，強調絕對的境界；這種境界，通常只能透過內心去體會。精神境界需由物質層的東西推上去以培植、展現出來。物質層的東西可透過感官去接觸，而且是相對性格。精神性的東西則超越感官，它們是絕對的、永恆的。對於物質存在或是精神存在，對它

們加以總的概括的，是有、無觀念。概括物質存在的，是相對的有、無；概括精神存在的，則是絕對的有、無。由於宗教是涉及終極關懷的問題，這是精神性格，它所指向的極限與境界，就概括精神的存在而言，是絕對的有（Sein）與無（Nichts），亦即絕對有（absolutes Sein）與絕對無（absolutes Nichts），以原理來說，則是絕對的肯定原理與絕對的否定原理。對於有、無問題的思考，直接影響東西方宗教的極限與境界。於是我們便可以這有、無觀念的思考為基點，論述東西方的宗教的旨趣。

第一，西方人傾向於視無為有的否定，即是，沒有了「有」，便是「無」。「有」的消失，便是「無」。他們不視有為無的否定，因而視有對於無有存有論的和邏輯的先在性（priority）、跨越性（superiority）。在絕對層面的宗教的境界，他們傾向於強調一絕對有性格的肯定原理，這即是上帝。東方人則既視無為有的否定，亦視有為無的否定，沒有一方比另一方有先在性、跨越性的看法。不過，在絕對的層面，他們傾向於強調絕對無的否定原理，如空、無、太虛。

第二，東西方宗教都有神的觀念。西方宗教（包括伊斯蘭教）有明顯的人格性，有意志與欲望。東方宗教的神的觀念較為複雜，有些有人格性，如印度教，其中的神祇和人很相似，喜歡金錢，也常喝酒，擁有個人的財物。有些則無人格性，但能生起種種作用，如下雨或不下雨，造成水災與旱災，如中國古籍中的天、帝。

第三，西方宗教的神為一神，地位尊貴，有超人的能力，如基督教的耶和華和伊斯蘭教的安拉。耶和華透過道成肉身而成為耶穌，來到世間進行拯救的宗教活動；祂具有奇特的能力，摸一下痲

瘋病人的頭，病人便痊癒了，痲疹馬上消失。猶太教的雅克維以摩西為先知及抗拒埃及的領袖法老王，祂把法杖放進河水中，河水即變成血河。東方佛教的神則只是屬於十個階位（十界）中的一個僅高於人的階位而已，它的上面還有佛、菩薩、聲聞、緣覺四個階位，仍未能脫離輪迴的苦痛煩惱圈，仍有我執，要被救渡的。

　　第四，西方宗教只獨尊一神，排斥祖先祭祀。這神不單創造人及宇宙萬物，而且掌管他們的生活、行為規條。人順之則昌，逆之則亡。東方宗教特別是中國的儒家則定立祖先祭祀的儀式，而且非常重視這種儀式，視之為禮的表現，由此也顯示出人對祖先的孝心。這種儀式、活動會追溯世世代代的祖先，以求得一個連續不斷的、無限的生命根源，這則有超越的歸宿的意味，代表著生命的無限的延展。個人會死去，但家族則會連綿不斷，宗教的、形而上的意味便由此出。

　　第五，西方宗教強調人與超越的對象的異質。上帝不同於人，祂是絕對的、無限的，無所謂生死，而且可掌控人的生死。人則是經驗的存在，有生有死，死後又要輪迴（佛教、印度教的說法）。故人與神或上帝不是同質，而是異質。只有少數是例外，如德國神秘主義（Deutsche Mystik）的領袖艾卡特和伯美便強調人和神的本質都是無（Nichts），故基本上沒有分別。人通過艱苦的修行，最後可達致上帝的境界。東方宗教則強調人與超越的對象的同質關係，人憑著不斷的努力修行，最後可達致超越的、絕對的、無限的目標。如印度教說人是由梵分離出來的，只要他能自我淨化，遠離污垢，最後可回歸向梵，所謂「梵我一如」也。佛教的主流認為一切眾生都具有佛性，亦即是成佛的潛能，只要他們能夠遠離煩惱，

捨妄歸真，最後可以成佛，達致覺悟、解脫的終極歸宿。儒家的陸
王說本心、良知，是成聖成賢的超越依據，「人人皆可以為堯
禹」。道家也說人具有道心，這是一種靈臺明覺心，如能克服人
心、識知心、成心，便能通於大道、終極真理。

　　第六，在獲致終極目標，或成就覺悟、得著解脫方面，西方宗
教認為人的資具過於低微、軟弱，不能憑自身來克服原罪、愚妄，
必須要藉著上帝或他力大能的恩典、加持，才能達致最後的救贖。
東方宗教除了佛教的淨土宗、唯識宗外，都強調憑自身的力量，這
即是自力，而得救贖。印度教則比較複雜，同時說自力與他力。

　　第七，就理論立場來說，西方宗教可以說是實體主義形態的宗
教。它們都尊奉一個作為大實體的人格神，只是名稱不同而已。猶
太教的神或上帝是雅克維，基督教的上帝是耶和華，伊斯蘭教的上
帝是安拉。都是實體性格。祂們所各自開拓、創造出來的世界，都
是實在的、實實在在的，並無半點虛妄。只是人很多時會有任性的
傾向，做出從宗教來看的壞事、惡事，違背了各自的上帝所頒下的
旨意、律則，和先知們的告誡、訓示背道而馳。然後受到懲罰，領
受到罪與苦，跟著又有警醒，明白到做了錯事，於是向上帝告解、
懺悔，得到上帝的恩典、原諒，復重新做人，展開世界的新秩序。
東方宗教則兼有實體主義與非實體主義的對比形態。印度教是實體
主義，梵是一個實體性格的創生原理，不是人格神。儒家的仁、
性、本心、良知，以至天道、天理，都是實體意，而且有很強的健
動性，創造力也很強，如《周易》講的乾道，生生不息，大用流
行。佛教講空，也包含禪講的無，都是非實體性格，相對於印度教
與儒家的實體的絕對有，空與無都是絕對無。都是終極原理。至於

道家，似乎兼有兩方面的性格。老子的道、無、自然，傾向於實體主義的絕對有；莊子講精神、靈臺、天光，則非實體主義的絕對無的涵意比較強。這也表示，在道家思想中，可以發展出一種實體主義與非實體主義的互轉的思維形態。但如何互轉，是一個大問題，我們在這裏沒有篇幅探討了。

第六章
印度教的思想與社會關聯

　　我們在上面五章探討過宗教的本質和儀式等問題，這是有關宗教世界的重要問題，亦可作為宗教哲學（從哲學的角度來看宗教的諸方面相，特別是有關本質的問題）來看。我們綜觀世界自東方至西方所出現的種種宗教，總與我們在這前五章所討論及的問題有關聯，甚至是密切的關聯。宗教活動由人類初始開拓其文明、文化的階段已經開始發展了，那怕是原始的、拓荒的發展。這種活動由古代到現代，在人類的文化開拓的大事業中，始終占著一個非常關要的位置。以下我們即轉到世界宗教的問題，探討歷史上出現以至到近現代還流行的種種宗教，基本上是以本質特別是教義或義理為主，當然也涉及宗教的儀式、創教者和重要文獻等諸點。我們大體上以歷史時間發展的縱軸作線索來進行。因此最先探討的是最早出現和流行的印度教。

　　印度教（Hinduism）源於印度本土，是印度的重要的宗教，它在錫蘭和尼泊爾也有一定的影響。在亞洲，這個宗教有四億以上的信徒。聖雄甘地也是印度教的教徒。在西方也有好些印度教教徒，不過他們多數是屬於印度教中的吠檀多（Vedānta）教派。這吠檀

多是印度教中的一個重要的學派，有很強烈的哲學傾向，宗教氣份
較為薄弱。通常也有人叫印度教為婆羅門教（Brahmanism）。一
般來說，印度教與婆羅門教都指同一東西。在佛教興起以前，稱為
婆羅門教；佛教衰落後，這個宗教復興，則稱為印度教。

　　印度教在長期的發展中，吸收了很多外來的因素；而且，印度
教的經典，在解釋方面，也是很鬆散的。因此，我們實在很難確認
哪一個信仰體系，能夠明確地代表印度教。這個宗教的教義與派系
非常複雜。不過，我們仍可就兩個標準，來確定印度教的正統性。
這即是：

　　i).　宗述《吠陀》（*Veda*）聖典；
　　ii).　服從與參予印度式的社會構造。
關於這兩點，以下會依次解釋。若就這兩點來說，特別是就第一點
來說，耆那教（Jainism）與佛教（Buddhism）顯然不能被納入印
度教的教統中，因為它們都不宗述《吠陀》聖典。《吠陀》聖典無
疑是印度教的宗教思想骨幹，由它發展下來，還有《奧義書》
（*Upaniṣad*）與《薄伽梵歌》（*Bhagavad-gītā*）的思想。我們這裏
即依次敘述這三種經典及其思想。

一、《吠陀》及其思想

　　「吠陀」即是知識之意，Veda 的原語語根為 vid-，知的意
思，《吠陀》可視為表示印度最原初的思想的最古文獻，包含有神
的啟示的涵義，顯示印度人的深遠的宗教意識，也可視為印度思想
的泉源。

　　一般所謂《吠陀》，是指吠陀的《本集》（*Saṃhitā*）而言。

這包括四個部分，所謂四《吠陀》：

《讚歌吠陀》（*Ṛc-veda*，音譯作「梨俱吠陀」）

《歌詠吠陀》（*Sāman-veda*，音譯作「沙曼吠陀」）

《祈禱吠陀》（*Yajus-veda*，音譯作「夜柔吠陀」）

《咒文吠陀》（*Atharvan-veda*，音譯作「艾達婆吠陀」）

這些文獻，本來是由祭司婆羅門（brahmin）所掌管的，自是與祭神或讚頌神明有關。在這四者之中，《歌詠吠陀》主要收入宗教祭拜的音樂；《祈禱吠陀》載有祭神的儀式軌則，《咒文吠陀》有文學與文化史的資料；《讚歌吠陀》則是最古老和最有思想性的《吠陀》經。以下我們集中談它。

《讚歌吠陀》或《梨俱吠陀》含有一〇二八首讚歌，基本上都是讚頌神明的。這些神明與天、水、地相配，與自然現象有密切關聯，且是擬人化的。此中所顯示的神人關係，相當和洽，至於互施恩惠的程度。例如，其中敘述到因陀羅（Indra）神飲了神酒，即能揮動金剛杵，殺掉控制水量的蛇形的惡魔，把水解放出來，灌溉農田。這使人想到印度民族的農田的文明、文化，也顯示雅利安（Aryan）戰士的氣概。另外，司法神凡魯納（Varuṇa）專門維護天則，主宰日、月、四季的運行，並護衛人的精神狀況，使彼等能破邪顯正。這便很有倫理的味道。

這些《吠陀》文獻，除主要是宗教詩篇外，更提到婚禮、葬送等儀式，對研究印度的神話學和民俗學提供重要的資料。

在人們心目中，吠陀思想好像是披上一層神秘的面紗，不易了解。此中的原因，其一是祭司婆羅門有專事管理《吠陀》文獻的權利，一般人不能涉足，更遑論解釋了。另一是這套文獻用的是吠陀

梵文（Vedic Sanskrit），文法與一般的梵文不同，因而較難理解。這不同較後出的《奧義書》與《薄伽梵歌》，後二者是用標準的梵文來寫的。不過，自十九世紀以來，由於梵文與印度學學者如穆勒（F. M. Müller）、麥當奴爾（A. A. Macdonell）、辻直四郎等人的研究與推廣，吠陀的神秘面紗得以逐漸解開，人們開始知道，它雖有濃厚的宗教意味，神祇的地位非常重要，但亦在一定程度下反映人的性格與社會性，亦可以說，人的性格與社會性從神祇與人的關係中反映出來。關於這點，這裏不擬多所發揮。

二、《奧義書》及其思想

「奧義書」的原語為 upa-ni-ṣad，有接近、對向之意，可能指師徒間通過近坐的方式而傳達密意之意。全部《奧義書》有一百零八種，其中有十三種與《吠陀》有密切的關係。

在古代印度，祭祀的儀式很流行，這些儀式，通常由那些僧侶階級稱為婆羅門主持。這種祭祀，是以所謂「梵」（Brahman）為對象的。梵被視為宇宙的本質，維持整個宇宙的大力量。雖然如此，人們還是時常提出「梵是甚麼？」一問題，企圖透過這問題的解答，逼出一個作為宇宙萬象的基礎的單一的原理（Single Principle）來。這個梵，擬人的味道很淡，與《吠陀》的神明不同。這對作為單一的原理的梵的思考，自然易連貫到人的關係上來。人的主體是自我，於是便生起這樣一個問題：梵與我是一抑是二，是同抑是異？《奧義書》的答案是肯定的。它提出有名的命題：

tat tvam asi.

直譯是，那個東西便是你。此中，"tat" 是梵語 sa（它，第三身）
的中性單數主格形式，指梵那個東西；"tvam" 是梵語 tvam（你，
第二身）的單數主格形式，指你，或竟你的自我（ātman），"asi"
則是梵語動詞 as（是，存在之意）的第二身現在式的單數形式，
與 tvam（你）相配。這個 tat tvam asi 的命題，表示梵與自我的同
一。這是所謂「梵我一如」，是《奧義書》極其重要的思想。這思
想表示作為宇宙的實在或原理的梵，或大梵，並不是外在的，而是
內在的，它本質上與我們的生命是相同的。這若從實踐的立場來
看，則可說我人的主體都是梵的表示，只要不為私念惡業所蔽，人
是可以回復本來的梵的本質，而與宇宙的原理相冥合的。這種冥合
實有解脫的意義。即是說，人在現實生活的一切感受上的苦惱與知
見上的錯誤，都是喪失了或乖離了原來所具有的梵的清淨性所致；
只要回復梵的清淨性，便能捨棄這苦惱與錯誤，而歸於快樂與正
見。與梵冥合，即是回復內在的梵的清淨性。很多印度的哲學的與
文學的作品，都傳達這個宗教消息。德國大文豪赫塞（Hermann
Hesse）所寫的《悉達多》（Siddhartha，中譯作「流浪者之
歌」），主要也是表達這個意思。

　　與梵冥合，是《奧義書》思想的主旨所在。例如，這思想便見於
《奧義書》的一種，所謂《歌者奧義書》（Chāndogyo Upaniṣad）
中。在書中，老婆羅門烏德勒卡（Uddālaka）教導他的兒子舒維德
歌圖（Śvetaketu）有關「吠陀」的真正意義，以為世界的最優美的
質素是自我，而這自我即是梵。他要兒子夢寐也要回復梵的本質。

　　基於這種梵我一如的思想，印度教的精神理想便可建立起來：把自家內部本來具有的梵的本質顯露出來。由於梵有絕對意義，因此這種理想亦有絕對意義。這種理想並不以某一特定的神明為依歸，它的有神性（theism）是很淡的。這是《奧義書》不同於《吠陀》的強調與讚頌神明之點。不過，在《奧義書》中，也並未完全揚棄《吠陀》中的神明，如火神阿耆尼（Agni）、因陀羅神之類，只是其地位降低了很多。因此，我們可視《奧義書》較《吠陀》進了一步，超越了對神明的原始信仰，希望以宇宙的原理來取代神明的威權。

　　這種梵的觀念，自是實體（Substance）義，它是宇宙的究極實在（Ultimate Reality）。而梵我一如的設定與實踐，亦從實體的層面（dimension），肯定人的本質，和人的終極理想，它的宗教意義是很深沉的。事實上，《奧義書》的這種思想，對印度的哲學與宗教有重大的影響。印度的正統哲學，所謂六派哲學：勝論（Vaiśeṣika）、數論（Sāṃkhya）、正理（Nyāya）、瑜伽（Yoga）、瀰曼差（Mīmāṃsā）和吠檀多（Vedānta），基本上都由梵的觀念開展出來。即使被視為異端的佛教，亦與梵有一定的關係。佛教視梵為自性（svabhāva）的一種形式，而自性是虛妄的，因而梵也是虛妄的。故佛教極力反對梵的說法。原始佛教的無我（anātman）說，便是這個意思。我（ātman）即是梵我（brahman-ātman）。不過，由對梵的強烈反對，亦顯示出這種說法的頑強滲透力。實際上，大乘佛教提出的如來藏（tathāgata-garbha）和佛性（buddhatā）的思想，似亦不能免於梵我的色彩；如來藏和佛性是梵的變形的說法，亦相當流行。關於這點，很多學者都提出過。這

裏不多贅。另外，涅槃思想中的一切眾生都有佛性的說法，明顯地把眾生和佛性等同起來，這與梵我一如的說法，亦有一定程度的近似。

三、《薄伽梵歌》及其思想

　　《奧義書》之後，印度的神明思想（theistic ideas）又再抬頭。這種思想與瑜伽實踐結合起來，表現於《薄伽梵歌》（*Bhagavad-gītā*）中。"Bhagavad" 是尊貴者之意，"gītā" 是歌、詩之意。這是對尊貴者或可尊重的人的讚歌。這《薄伽梵歌》是印度古代兩大史詩之一的《摩訶頗羅多》（*Mahābhārata*）的其中一重要部分，對古印度的宗教思想有重大影響。

　　《薄伽梵歌》的主旨是強調倫理的責任的重要性。每一個人都有他自身的倫理關係和社會責任，這關係與責任，必須放在首位。關於這點，書中借主角艾爾住納（Arjuna）的故事來發揮。艾爾住納是一個英雄，他正在困惑地等待一場不可避免的鬥爭的來臨。他不想這場鬥爭發生，特別是因為敵方有他的朋友和親人。毗瑟紐神（Viṣṇu）於是化身為克里舒納（kṛṣṇa）──艾爾住納的車伕，伺機傳達神的教示。這個教示是，作為一個戰士，艾爾住納是有責任去打仗的，不管後果會對他如何不利。《薄伽梵歌》所強調的，是要維護社會的秩序，這個秩序的基礎，建立在每一分子應有的責任與義務上。故每人都應履行其責任與義務。

　　要注意的是，履行責任與義務，並不表示解脫。解脫必須依仗神的恩寵。因此，神一方面督促大眾履行他在社會上的責任與義務，一方面又可施予恩寵，容許大眾放棄責任與義務，在神的蔽蔭

下得到解脫，去除種種惡。

　　由是可見，《薄伽梵歌》中所描述的神，實有其超然地位。他有擬人性（personality），能督使大眾履行社會的責任與義務，又能對大眾施與恩澤，使他們從社會的責任與義務中鬆縛，得到安息與解脫。這便抬高了人格神的地位，把它置於《奧義書》所闡發的梵之上。後者是非人格的宇宙原理、實在，對大眾不能行使意志。

　　其實，《薄伽梵歌》亦吸收了《奧義書》的梵的概念。這種吸收，是通過如下的巧妙的安排來進行的。它設定一個創造宇宙的神，即梵天（Brahmā）。這梵天具有作為宇宙的原理與實在的涵義，但它不是純然是原理的梵，它能表現為偉大的神格：它一方面表現為毗瑟紐神，一方面表現為濕婆神（Śiva）。於是，梵天、毗瑟紐、濕婆便成為三位一體，所謂 Trimūrti。在這個格局中，梵天是本體，毗瑟紐與濕婆是其不同的呈現（manifestation）。《薄伽梵歌》的這種 Trimūrti 的說法，自易使人想到基督教的三位一體（Trinity）的說法。後者指聖父（Holy Father）、聖子（Holy Son）與聖靈（Holy Spirit）三個不同的位格結合為一體的那種模式（paradigm）。就寬泛的比較角度來說，梵天相當於聖靈，毗瑟紐與濕婆相當於作為聖父的上帝與作為聖子的耶穌。但這個比擬並不很好。在印度教的三位一體中，梵天是本，毗瑟紐與濕婆這兩個神祇是梵天的顯現，是迹。即是說，這兩個神祇的地位是對等的。而在基督教的三位一體中，作為本的，可以說是聖靈，也可以說是聖父，只有聖子的耶穌才是顯現，才是迹。對於聖靈來說，聖父與聖子的地位不是對等的。就毗瑟紐與濕婆同時是梵天的顯現來說，印度教的三位一體是較易理解的，它的宗教意義較為單純。關於這

點，這裏不多說。

　　毗瑟紐與濕婆各有不同的姿態。毗瑟紐可有多個變化身，其中最尊貴的，便是羅摩（Rāma），他是一個仁慈的國王，又是大英雄。另外，如上所說的克里舒納（Kṛṣṇa），甚至佛陀（Buddha），都是他的變化身。這樣，佛教便被抬進印度教的神殿。濕婆更具有鮮明和剛列的性格。他同時象徵著神祇的創造的和破壞的傾向。同時，他又是偉大的瑜伽苦行者（yogin），強調刻苦的修行與瞑想。即使是在極嚴寒的天氣下，也會到喜瑪拉雅山的雪峰上赤裸地作苦行的修習工夫。

　　按《吠陀》強調祭祀，讚頌神明，有濃厚的原始宗教意味。《奧義書》則以形而上的梵的原理，以取代神明禮拜，有從宗教轉入哲學的傾向。梵我一如更顯示一實踐方法，要人直下悟得自我的梵的本質，而回歸於梵。《薄伽梵歌》則趨複雜化，它的梵天有梵的原理的意味，但又就這梵天的顯現而說兩個大神祇，這便有把哲學與宗教結合為一體的意向。這亦顯示印度的哲學與宗教的特別關聯：哲學中有宗教，宗教中有哲學。在印度思想，哲學與宗教是很難截然分開的。不管是正統的六派哲學、佛教、耆那教，都是如此。在六派哲學中，正理學派較重哲學，瑜伽學派較重宗教，但哲學與宗教兩者截然分開，並無其事。即使發展至近代，有影響力的思想家如甘地（Mahātma Gandhi）和勒達克里希南（S. Radhakrishnan），都合哲學、宗教與政治於一身，哲學與宗教從來未有截然分開。另外一點是，《薄伽梵歌》強調責任與義務，這種東西必須具體地落於人際關係的脈絡中說，因而有很強的世間性與社會性。這便顯出入世、淑世精神，這是《吠陀》與《奧義書》所

比較缺乏的。

四、宗教的儀式與社會結構

以上我們就《吠陀》、《奧義書》與《薄伽梵歌》這些文獻介紹了印度教的思想。不過,一個宗教的要義,不應只就思想方面來說。宗教應該有人生以至社會方面的指涉,在這些方面發揮其作用。因此,宗教的要義也應可在它所規示的社會構造和理想的人生歷程中顯示出來。印度教是一個大宗教,歷史悠久,信徒眾多,在印度民族的歷史發展與社會演化中起了重大的作用,即使在今日,它的影響力還是巨大的。因此我們這裏有必要討論一下印度教的社會面:它的儀式、所規示的社會結構與理想的人生歷程。

印度教是多神教模式,對於自然界的現象,如風、雨、雷、河、山、森林,都擬設不同的神祇來供奉、禮拜。由於神祇是多數,其地位自不如一神教如基督教、伊斯蘭教或猶太教者尊貴,但教徒對神祇的態度,還是很認真的,對不同的神祇,有不同的祭祀儀式。故宗教儀式甚為繁富。一般來說,印度教的崇拜儀式,並不是群眾性的,或集會性的,而是信徒個別地在廟宇或家居中舉行。婆羅門或祭司的家居儀式很繁複,包括齋戒沐浴、禮拜聖像或聖物,和供奉火神。至於禱告,多是念頌聖典的詩句,特別是《吠陀》聖典。在廟宇中舉行的儀式則由祭司主持,一般人也可參加。有些儀文是很瑣碎的,例如替神的尊像沐浴,替它穿衣,服侍它寢息,等等。俗人也可參拜聖殿、禱告和供養神祇。在被視為有神聖意味的河流,例如恆河(Ganges)中洗澡,是信徒門常從事的生活方式,他們以為,這會帶來特別的功德和天上的恩賜。甚至有些虔

誠的信徒希望其臨終的日子，能在河上渡過。

　　印度教的社會結構極為嚴密，這即是四個階級（caste）的制度。一切道德的與宗教的活動與行為都受它的約制。即是說，社會上的各分子，基本上區分為四個階層：

i). 婆羅門（brahmin），指宗教僧侶，或祭司。一切宗教的事務，都由這些人掌管。印度民族的宗教意識非常濃烈，可以說是一個宗教的民族，因而這班人享有特別崇高的社會地位。

ii). 剎帝利（kṣatriya），指貴族階級，包括帝王、戰士。這是政治階層，所屬為雅利安族。

iii). 吠舍（vaiśya），指商人。買賣交易者。

iv). 首陀（sūdra），指手藝工人、勞工。也包括僕役、奴隸。

在這四個階層中，只有前三者有資格接受吠陀的知識，參予宗教活動。此外，還有一種沒有階層可分的，那是最下賤的人，包括被雅利安族所征服的人。在這些不同階層中，有著難以克服的藩籬。一般的社會生活，如居住、宗教禮拜、教育、通婚，甚至同桌共餐，都有明顯的界限，不能逾越。不過，到了近代，由於甘地他們的民權運動的影響，這種社會的藩籬逐漸瓦解，階級的分野也不如前嚴格，即使是最下賤的階層，也可進入廟堂禮拜和接受宗教教育以至一般教育了。

五、生命的四個歷程

　　印度教提出一種完成宗教人格的獨特的生活方式，這即是生命

的四個階段（āshramas）。即是說，一個屬於高階級的印度教信徒，他的生活可先後區分為以下四個時程：

i). 首先，他做一個學生，或學徒，吸收各方面的知識，和學習種種技能。這些知識自以宗教的知識為主，此中又以《吠陀》的誦讀為要務。這是教育的階段，基本上與現代社會所行的無別。

ii). 稍長後，他結婚生子，過家庭生活，為一家之主。這主要是就男性而言。印度社會，一直都是重男輕女，女性的地位非常低微，所謂未嫁從父，出嫁從夫，夫死從子，較之中國尤甚。婦女一直都是倚賴男性過活，甚至家中有甚麼不幸事件，包括丈夫的早死，往往歸罪於女方。

iii). 之後，他放棄與家庭與世俗的連繫，到僻靜的森林去潛修，做一個森林的住客（vāna-prastha）。這基本上是宗教的潛修，目的是要脫去世俗的塵垢，使身心歸於清淨。同時要加強對於《吠陀》聖典的修習。

iv). 最後，他完全投入宗教的實踐中，在這宗教的實踐中提升其精神境界。他不再受世俗的道德和責任所約制，超越一切社會性的規約。它的目的是要與梵天冥合，回歸於梵天；在他的生活行為中，表現梵的本質。具體地說，他要超離相對的善惡的分別，不牽纏任何個別的社會規約，以臻於在精神上絕對自由自在的境界。

這四個歷程實可歸為兩個階段：前兩個歷程是世間的，後兩個歷程則是出世間的。《薄伽梵歌》中所強調的責任與義務，基本上只能在世間的階段中說，在出世間的階段，由於脫離了一切世間的與社

會的關聯，實在很難再說責任與義務，要說，便只能說責任與義務
在於專心致力於宗教的實踐，追求與梵天冥合的境界。

　　這便有一個問題：印度教徒在進入第四個歷程，或已獲致與梵
天冥合的精神境界後，對世界採取甚麼樣的態度？很明顯，他不能
採取參予（participation, involvement）的態度，因為他在展開第三
個人生歷程時，便要放棄與世俗的一切關聯，而專心做潛修的工
夫。他充其量只能運用他在潛修中所獲得的經驗與智慧，來幫助後
進者──進於第三、第四歷程的教徒。這在較印度教後出的佛教看
來，特別是大乘佛教看來，不免有消極的傾向，它畢竟是以獨善其
身為宗趣，是出世間的，不是大乘佛教的世出世間的。關於這點，
這裏不多說。

第七章
佛教的緣起性空義理及其發展

　　婆羅門教或印度教以梵一觀念為核心而開展，這在義理與行為方面便生起我執，由此而召惹苦痛煩惱，輪迴不斷。這便引來佛教對生命存在與世界存在作徹底的反思，建立緣起性空的根本思想，終於開展出一新的宗教與哲學的體系。

一、釋迦牟尼的智慧與明覺：緣起性空

　　印度教強調實體主義的哲學與宗教，這在客觀方面是建立大梵觀念，在主觀方面則形成對我的執著。不管是梵抑是我，作為常住不變的實體看，在佛教來說，都引致眾生在思想與行為上起執。前者起法執，後者起我執。[1]以自我意識為本，生起我癡、我慢、我

---

[1]　關於我執，在這裏可以多說一下。關於我，除了自己本身、自己的生命存在之外，還可包含我所有的東西，或稱我所。這我所可以很多，數之不盡。不過，我們可以列出一些一般視為較重要的、較貴重的，如個人的名譽、地位、權力、財富，以至整個國家（這是就古代帝王而言，所謂「普天之下，莫非王土」）。地位、權力、財富，以至整個國家，是較為空泛的、籠統的，人死了，這些東西也就隨風飄散，

見、我愛，推展至存在世界，而生執著。由自我中心而生起這我癡等四種煩惱，順次形成四種顛倒見解與顛倒行為，而讓眾生沉淪於輪迴生死的苦痛大海，不能出離。這是釋迦牟尼（Śākyamuni）創立佛教的起步點，也是這種宗教的根本義理：緣起性空的出發點，它的宗教實踐也是依此而建立起來。其具體內容具載於《阿含經》（Āgama-sūtra）中。這在漢傳佛教中，即是四阿含經：《長阿含經》、《中阿含經》、《增一阿含經》和《雜阿含經》，其中尤以《雜阿含經》為主。

釋迦牟尼與所謂原始佛教的教法，以法數來說，一般都列舉四

離開了當事人。但名譽便不同。「人不能留芳百世，亦要遺臭萬年。」這便是指秦檜、嚴嵩那些大惡人。他們所執的，不是普遍的東西，而是自己的個別的、此時此地的生命存在、具體的形象。他們最後所想得到的，所想達成的，是讓自己的個別的面貌、性格、具體的能力，不折不扣地、完全地永遠存在於他人的心中。但這是不可能的。因為這些東西的印象只能存於與當事人同時同地相遇的人的心中，這些人有限得很，而且很快便會消失掉、死掉。消失掉、死掉後，那些在他們心中的一切具體的印象便也隨著煙消雲散了。這些具體印象或有關當事人的具體存在性便解構掉了，有名所代表的那些落於他人心中的印象在哪裏還能存在呢？即使是聖人孔子，他的具體的生命存在，只存在於當年曾與他接觸過的弟子與和他有來往的王侯將相的心中。他們去世後，孔子的具體的生命存在再不存在於其他人的心中。而我們今日對於他所具有的種種樣貌、品格，如前額隆起如小丘、仁、義、孝、弟、忠、恕、克己復禮、誨人不倦，以至絕糧於陳，都只是一些普遍的概念而已。這些普遍的概念合在一起，而造成的孔子的形象，在我們的心中，都是抽象的東西，孔子的形象也是抽象的，與孔子的具體的生命存在都沒有切膚的關聯。孔子的聖人的形象在哪裏呢？他的名譽又在哪裏呢？

聖諦、三（四）法印和十二因緣來說。我在這裏換一個方式來闡釋，直接就緣起性空的義理來說明。這即是，一切現象、事物，包括我們的生命存在，都是由種種因緣（pratītya）而生起，這種生起（samutpāda）現象、意涵分析地便有不具有常住不變的自性（svabhāva）的意味，因此是空（śūnyatā）。空即是沒有自性，是性空（svabhāva-śūnyatā）。在釋迦牟尼看來，婆羅門教的梵、我，都是空的、沒有自性、實在性的，以梵、我為實在，是錯誤的，由虛妄的情執所致，執著一切事物具有它們自身的自性、實在性所致也。因此要破執。執一破，便能回復原來的智慧、明覺，體證到它們的緣起性空的真理。這種體證，是一種實踐工夫，是存在性格的修行，不是光在講學問、義理而已。體證而至於充實飽滿，便是成覺悟、得解脫，達致清淨無染的涅槃（nirvāṇa）境界。

　　釋迦牟尼或佛祖有時又以中道（madhyamā pratipad）來說終極真理，亦即是涅槃境界。如《雜阿含經》便說：

> 如實正觀世間集者，則不生世間無見。如實正觀世間滅者，
> 則不生世間有見。……如來離於二邊，說於中道。[2]

即是說，我們若能如實地、如其所如而不加增減地去理解世間事物的由因緣的積集而成的狀態，則不會生起虛無的見解；同時，若能理解世間事物的消散的狀態，則不會生起事物是有、是常住的見解。這樣地遠離、捨棄虛無和常住的觀點，便成就中道的智慧、理

---

[2]　《雜阿含經》卷 10，《大正藏》2・67a。

解。這種理解便奠定爾後大乘佛教以非有非無或非有非空來解讀中道的真理的基礎。

二、空宗與有宗

釋迦牟尼和原始佛教之後，有大乘（Mahāyāna）佛教興起，分別強調緣起與性空一面，因而有有、空二宗的分流。這兩流在思想立場上並無矛盾，只是重點不同而已。空宗重視諸法的性空一面，代表的經典有《般若經》（*Prajñāpāramitā-sūtra*），其中的《心經》、《金剛經》和《八千頌般若經》較受注意。有宗則重視諸法的緣起一面，代表的經典則是《解深密經》（*Saṃdhinirmocana-sūtra*）。經典之後又有論典出現，前者重視原始智慧，後者則重視哲學理論、論證。空宗的論典有龍樹（Nāgārjuna）的《中論》（*Madhyamaka-kārikā*），另外有傳為他寫的《大智度論》（*Mahāprajñāpāramitā-śāstra*）。有宗的論典則有無著（Asaṅga）的《攝大乘論》（*Mahāyānasaṃgraha*）和世親（Vasubandhu）的《唯識三十頌》（*Triṃśikāvijñaptimātratā-siddhi*）。解釋世親的《唯識三十頌》的有安慧（Sthiramati）的《唯識三十論釋》（*Triṃśikāvijñaptibhāṣya*）和護法（Dharmapāla）等的《成唯識論》（*Vijñaptimātratāsiddhi-śāstra*）。龍樹一派稱為中觀學（Mādhyamika, Madhyamaka），無著、世親一派稱為唯識學（Vijñāna-vāda）。

我們通常以空宗包含般若思想和中觀學，有宗則是唯識學。兩者所關心的焦點，都是客體方面的外在世界。空宗比較多留意外在事物的本質、本性，這亦即是事物的普遍性格，亦即是所謂空、無

自性空。這空宗有時又提出中道，作為空義的補充。此中較明顯和重要的說法是龍樹的《中論》的觀點。在其中，龍樹強調客體方面的種種法、事物，由於都是依因待緣而生起，所以沒有常住不變的自性，因而是空。空是指不具有常體、不變的自性的意思。龍樹進一步說，這空自身亦不具有實體、自性，它只是一個名稱、名相，他用「假名」（prajñapti）這一字眼來說。假名只是施設性的名字，世間並沒有實在的東西如自性、實體與這假名相應。空是假名，即表示空這一概念、名相不是指實體性的有。因此龍樹說空是非有；同時，空也不是指與有相對說的無，因此是非無。故空是非有非無，同時超越、克服有與無的名言性、相對性，這便是中道。空宗特別是中觀學強調空，但光是說空是不夠的，空是非有；同時也說空是非無。非有非無即是中道，這樣說空才比較完整、周延。因此，我們可以說中道是空義的補充觀念。兩者都是表述終極真理的名相。我們可以說，終極真理是空，這不錯；但如同時說終極真理是中道，則意思更為周備、全面。

　　有宗或唯識學所注意的問題，是事物的緣起性格。緣起的事物雖然是空，不具有實體、自性，但還是依因待緣而生起，其中有一定的規則，不能胡來。故與中觀學的虛靈性比較，唯識學則是質實性的。這質實性讓事物各有其形相和作用，不能以「空」一個名相、字眼草率交代便算。我們可以說，空宗注目於事物的普遍性：性空，有宗則緊貼事物的特殊性：緣起。便是由於對特殊性的重視，唯識學比較接近實在論。但這只是接近而已，唯識學的基調仍是觀念論，強調事物的唯識的性格（vijñaptimātratā）。它認為，事物的存有論的根源，不是外界客體的實在性，而是主體心識的作

用。我們的心識有一種變現（pariṇāma）的作用：變現出現象界方面的事物。即是，心識自身是一個渾淪的整一體，它有一種自我實現、表現的傾向。它自身先作一種分化（differentiation）作用，分裂出相分（nimitta），而開展出現象世界，自身則以見分（dṛṣṭi）來認知特別是執取相分或事物，認為它具有自性、實在性。實際上，事物只是由心識變現出來而已，我們看它們好像是真的存在，其實不是如此，它們只是好像如我們所見到的那個樣子而已，它們只是心識的詐現（pratibhāsa）。它們不是真實的、獨立的，卻是離不開心識。它們的存在性，只是宛然地、煞有介事地在我們面前呈現出來。這種存在、呈現是沒有形而上學的、存有論的基礎的。

緣起與性空的觀點是否有矛盾、衝突呢？雙方能否同時存在呢，而予以同時體證呢？答案是肯定的。緣起與性空其實是一物的兩個面相，都是就真理而言。就事物的現象性而言，是緣起；現象之得以成為如是的現象，是依於緣起的真理的。就事物的本質、本性而言，是性空；直接就事物的本性來說，它們都不具有自性，它們是空的。我們或許可以這樣看，從世俗的角度來看事物，它們都有因果性、實體與屬性性，這是世間的真理，是一般所謂的經驗的真理，是所謂世俗諦（saṃvṛti-satya）。從終極的、絕對的角度來看事物，它們是當體即是空的、無自性的，這是超越的真理，是所謂第一義諦或勝義諦（paramārtha-satya）。事物的真理可以有不同的層次，從不同的角度看是這樣，經驗的角度看是世間的真理，從超越的角度看是出世間的真理。這兩層真理可以融通無礙，同時成立。科學所追求、探討的，是經驗的真理；哲學和宗教所追求、探討的，是超越的真理。世間的真理與出世間的真理可以融合起來而

成一圓滿的形態，這便是世出世間的真理。

所有的宗教，最後都有一個目標，那是覺悟、解脫、救贖之屬。空宗與有宗自然不會例外。就空宗而言，它是要人徹底體證得空與中道的意涵，不執著二邊或兩個極端，如有與無。要克服、超越這二邊的二元性，非有非無，於一切都無所執。這樣便能隨順真理，去除煩惱，展現明覺，體證真理。在《中論》，這種體證真理是漸進的，不是一下子的。即是，要先了達世俗諦，然後證得第一義諦，最後達致涅槃的精神境界。有宗或唯識學則教人依五個階段而漸次證入唯識或緣起的正見，轉識成智。轉捨染污的心識（vijñāna），成就智慧（jñāna）。這有所謂轉八識成四智，以四智的明覺而得覺悟，成就解脫。關於這些點，說的人已很多，我在這裏也就不多講了。

三、般若智與如來藏自性清淨心

上面我們闡釋了空宗和有宗或中觀學與唯識學對於佛陀的根本教法緣起性空的解讀，分別視之為緣起與性空兩方面的終極真理。當然兩方面可以融合在一起，以成就大乘佛教對終極真理的全面的、周延的看法。讀者也許已察覺到緣起也好，性空也好，都是作為一種客體方面的觀解的對象；對於這種客體方面的觀察活動，應該有一主體或主體性來參與，甚至主持，這活動的認識論特別是實踐論的意涵才能說。這種想法或進一步的考察自然是不可免的。即是，在宗教意義的認悟與實踐中，應該同時有客體與主體，由主體來認證客體，而成就對客體認知與體證，宗教意義的覺悟、解脫、救贖才能說。當然這種認知與體證，不是認知主體對被認知的客體

進行純粹的概念上的認知活動，而是在實證的工夫活動中，主體如
何把作為終極真理的客體（目下所涉及的是緣起性空）加以體認而
融入於其中，與終極真理的客體有一種玄同彼我的合一的關係。只
有在這樣的脈絡下，宗教意義的覺悟、解脫、救贖這些目標才能
說。同時，也是在這樣的脈絡下，宗教主體的存在和它的活動的探
討便成為刻不容緩的工作了。

在這種思維之中，宗教意義的覺悟主體或解脫主體的提出便顯
得非常重要了。這種主體在早期的大乘經典中，稱為般若或般若智
（prajñā），這主要是在般若思想的文獻中提出的。一切《般若
經》，或長或短，或大或小，其主要論述觀念，便是這般若智，有
時也稱為菩提智。這可以就覺悟的主體說，也可以就覺悟的作用
說。這種作用的對象，正是空宗所共同強調的空（śūnyatā）的性
格，一切事物作為現象看的緣起因而不具有常住性的空的真理。上
面提到的《心經》和《金剛經》，都是發揮般若智和空的義理的文
獻。《金剛經》的經文中沒有一個「空」字，但全部的內容都是在
說空的義理與實踐方法。

般若智有時亦作菩提智，是體現、體證菩提（bodhi）智慧的
作用。菩提即是覺悟。這比較多見於禪宗的文獻中。《壇經》中載
有神秀與慧能所分別述說的覺悟境界，都離不開菩提（樹）。[3]這
種般若智慧的作用，並不是直接地證見事物的無自性的空理，而是

---

[3]　神秀有偈云：「身似菩提樹，心如明鏡臺，時時勤拂拭，莫使惹塵
埃。」慧能有偈云：「菩提本無樹，明鏡亦非臺，本來無一物，何處
惹塵埃？」

經過一種辯證的歷程，透過反或否定作用，讓證見進入較高或較深的層次，以完成證見真理的目標。這便是所謂「即非」的詭詞，這即非是鈴木大拙所率先用的，有矛盾、弔詭的意味。如《金剛經》曾說：「如來所說身相，即非身相」、「莊嚴佛土者，則非莊嚴，是名莊嚴」、「諸微塵，如來說非微塵，是名微塵」等等。其意涵是，我們說到某個東西，當下把它的自性否定掉，便能見到該東西的真相。這否定自性，便是即非。

　　在佛教來說，要體證終極真理，成覺悟，得解脫，不可能是一條通達無障礙的道路，而是要克服多種困難、矛盾、曲折，才能成就的。因此，思維上的背反、顛倒，是不能免的。這在京都學派的西田幾多郎來說，是所謂「逆對應」。在天台宗來說，則是「煩惱即菩提，生死即涅槃」。在《維摩經》（*Vimalakīrtinirdeśa-sūtra*）來說，則是「淫怒癡是解脫」、「諸煩惱是道場」。在禪宗的公案中，時常可以看到這樣的說法或例子。試舉「南泉斬貓」的例子看看。一日，南泉普願禪師執著一頭貓，召集眾多弟子，告訴他們：「快說快說，若說不出來，我便把貓斬死！」這所謂「快說」，是說出如何體證終極真理而得覺悟之意。結果眾弟子都呆住了，沒有人說出甚麼話來。南泉大和尚馬上一刀把貓砍死。後來他的大弟子趙州從諗從外面遊方回來，其中一個和尚告訴他南泉斬貓的事，趙州不發一言，把鞋脫下，戴在頭上。這小和尚把趙州的這種舉動告訴南泉師父，南泉頓足歎說：「當時若趙州在，這隻貓便不會枉死了。」案鞋是穿在腳上的，趙州竟把它當作帽戴在頭上，顯然是顛倒的做法。趙州的意思是，要證入終極真理，需經過背反、顛倒的過程，才能成就。倘若他能及時回來，做給南泉看，後者便不會把

貓砍死。

現在我們要探討的問題是，體證終極真理，不管是作為客體的緣起，或者性空，或者兩者合在一起，都需要憑藉般若智。這般若智是一種明覺的作用，能滲透到事物的內裏，證悟它的本質。這種作用需要一個源頭，才能發動開來。這源頭是甚麼呢？這便是清淨心：如來藏自性清淨心。如來藏（tathāgata-garbha）是一種潛能，是成就如來的寶藏，這是一種清淨的心靈。人有了這種寶藏或清淨心，便能透過工夫修行，最後覺悟而成為如來或佛。在印度佛教本來便有如來藏自性清淨心的思想，在經典方面有《如來藏經》（*Tathāgatagarbha-sūtra*）、《楞伽經》（*Laṅkāvatara-sūtra*）等，在論典方面則有《佛性論》（*Buddhatā-sūtra*）、《大乘起信論》。《佛性論》傳為世親作，《大乘起信論》則傳為馬鳴（Aśvaghoṣa）作。但有人以為《大乘起信論》無梵文本，不可能是較龍樹更為早出的馬鳴寫的，而是中國人所造。這部文獻的內容非常成熟和多元，包括空宗、有宗和眾生心的一心開二門的說法。

如來藏思想的提出，有如下重要的意義。我們確認如來藏是成菩薩特別是成佛的潛能（菩薩 bodhisattva 只較佛 buddha 在修行境界上低一級而已），可以替眾生的成佛確立一形而上的超越的根據（transcendental ground）。即是說，在形而上方面，眾生都具有如來藏這樣的清淨心，能發出一種超越的明覺或智慧，了達世間一切事物的緣起性空的終極性格、真理，而達致菩薩、佛的境界。形而上是指超越方面的意思，它不是經驗界的東西，後者有相對性，又受限於時空。如來藏心則是絕對的、普遍的，它作為一種超越的主體、潛能，內在於眾生的生命存在中，這保證了眾生最後都具有覺

悟成佛的可能性。不過，我們得分清楚，如來藏作為一種主體性的心、作為一潛能，並不表示眾生已經得到覺悟而成佛。這是現實的事，有潛能並不表示就可以實現出來。事實上，從潛能的狀態到實現的狀態，還有一段相當遠的距離，這需要付出莫大的努力。要知道作為一種潛能，與作為一種實際的東西顯現出來，是兩回事。

另外，如來藏是一種超越的主體或主體性，能發出明覺的作用，體證終極真理。主體性是從超越性格說的。我們通常說主體有兩種：經驗的主體與超越的主體。經驗的主體是一種心理學的主體，以感覺作為功能，有相對性格，受時空所限。超越的主體則是超越的，它超越一切時空條件，具有絕對意義。唯識學重視主體的經驗方面，如來藏思想則重視超越方面。依於此，唯識學重視認識論方面，把這個主體視為心理學上和知識論上的心能：它能感受外界的現象，同時執著它們為有自性。超越的主體則不會執取外界的東西為有實在性，卻是如其所如地視事物為物自身（Ding an sich），具有終極義。

四、如來藏的佛性轉向

如來藏作為覺悟成佛的主體的說法，主要見於印度佛教的經論中。這主體觀念主要指那個救贖性格的當事者，涵蓋性不廣，特別是與客體方面的關係不夠密切，或與客體方面無涉。原則上，我們可以說如來藏與所謂佛性的作用相差不遠，但只表示一種宗教救贖的基礎，或根本的能力，只涉及整個救贖活動的一部分，或一個面相。佛性（buddhatā）觀念則不同，它不單表示成佛的可能性、基礎這種主體方面的超越能力，同時也略有客體性方面的意涵，例如

說三因佛性，或以體段來說佛性，都已超出主體的超越能力的範圍。特別是三因佛性，是天台宗的說法，指成佛的三種原因、要素。這即是：一、正因佛性，指一切法從本以來所具足的真如之理。二、了因佛性，指照了真如之理的明覺、智慧。三、緣因佛性，指有助緣作用的一切善行，也能生起智慧。再向前追溯，三因佛性在《涅槃經》（*Mahāparinirvāṇa-sūtra*）中已有提及，這即是正因佛性、了因佛性與緣因佛性。正因佛性是中道第一義空，其充實顯現便成就法身。了因佛性是智德，其充實顯現便成就般若。緣因佛性是斷德，其充實顯現能成就解脫。對於這三因佛性，如來藏所直接相應的，是了因佛性，另外，也可在某程度上關聯到緣因佛性。至於作為中道第一義空的正因佛性，如來藏則比較疏隔，因為這種佛性作為主體，也涵蓋客體的終極真理的意味在內。

倘若以三因佛性來解讀佛性觀念，則佛性觀念在解脫論上的涵義，遠較如來藏觀念為充實飽滿，為周延。這特別是就中道佛性一複合觀念為然。按中道佛性一名相見於《涅槃經》和中國佛學的吉藏的著作中，但要發展到天台宗智顗才臻成熟。智顗強調在佛教的三藏十二部的龐大的著作林中，其分界在於佛性。即是，在這些文獻中，有闡述佛性的，和未有闡述佛性的。他在這裏所說的佛性，實是中道佛性。他並以中道佛性的體證、展現，來說解脫。即是，所謂解脫，不外乎體現中道佛性。他又以中道佛性作為其判教的標準。他把全體佛法，依其義理分開而成藏教、通教、別教、圓教。其中，藏教與通教不闡揚中道佛性，別教與圓教則闡揚中道佛性。別教透過漸進的方式，一步一步地體證中道佛性，圓教則採取圓頓的方式，一下子地體證中道佛性。所謂「歷別入中」與「圓頓入

中」也。「中」即是指中道佛性。他讚揚圓頓的方式為善巧
（巧），而批評歷別的方式為笨拙（拙）。他在自己晚期的成熟的
著作中，如天台三大部中的《法華玄義》、《摩訶止觀》和註解
《維摩經》的多本大部頭的著作中，[4]都有提及與闡釋中道佛性。

　　以佛性特別是中道佛性來取代如來藏以建立眾生的成佛的可能
性或基礎，有一種非常重要的意涵。即是，中道佛性觀念表示佛性
與中道是等同的。佛性是超越的主體性、超越的心靈，因此智顗有
「佛性真心」的提法。中道依龍樹《中論》的說法，表示空義的補
充；空是終極真理，中道也應是終極真理。佛性是主體性的心，中
道則是客體性的理。兩者等同，即表示心與理的結合，心、理為
一。這正是宋明儒學說心即理的思維導向的佛教式的表述。這不啻
開出一條坦途，讓佛教與儒家有既深且廣的對話空間。

　　由中道佛性作為一複合詞，我們由之而得的另一種啟發便是真
理是具有動感的，而不是一般所理解的真理是靜態的，如柏拉圖的
理型那樣。佛性是真心，心是動感性格的，能生起種種活動。中道
佛性表示作為真理的中道由於與佛性的等同性，因而也具有動感。
有動感便有作用、功用，這些作用、功用具有道德上的教化與宗教
上的轉化的效果。不過，這裏不能避免地有一種疑慮。實體主義形
態的哲學與宗教具有動感性，是很自然的。因為實體主義所確認的
形而上的實體，如印度教的梵、儒家的天理、天道和基督教的上
帝，是健動性格，恆常地是在作用、運動狀態中。但佛教的中道、

4　這即是《維摩經玄疏》、《維摩經文疏》、《維摩經略疏》、《四教
　　義》等。

空，或中道佛性的非實體主義的性格，比較難說實體，或竟不能說實體，則真理的作用、活動由何而來呢？這個問題相當麻煩、複雜，我們在這裏沒有篇幅探討下去。不過，我們初步可以這樣理解：即便非實體主義的真理是動感的，其動感性也不可能太強，像盤古開天闢地、上帝創造萬物以至宇宙那樣。我們自然也可以預留一個問題，待將來作深入的討論：非實體主義的真理，其動感性可以達到哪一種程度呢？

五、佛教的儀式與修行

與印度教不同，後者雖然歷史悠久，但其發展只限於印度本土，又未有受到外來的宗教的影響，因此在儀式與修行上改動不大，只維持一些基調上是頭陀苦行的宗教活動方式。佛教則不同，它發展的領域非常多元，由印度及於錫蘭，又東傳至中國、韓國、日本以至歐美，北傳至西藏、蒙古以至西域，南傳至中南半島如泰國、緬甸等。它分別與所在地的文化、生活方式結合，而形成不同的修行方式。因此，我在這裏要專設一節來闡釋它的宗教儀式與修行方式，特別是後者。

按儀式與修行方式在生活上頗難截然區分開來，這在佛教方面特別明顯。大體上，我們可以說，佛教的宗教儀式可以包含剃度、皈依、超渡亡魂、放生、荼毗，以佛龕安置骨灰和浴佛等。這些項都很易理解，只是荼毗與浴佛需要解釋一下。所謂荼毗即是火葬，事後只餘下骨灰。有道行的人，荼毗後可能會遺留下有光澤的舍利珠子（śarīra），供門徒收藏供養。這種事情據說是事實，但未能確認科學根據。而荼毗則是巴利文 jhāpeti 的音譯，把屍骸火化之

意。浴佛即是灌佛，在佛的誕生（四月八日），以香水注於佛像身上，以示慶祝。

　　至於宗教修行，在一般方面，有多種方式。在飲食上，有五戒，教徒要信守五條禁戒：不殺生、不偷盜、不邪淫、不妄語、不飲酒。又有戒絕五辛，不吃有強烈臭味的五種野菜：韭、葱、蒜、薤、薑。又需素食，不吃葷或肉類。在行為上，般若思想強調菩薩要行六波羅蜜多（pāramitā），這即是修習布施、持戒、忍辱、精進、禪定、智慧。一般出家弟子要進行止與觀的實踐。止是坐禪、瞑想，把意念減到最少，讓精神集中起來。日本禪師道元強調專心打坐，所謂「只管打坐」，把打坐放在實踐的首位。六祖慧能則不限於坐禪，認為禪修的工夫，在行、住、坐、臥這些行為樣式中都可以進行，而收到心念專一的效果。觀則是以智慧觀想，滲透到緣起性空的根本真理方面去。止與觀需要有一個結合，不能有所偏廢。天台宗智顗便提出止與觀這兩種修行，像車的兩輪，鳥的兩翼，缺一不可。

　　另外，有某些修行，是佛教中某些支派所特別注重的。例如淨土宗重視念佛，要不斷念頌阿彌陀佛號，讓心志專一起來，表示對淨土教主阿彌陀佛的信賴，希望藉著祂的慈悲心願，把自己接引到西方極樂淨土。密教或密宗強調阿字觀和曼陀羅觀的修習。特別是後者，修行要不斷嘗試，務求對一些幾何圖形的、對稱的曼陀羅（maṇḍala），看到整個真理的世界、法界。禪宗的初期，特別是達摩、慧可、僧燦的年代，修行者模仿古印度的宗教傳統，過著頭陀行亦即是苦行的生活，要在一般生活上採取極為嚴苛的方式，讓自己的身體受到種種折磨，也包含過午不食，以抵消前世或過往所

積下來的負面的業力。又有些教徒以修習神通為務，通過一些特殊的訓練，讓自己具有超自然的力量，所謂神通力。這些力量如天眼通、他心通、宿命通等等。不過，釋迦牟尼並不刻意強調這種修行，只是佛弟子按一般的程序過生活，做功課，到了某個階段，便自然具有這些神通力。禪宗也流行參話頭公案、棒喝的修習。這則有神秘主義和暴力的表現。

另外有兩種充滿哲理意涵的修行。其一是淨土宗的懺悔。日本京都學派田邊元宗淨土，提出我們透過對自己過往所做過的大奸大惡的行為、為他人帶來巨大的災難的行為進行徹底的檢討，而直下承擔，而進行深層的懺悔。在這懺悔中，感到自己根本已不具有繼續生存下去的價值，自己的存在只會為周遭的人帶來羞恥，自己實在沒有臉見人了。按若真是這樣想，當事人便應該馬上自殺，讓自己儘快在地球上消失。但田邊指出，事情不會是這樣簡單，問題不能透過自我毀滅而得解決。卻是自己越是覺得自己沒有繼續生存下去的價值，心靈內部便越要矢志悔改，做一些對他人有益的事，讓自己贖回生存下去的價值與機會。這樣，在當事人的生命存在中會生起一種巨大無倫的反彈力量，這力量足以支撐自己繼續生存下去的意志，也會激發起自己要繼續生存下去的勇氣。這種懺悔與思維，會對當事人帶來新生。田邊元把這種懺悔思想發展成一套哲學，這即是懺悔道哲學。

另外一種具有哲理性的修行是日本的禪師道元提出的。他在宋代來中國，拜在曹洞禪的天童如淨座下。學成後回國，開拓出日本的曹洞禪。他具有很強的弔詭性的洞識，那主要是透過對自我的解構而達致覺悟的。他以「身心脫落」來教導門徒。身是我們的肉

體，心是我們的精神，兩者合起來，做成我們的生命存在。人由懂得運用理性開始，便對身、心形成意識，所謂自我意識，進而生起對自我的執著。一切煩惱，都是由這種對自我的執著引致的。道元因此提出身心脫落，要把意識從我們的身、心脫離，不再有自我意識、自我執著，覺悟才能說。這種身心脫落或身心解構，正相應於釋迦牟尼的無我（anātman）的教法。又有一次，道元談到佛學的問題。弟子問甚麼是佛學，道元答佛學即是學佛。弟子又問甚麼是學佛，道元答學佛即是學自己。弟子窮追不捨，問如何學自己，道元答學自己即是忘記自己。道元的答問，乾淨俐落，煞是精采。他不以學術研究來說佛學，卻將之作實踐的轉向，即是學佛。如何學佛呢，應讓怎樣做才是學佛呢？道元又以佛（buddhahood）的內在性來說，內在於何處呢？內在於當事人自己也。故學佛即是學自己。如何學自己呢？道元還是緊貼著實踐論或工夫論來說：要學自己、成就自己，讓自己得覺悟，便得忘掉自己，捨棄自我意識，去除對自己的執著。這仍然是佛祖的無我的實踐。

第八章　猶太教的思想與教規

一、最古老的一神教

　　以下我們看猶太教。猶太教（Judaism）是世界各地的猶太人及其他改宗者所信奉的宗教，奉雅赫維為唯一的真神。按「雅赫維」在希伯來文的《聖經》中寫作 JHWH；由於古希伯來文只記輔音，不記元音，這個名字的真確讀法便失傳了。據近代學者推測，這個名稱應讀作「雅赫維」（Jahwel 或 Yahveh），其原來意思是「永遠的存在者」，這就表示這種宗教的一神超越乎一切有生機的東西之上，超越一切生滅法，超越時間，而為一永恆的存在。基督教則稱此猶太教所信奉的真神為「耶和華」（Jehovah 或 Yehevah）。

　　按猶太教是人類歷史上最古老的、最悠久的一神教，為猶太人的獨特的宗教。猶太人自古便是一個到處遷流、居無定所的民族。在公元前十世紀左右的大衛（David）、所羅門（Solomon）統治王朝是以色列的黃金時期，[1]在首都耶路撒冷（Jerusalem）建有聖

1　大衛是以色列的第二任國王；所羅門王則是《聖經》記述的以色列的
　　賢明國王。

殿，其後內部分裂，外敵入侵，為巴比侖（Babylon）所攻克，聖殿因而被拆毀。其後再建聖殿，又被羅馬人所侵略、占領，聖殿又被拆毀。最後猶太人被趕離耶路撒冷，而流亡於世界各地。至近現代，猶太教以歐美和以色列為中心，形成多元發展，分化為正統派、改革派、保守派和重建主義派。

猶太教的基本文獻是《舊約聖經》（*Old Testament*）。猶太人稱自己的經典為上帝與人所立的「契約」，說上帝與其選民猶太人的祖先亞伯拉罕（Abraham）立約，其後又與猶太族的民族英雄摩西（Moses）訂立「十誡」。[2]其後基督教繼承猶太教立約之說，認為耶穌降世是上帝與人重新訂立「新約」，從而把上帝與猶太人所立的約定稱為「舊約」。這《舊約聖經》是用古希伯來文寫的，包括三部分：〈律法書〉、〈先知書〉、〈聖錄〉，另外還有〈塔木德〉。猶太教以猶太人是雅赫維的特選子民，施予他們莫大的恩寵，並認為教義、教規是由雅赫維通過先知摩西傳授、頒佈下來。

以下看《舊約聖經》所包含的幾個部分的內容。〈律法書〉即是所謂〈摩西五經〉，傳為摩西所說，有五部經典，以〈創世記〉

2　上世紀五十年代製作的電影「十誡」（The Ten Commandments），正是講這十誡的故事。由查路頓希斯登（Charlton Heston）飾演的摩西從由尤伯連納（Yul Brynner）飾演的埃及法魯王手中率領上萬的猶太人奴隸離開開羅，越過紅海而達西奈半島，摩西在山上遇到上帝顯靈，把十條戒律以烈火鑽於兩塊石板上。山下的猶太人奴隸慶幸獲得自由，卻又為惡人挑撥，只知載歌載舞地淫樂，大飲大吃，摩西即把那兩塊石板擲下，警告眾人不要忘記十誡，不要忘記上帝賜給他們的恩典。這便是有名的宗教故事「出埃及記」。

和〈出埃及記〉為最重要。其中〈創世記〉記述上帝創造世界和人，人類的始祖被安置於伊甸園過活，繼而獲罪，被上帝逐出園外。其後人類子孫繁衍。上帝決意以洪水滅絕不聽話的、邪惡的世人，挪亞（Noah）受上帝示意預造方舟以救自己、家人和各種動物。〈出埃及記〉則記述猶太人立法者摩西的誕生、經歷、事蹟，如何拯救和帶領猶太人離開埃及，擺脫法老王的奴隸統治，並載有上帝頒佈的十誡。〈聖錄〉或稱〈記〉，如〈士師記〉、〈路得記〉，是詩篇、箴言之類的文字。士師指那些政治、法律、軍事、宗教和禮拜方面的領導人物，猶太教是奉行政教合一路向的，把政治與宗教結合起來。〈先知書〉則記述先知如以賽亞、耶利米的故事。至於〈塔木德〉（*Talmūdh*），可以說是猶太教徒的百科全書，內容非常豐富，不單講律法，同時也涉及天文、地理、醫學、心理學、算數、動物學、植物學等。「塔木德」即是教學的意思，有義理的成分在內。

二、一神觀與神選思想

猶太教以雅赫維為唯一的禮拜的對象，以祂是唯一的真神。按猶太人本來是一個小部落，它的民族之神正是雅赫維，是一個戰鬥之神，殘忍刻薄，又生性嗜殺。亦有另外的說法，說祂是沙漠化身而成的靈怪之物，亦有說祂是雷神，專管風雨雷電的事。後來猶太部落逐漸拓展，超越民族或部族的界限，為其他非猶太人所信奉，改變其原有的信仰。這樣，猶太教便影響更大的範圍、更多的部族，因而具有普世的意義。即是，它從一個個別的宗教發展而為普遍地受接納的宗教。

　　這雅赫維不但不斷得到更多人信奉，同時亦漸被尊崇為世界的創造之神。據〈出埃及記〉所載，摩西曾娶一祭司的女兒為妻，寄居於他的岳父的家鄉，為岳父放牧羊群。有一次，在西奈半島的一處高地上，雅赫維首次向他顯靈，說出自己的名字，並明言自己是唯一的真神，是世界的創造大能。這上帝如何對他顯靈，涉及宗教的神秘主義問題。在上面註 2 中提到的電影「十誡」中，雅赫維是以人的語言和摩西溝通的。但祂應有自己的溝通的方式，也不一定是語言。有關上帝雅赫維創造人類及世界的事，據〈創世記〉，祂先造泥土，以泥土造出第一個人，為男身，繼而建造一個美麗的花園：伊甸園，把這個男人安置於其中。後來，雅赫維見到這個男人感到寂寞，便從他的身上取出一條肋骨，把它造成一個女人，作為那男人的伴侶。然後又造其他動物。

　　猶太教確認這個獨一無二的真神雅赫維為唯一的、至高的神，這便是所謂一神教。另外，這個宗教提出雅赫維選取猶太人作為祂的選民，對他們特別照顧，鍾愛有加；雖然猶太人時常頑劣，至於違抗祂的旨意，祂也不大措意。這便是所謂神選思想：神選說。即是，上帝創造萬民，成為不同的民族，但卻特別寵愛其中一個或少數民族，對它特別加持，這便是神選。這種思想，頗引起一些問題。猶太人長期蒙受苦難，包括近代納粹黨對他們的大屠殺（holocaust）。他們是罪在自身。他們違背上帝的旨意，鑄成罪孽，理應遭到上帝的責罰。但他們仍然能夠成為上帝優厚有加的選民。而且終會有一天，上帝雅赫維會赦免他們的罪孽。這種神選思想從遠古以來已經存在了。在雅赫維被奉為部落之神時，自然是應該守護自己的部落的。但後來發展到普世程度，成為萬物的獨一的

真神,卻仍然特別鍾愛猶太人,視之為選民,這便難解了。

實話實說,就部族的角度來看神選思想,於傳教方面並無助益,反而會造成障礙。猶太教的信仰,對於猶太人來說,自然具有適切性;但對其他的民族、部族,不但不見得會被接受,更會被排斥。上帝造猶太人,也造其他人,但祂不公平,只特別照顧猶太人,這違背了上帝面前人人平等的信仰原則。另外一點是,猶太教的種種內容,都是環繞著猶太人的發展背境而成立的,這對猶太人有親切感、投入感。但就其他民族如中華民族來說,他們是炎黃子孫,有周公、孔子等聖賢,有關公這樣的武聖,他們為甚麼不信仰儒家、關帝,卻信仰一個以陌生的摩西為先知的猶太教呢?

神選思想讓我們很自然地想到佛教唯識學的種姓的說法。唯識學家以為眾生中有一種極為愚笨的根性,那便是一闡提(icchantika)。不管如何努力去幫助他們,都不能讓他們培養出覺悟的智慧,他們肯定地是不能成佛的。唯識學的這種觀點,剝奪了一闡提眾生的覺悟成佛的可能性,對眾生的根器採取一種分別的方式,不講真正的平等性。這種分別性與猶太教的神選說有相似之處,後者把猶太人分別出來,認為他們受到上帝的特殊待遇。

三、彌賽亞觀念與教規

由於歷史與地理方面的因素,猶太民族長時期遭受種種災難,屢次受到異族的侵害、壓逼、欺凌。雖然他們起義反抗,始終是勢孤力弱,多次受到慘酷的鎮壓。於是,他們熱切地祈求有一救世主亦即是彌賽亞(Messiah)出現,帶引他們脫離異族的枷鎖,得到解放、自由。彌賽亞即是民族英雄、民族領袖的意思。在猶太人的

眼中，這彌賽亞會降臨世間，解救他們，讓他們獲得自由、快樂。
這一彌賽亞觀念，在猶太人被羅馬帝國統治時期，非常興盛。這對
日後基督教思想的興起，有深遠的、推波助瀾的影響，耶穌即被視
為一個彌賽亞。[3]

　　這彌賽亞觀念與神選思想顯然有一脈相承的關係。猶太人既然
是神選定要救贖的對象，則雅赫維對他們自然會有特別的眷顧。在
他們蒙受種種苦難的情境下，示意、啟示一些傑出的人物以民族領
袖或救世主身分出現，使他們脫離水深火熱的處境，自是可理解
的。

　　最後，讓我們把探討的焦點放在猶太教的教規方面。猶太教的
教規相當繁瑣與嚴苛，這可在載於〈出埃及記〉的摩西十誡中看
到。這不單是猶太一神教的理念基礎，同時也是其在倫理上的依
據。這十誡依次是：

1. 除雅赫維外，不可禮拜別的神明或上帝。
2. 不可為自己製造任何偶像，而崇拜它們。
3. 不可濫用雅赫維的名字去進行利己的行為。要尊敬雅赫
　 維。
4. 要尊敬地以安息日為聖日。一星期工作六日，第七日便

---

[3] 　巴洛克時期的韓德爾（G. W. Händel）寫了一首神劇〈彌賽亞〉
　　（The Messiah）展示出上帝的慈愛與雄渾，很讓人感動。古典時期
　　的海頓（F. J. Haydn）也寫過神劇〈創世記〉（Die Schöpfung），也
　　予人相類似的感受。

是安息日。在這日中，不可工作賺錢，只能向雅赫維禮
拜。

5. 孝敬父母。

6. 不可殺人。

7. 不可姦淫婦女。

8. 不可見他人的好的東西而起貪念，而偷為己有。

9. 不可作假見證陷害他人。

10. 不可貪圖別人的房屋，不可搶掠別人的妻子、奴婢、畜
牲，或其他東西。

在這十則誡條中，前四條是宗教意義的，後六條則是倫理意義的。
另外，第八條與第十條在內容上有重疊之處。這些誡條對於猶太人
的生活、活動，特別是宗教與倫理方面的，有很大的約束力量。在
這十誡之外，其他有關日常起居生活的規條，也很繁多。這讓猶太
教成為一種教條的宗教，而不是一種哲理的宗教，與佛教很不同，
後者是一個重視理性與思辯的宗教。例如，猶太教規定男孩出生後
第八天要接受割禮，重要的是，不接受割禮的男子，不得作為雅赫
維的子民參加各種活動。另外，凡非猶太人要歸化、皈依猶太教的
需領受割禮。教中的女子不能與未受割禮的非猶太教男士通婚。教
徒不能接觸或食用教條中被定性為不潔的東西（如豬肉）。產婦與
痲瘋病人都被認為是髒物，教徒應盡避開他們。以上所述的這些東
西都是禁忌。最嚴重的禁忌是食血，因血液被看成是活物的靈魂。
即便畜牲的肉如有血液，亦需先放血，才能煮食。

第九章
基督教的思想及其影響

一、基督教的重要性與分派

　　現在探討基督教（Christianity）。按在宗教界有所謂「世界三大宗教」，這即是基督教、伊斯蘭教和佛教。其中佛教發展得最早，基督教次之，伊斯蘭教又次之。三大宗教流佈的地方很廣，信徒很多，影響力也很強，其中尤以基督教為然。佛教發源於印度，向北傳入中國、西藏、蒙古，復又向東傳到朝鮮、日本和歐美各地。向南傳到錫蘭及中南半島如泰國、緬甸和越南。回教發源於亞拉伯，流佈於鄰近中東各國，甚至擴展至我國的新疆。復向亞洲方面傳播到巴基斯坦和印尼。至於基督教則起源於巴勒斯坦，向周邊發展，以及於整個西方世界，特別是歐洲和美洲、澳洲。佛教與回教都有本土化的色彩，基督教則有最強的國際性。自近幾百年起，基督教所流行的西方世界，無論在政治、軍事、哲學、科學以至文化上的多項面相，都滿佈著基督教的痕跡。同時也對東方造成一定的影響。即我國國民黨的領導人如孫中山和蔣介石，都是基督教徒。連太平天國的天王洪秀全，也是基督教的信徒。數百年來主導

世界的多個面相的國家，如英國、德國和美國，都是基督教的國家。

　　有人可能會問：一個宗教倘若有眾多信徒，算不算重要的宗教呢？我想還不算。譬如說，印度有十億人，大部分都信奉印度教。因此印度教的教徒，起碼有七、八億。但印度教只流行於印度本土，在印度之外的世界各地，印度教的信徒少得很。同時，印度雖然有古老的宗教與文化，但對世界的影響實在很有限。在當代，我們可以說看不到印度教或一般的印度宗教在國際上有甚麼作用；反而在古代，印度佛教盛行，傳來中國，而開拓出中國佛教，影響確是很大，但這畢竟已流入歷史的長河了。實際上，佛教還是由於反對印度教或婆羅門教而興起的。與印度教的本土性格或限制相比，基督教可以說是一跨政治、跨文化的國際性的宗教。它雖然脫胎自猶太教，但未如後者般保守、頑固，卻很早便從宗教的範圍解放開來，而及於政治、哲學、科學、藝術、音樂、倫理等多元的領域，而且能一貫地發揮其統籌、統領的作用。它的普世價值，越來越受到重視。在全球各地所舉行的宗教對話的活動中，幾乎都有基督教的參與。特別是在哲學與神學方面，自聖多瑪斯（Saint Thomas Aquinas）、路德（M. Luther）和德國神秘主義如艾卡特、伯美以來，人才眾多，義理既深且廣，一直對西方以至東方的思想界有廣泛的影響。[1]

---

[1]　特別是近現代，基督教（也包括天主教）神學家和哲學家輩出，較受注意的有巴特（K. Barth）、布魯納（E. Brunner）、布爾特曼（R. Bultmann）、莫爾特曼（J. Multmann）、孔漢思（H. Küng，漢斯

不過，基督教或基督教神學本身的內容也相當多元和複雜，特別是在對上帝的理解方面。許志偉在他的《基督教神學思想導論》一書中，便列出有五種基督教神學：聖經神學、系統神學、歷史神學、哲學神學和實用神學。聖經神學重視基督教與它的根本文獻如新約的和舊約的《聖經》的密切關聯。它特別要在思想上發掘出《聖經》中的具有永恆性格、不受限於時空的真理，捨棄那些具有個別淵源和歷史背景、不大具有普遍性的說法。系統神學則重視《聖經》的原始精神，清晰地和有系統地把《聖經》（ *Holy Bible* ）的義理梳理出來，並將之劃分為四個面相：三位一體觀念、上帝的創世與人的罪、耶穌以道成肉身的形式出現和末世說法。歷史神學則相當留意神學或基督教思想的歷史淵源，注意到教義的普遍性與一些特殊的因素如社會背景的連繫。也研究某些個別的歷史事件如何影響及基督教的思想。他們提出基督教思想中頗有不少是從世俗的哲學觀點和文化的個別的獨特發展而被吸收進來的。哲學神學則聚焦於基督教的宗教思想與哲學的關係，特別注意雙方的共通之處。例如，聖多瑪斯便以多個方法來論證上帝的存在，這些論證方法是很具哲學性格的。他又特別熱衷於參照古希臘哲學特別是亞里斯多德的哲學詞彙和邏輯以提出自己的觀點。近現代的宗教思想家又喜歡透過懷德海的歷程哲學來理解耶穌的受苦受

昆）、拉納（K. Rahner）、田立克（P. Tillich）、雅斯培（K. Jaspers）、祁克果（S. Kierkegaard）、馬塞爾（G. Marcel）、潘能伯格（W. Pannenberg）、奧圖（R. Otto）、特勒西（D. Tracy）、法頓浮斯（H. Waldenfels）、貝利（F. Buri）等。日本的京都學派很重視這些人的思想，中國學者則留意不多。

難而上十字架的事件。這種神學最具有批判性，那是哲學的批判。他們傾向於接受哲學作為研究神學的一個有效方法，但不贊成以哲學是神學的來源的說法。最後的實用性神學更有它的特色。一般以義理或講學的基督教教派，他們所討論的、關心的東西比較抽象，理論與概念繁複，但與實際的社會、民眾的交集則比較不足。實用性神學則頗能考慮到實效方面，它有多方面的牧養性的技巧，重視實際的講道學、宣教學、輔導學。一種宗教思想倘若只滯留在理論與概念的層面，沒有通俗化方面的話，它對社會的影響便很有限。宗教畢竟不是一種純義理的學問，它有一個重要的任務，便是教化、轉化世人，為他們解決精神上的，特別是信仰上的問題。實用性神學便頗能做到這一點。它強調宗教思想應是活的、有現實效用的，能真正解決罪與苦的問題的。它不應是僵化的教條，它是具有靈活性的，能有效地服務人群，能應用到個人的日常行為與團體生活上，讓他們從疑惑和憂慮中解放出來，像在二十世紀在中美洲興起的解放神學那樣。

二、基督教的承襲與內涵

基督教作為一個重要的世界宗教，有它的原因在。其中不能不提的一點，是它對西方文化與價值觀念的承襲、承繼。按西方文化與價值觀念有三個源流，這是很多人都知道的。這即是希臘哲學、希伯來宗教和羅馬法律。三者都是遠古的，如以蘇格拉底、柏拉圖、亞里斯多德所代表的希臘哲學。希臘哲學有重知識的傳統，在對於自然世界的觀察與反思和邏輯推理方面，有相當水平的成就，也是西方的科學傳統的重要部分。希伯來宗教特別是猶太教的一神

思想和對罪性的體會與實踐，影響到西方文化，讓後者孕育出獨特的人性論與超自然意識。古羅馬律法精嚴而細密，對西方人的法制思想以至具體立法的作為、活動有強力的推動作用。

　　基督教是這三者的集大成者。它吸收了猶太教的超越的獨一無二的真神觀點，又承受了猶太教對人性、人的本質與人的最終命運的具有智慧的探索結果，又吸攝和消化古希臘形而上學的道、理（Logos）的思維導向。最值得注意的是，基督教揚棄了猶太教的非理性的、狹隘的民族意識，並對它的保守的、不變通的、不合情理的教規，成就了古希臘與古希伯來兩大文明（civilization）的善巧的統合。另外一重要之點是，基督教巧妙地把古希伯來的律法思想和契約意識和古羅馬法制的優點結合起來，為西方完善的法制精神和架構奠立了根基。

　　更重要的是，如德國社會學家與哲學家韋伯（M. Weber）所提出的，基督教對人的罪惡性和有限性這些負面性格的東西的理解，和不認同人的超越的至善性與絕對的、無制限的權威性，讓它不得不對人在政治制度方面的表現持一種保留的、質疑的以至批判的態度，特別是對統治者的權力作出嚴格的警覺與限制，這對西方近代的社會政治作多元的和民主的發展，特別是形成議會制度，建立反對黨以監督、注視執政黨的無限地濫用其政治權力，產生積極的影響。這是中國傳統的專制政治所無的。便是因為這樣，中國歷史在出現改朝換代政權交接、轉移的現象時，常常要透過革命流血的方式來處理，不能像西方政治通過執政黨與反對黨或在野黨的競選來決定下一任執政內閣應由哪一方面來組織，以履行管治國家的任務。人民有權投票選取他們所認同的黨派來執政。這便是近現代

的民主政體所能帶來的好處，唯有這樣，才能防止殘暴的獨夫民賊無限期地掌政，結果受害的總是人民、老百姓。這也可以顯示出儒家無限制地鼓吹人性本善所可能帶來的政治上的惡果。在這有關問題上，基督教提出的原罪說的確可以制衡、平衡儒家的性善說的不足處。這個問題可以很複雜，但也可以簡單地以幾句話來說清楚。即是，在闡揚性善說之餘基督教提原罪或康德提根本惡，讓人有所警覺：當統治者表現不出性善，而一往是原罪和根本惡時，這便需要建立一機制，保障人民有權選取他們認為理想的人選來執政，治理國家。基督教的原罪說在這個問題上確能推動民主政治的開展。

以下我們看基督教的內容。基督教（Christianity）是奉耶穌（Jesus Christ）為救世主的多元教派的總稱，包括天主教（Catholicism）、新教（Protestantism）。[2]這個宗教於公元一世紀發源於巴勒斯坦（Palestine，又稱迦南 Canaan），逐漸在羅馬帝國各個區域流傳開來。[3]這個宗教上承猶太教，特別是晚期的基督教，因此保留著猶太教的多面痕跡。例如創始人耶穌被視為猶太人，〈福音〉書中的事蹟發展的區域，為猶太人的國度巴勒斯坦。新舊約《聖經》在內容上有密切的關聯。猶太人的真神雅赫維被收納到基督教中，為聖父，稱為「耶和華」（Jehovah, Yehevah）。基督教也收納了一些猶太教的禮儀，例如繼續奉行安息日、逾越節

2　新教的正式稱法是抗爭宗（Protestantism），這源自德語「抗爭者」（Protestanten）。1529 年德意志帝國開會，決定恢復天主教的特權。參予會議的路德派新教的長老和各個城市代表共同提出不同意見，表示抗議，因此稱為 Protestanten。

3　巴勒斯坦是西南亞洲面臨地中海東岸的土地，現分屬以色列和約旦。

（慶祝豐收的節日）的儀節。

　　基督教的根本文獻是《新約聖經》（*New Testament*），用希臘文來寫。關於新、舊約，兩者都稱為「聖經」。猶太教宣稱上帝與人訂立了契約，基督教沿襲這種說法，但宣布基督降世後上帝與人重立了新約，因此稱由猶太教信奉的經典為「舊約全書」，基督教自己的經典為「新約全書」。

三、啟示問題

　　一般在基督教的圈子中，談到我們的宗教知識來自何方，可有幾種。其中最重要的，無疑是上帝的啟示（revelation）。當然這種上帝的啟示是對於有基督教的信仰者說的，而不是對一般人說的。

　　甚麼是啟示呢？這是來自上帝方面的重要的資訊，而且是由上帝主動地、直接地發出的。人固然希望知道上帝的根本性格和祂的願望，祂要我們人做些甚麼，和怎樣去做。但有一個困難：上帝是無限性格的，我們人是有限性格的。無限性與有限性不能直接相通，我們人要了解上帝，不能由自己方面主動來做，只能通過上帝向自己直接地、主動地溝通，這便是啟示。這不免會有神秘主義的意味在裏頭。但上帝需要主動地對人有所提示，並且介紹自己是包括人在內的一切存在者的創造者。實際上，一般的基督教教徒都相信和接受上帝對人發出啟示的事情。這啟示有兩種：普遍啟示與個別啟示或特殊啟示。前者指上帝在任何時間與場所，向人揭示、宣示自己的存在，並且是他們的創造者。而後者則是上帝有意向一特殊人物溝通，要他進行一些事務，如對摩西之類，要他帶領以色列人逃離埃及。這種啟示也包含上帝挑選以色列人作為祂的選民，和

要他的兒子耶穌以道成肉身的身分來到現實世間受苦受難,以替世人贖罪。

在基督教神學之中,有所謂自然神學。這種思想認為人本身具有了解宇宙的能力,這不需要上帝來作啟示,人本來便具有,故可稱為自然啟示。人自身的智力、理性是內在性格,這與外在的宇宙理性是相互協調的,這是一種普遍啟示,是自然神學。但因為這種啟示不是直接地影響人的罪與救贖問題,人要得到救贖,以排除罪性,仍然要依賴耶穌基督。要能認識耶穌基督,則是要通過《聖經》。這是特殊啟示。著名的神學家巴特(Karl Barth)並不認同自然神學,他曾與另一神學家布魯納(Emil Brunner)有過一場大辯論。布氏在他的《本性與恩典》一書中,支持自然神學的立場,認為人與上帝有接觸的途徑,招來巴氏的強力反對。後者撰寫了一篇題為〈不!〉(Nein!)的文章,表示不能接受這種神學思想。

有一種頗為獨特的看法,認為在人的發展的歷史中可以與上帝有一定程度的連繫,這連繫與上帝的普遍啟示相應。德國神學家彭能柏格(Wolfhart Pannenberg)便支持這種說法。彭氏認為,啟示有其歷史性。例如,以色列人的歷史便是上帝啟示的結果。這從以色列能在四周的伊斯蘭國家的包圍下,能夠持續下去,而且生存了幾千年,仍沒有敗象可以看到,因為以色列的猶太人是上帝的選民。他認為以色列與耶穌基督的事蹟,都離不開上帝的啟示。但亦有相對反的說法,涉及所謂「敘事神學」(narrative theology)。這種神學說法要把基督教神學與《聖經》的歷史性與敘事性的連繫淡化下來。在這種脈絡下,布特曼(Rudolf Bultmann)提出《聖經》的非神話化(Entmythologisierung)或解構神話的詮釋學,要

捨棄《聖經》的陳舊的世界觀，否定神話的說法，使涵蓋於神話中的福音啟示更能得到彰顯。布氏的做法是要在耶穌基督的事蹟中找尋到一種越過時空意義的詮釋。這又招來對耶穌基督的「非敘事化」，對啟示的非歷史化，最後減少或淡化上帝的啟示的歷史性和敘事性的影響。

　　我們可以把啟示看成是上帝對我們的自我揭示和祂的臨在經驗。這是上帝親自向每一個人直接交流，是位格的上帝直接臨在於人的生命存在與意識之中。布伯（Martin Buber）又以人與上帝的關係是我與汝（Thou）的關係，而不是我與它（It）的關係。這汝（Thou）即是作為位格的上帝（Personal God），亦即是永恆的神（Eternal God）。依於此，啟示的目的是要人與上帝遇合和建立關係。上帝臨在於人之前，然後人作出回應，最後建立起對話的關係。在我與它關係中，我或主體是主動性格；在我與汝關係中，我與汝的地位是對等的。我與汝通常指我與上帝關係，有時亦可指人際關係。

　　以上是集中在上帝的普遍啟示方面說。至於上帝的特殊啟示，在上面也提過一下。較周詳的說法是上帝在一種特定的時空之中向某一個人或某一個群體顯示自己，以進行救贖的宗教活動。在《舊約聖經》中，上帝對以色列人進行民族的救贖；在《新約聖經》中，上帝透過他的獨生兒子耶穌基督以道成肉身的方式來到世間受苦受難，最後釘死在十字架上，為世人贖罪。耶穌基督的歷史經歷就是上帝本身的啟示，而且是上帝的啟示的型範。

四、原罪與救贖

　　基督教的基本義理、教義是很多元的，包括上帝論、創世論、原罪論、基督論、人性論、救贖論、聖靈論、教會論、聖母論、天使論、末世論等。其中的原罪論與救贖論專門闡述原罪（Original Sin）與救贖的問題，是基督教中非常重要的教義。它的具體意義或意涵是上帝創造了世界後，把人類的始祖亞當（Adam）和夏娃（Eve）安置在伊甸園中。亞當和夏娃受到蛇魔的誘惑而偷吃禁果，違背了上帝的命令。這是一種根源性的罪過，為一切罪過的根本，它不會再由其他罪過所導出，我們不能再追溯它的所自來，所以稱為「原罪」。人的一切罪惡與災禍，都起自這原罪。人要從這原罪中得到救贖（soteriology），不能依靠自己，因為自己的力量太小，人自身也太軟弱，故必須依賴耶穌基督，才能得到救渡，才能得救。基督教以為，耶穌基督在世界尚未出現、造出來以前，便與聖父上帝同在。由於世人犯罪，不能自我解救，上帝便差遣他下凡，通過童貞女瑪利亞（Virgin Mary）而取得肉身成人，這便是所謂「道成肉身」。耶穌此後便以傳播上帝的福音為務，創立基督教。最後獲罪被釘在十字架上，為世人贖罪。三天後復活，回到上帝身邊。他被釘死在十字架上，有象徵意義，即是以流出來的寶血，來洗滌世人的罪過，讓他們得救贖。

　　關於原罪與救贖，我們應注意以下兩點：第一，原罪是宗教的契機。人為了解決原罪的問題，而求助於宗教。而要從原罪中解放開來，而得救贖，也成了人生追求的終極目標。這個目標比任何其他目標如金錢、名譽、地位、權力、真、美、善都要大。第二，人

雖然本來便有罪孽，而這罪孽又源於虛無漂渺的亞當的罪過，但人仍可懷著盼望拯救他們的神明終將降臨，這便是救世主（Messiah）觀念的由來，這救世主正是耶穌。這救世主勢必成為基督教的崇拜的主體。

關於耶穌與基督教的問題，有幾點可以注意一下。第一，在信仰上耶穌自是基督教的最重要的人物。但在學術研究上，歷史是否真有耶穌其人，則仍在爭論中。學術界存在著兩種截然不同的看法。一種說有，一種說沒有。很明顯，歷史上的耶穌（假定真有其人）與信仰中的基督是有一定程度的區別的。前者是人，後者是神，或神之子。第二，就基督教特別是教會來說，除耶穌外，還有兩個重要的人物：彼得與保羅。兩人都被公認為基督教會的奠基人。彼得是羅馬的首任主教，亦即是梵帝岡的首任教皇。保羅則是早期教會中最重要的神學家，他有豐富的宗教學知識。第三，有人提出，在耶穌受難前的一段時期，文獻中找不到說明。到底耶穌在哪裏呢？做了甚麼事呢？有人說他去了印度學習佛教。特別是佛教中人很喜歡聽到這種說法，這表示基督教受到佛教的影響。就義理的角度來說，佛教是非實體主義的立場，是無神（終極義的神）論，即使說有神，這些神居於天上，其修行階位只較人高一點而已，仍未脫離輪迴的命運。基督教則是實體主義的立場，上帝本身便是一個人格性的大實體。這兩個偉大的宗教體系的交集點不多，反而有很大的落差。最重要的是，佛教說一切眾生都有成佛的潛能，都有佛性。這佛性有絕對的普遍性、必然性。基督教則只允許人人都具有成為真正的基督徒的說法，絕不允許人人都有成為耶穌以至神的可能性的說法，耶穌只有一個，那便是唯一的真神之子。

光是這一點，便讓這兩個偉大的宗教不具有寬廣的對話空間。雖然是這樣，基督教體系中的一個分支德國神秘主義，強調神與人的本質都是無（Nichts），這便把神與人的距離拉近，不必過分建立神的至尊無上的地位，這便打開了人神溝通的大門：人可以直接接近神，不必依仗耶穌的道成肉身的特別身分來與神接近、溝通。這也隱含一個意思：人與神並沒有本質上的差異，人最終可以達致神的境界。但這種看法為正統的基督教會所否棄，而視為異端邪說。

倘若依德國神秘主義的說法來講救贖的問題，則人不必依賴耶穌被釘死在十字架上所流出的寶血來清洗自己的原罪，而可以依與神所具有的同一的無的本質來自行救贖，超越、克服原罪的問題。但一般的基督徒不會這樣想，抑他們更對德國神秘主義所知甚少，甚或連這一支派的代表人物艾卡特（M. Eckhart）與伯美（J. Böhme）的名字也未聽過，自我救贖又從何說起呢？實際上，德國神秘主義在西方的哲學與宗教傳統一直未有受到應有的注意與重視。只是到了近現代，才吸引到虛無主義者尼采（F. W. Nietzsche）、沙特（J. P. Sartre）、存在主義者與現象學者海德格的注意與重視。最後為日本的京都學派所吸納，特別是西谷啟治與上田閑照，加上阿部正雄，他們把德國神秘主義看成是東方與西方在精神性（Spirituality）方面的溝通的橋樑。

五、道成肉身與神的自我淘空

基督教的上帝可以說是創造萬物的道，是肯定原理，是絕對有（absolutes Nichts）。但祂是抽象的、精神性格的，祂要具體化，要與現實的人生、人間接頭，便要透過一個真實的人格來進行。它

的德性、本質（全知、全善、全能）要透過具體的人格來顯示。因此這顯示、顯現是挺重要的，海德格也曾強調存在要以顯現來證成它的本質。故上帝化身、顯現為耶穌，來到世間，耶穌擔負起彰顯上帝的神聖性格的任務，這便是「道成肉身」。道是上帝，肉身是耶穌。進一步說，上帝對人類的最大的恩寵、加持是愛，而最能展示這愛的活動、行為的，是自我犧牲。最全面而深邃的犧牲，是犧牲性命。耶穌正是為了彰顯上帝對人類的愛而上十字架，犧牲生命，為人類贖罪。而被釘上十字架，讓血液流乾，以至於死，是最悽烈、最震撼人的心靈的執行死刑的方式。他的上十字架，的確很能觸動人的感性的心靈，對人心有極其既深且強的淨化作用，使人真切地、沉痛地感到自己的內在的罪垢，而矢志悔改。

　　按上帝的神性與人的人性是兩種異質的東西，起碼就傳統的教會的說法是如此，因此神與人是有鴻溝的。[4]耶穌一方面具有神性，另方面具有人性，他同時是神和人，因此可作為媒介，把神人關聯起來，溝通兩者。另外，就贖罪或償債的角度來看，基於神的公義，償債者必須既是神也是人，只有耶穌能扮演這個角色。由於人的原罪是那樣深沉，只有神之子可以救贖他們。但因為原罪是人自己招引的，神造人時，並未有把原罪也安置於人的生命存在中，故贖罪者也必須是人的一分子。故作為道成肉身的耶穌的出現，是

---

[4]　這是西方主流的宗教的共同說法，猶太教和伊斯蘭教是這樣看，基督教更不用說了。東方的宗教則不如是。在印度教，汝即梵；在佛教，一切眾生都有佛性；在儒家，人皆有普遍的善性，人人都可以體現堯、禹的聖人的境界；在道家，人人都有道心，都可以成為至人、真人、神人。

必須的,不能缺的。

在這裏,我們可進一步看道成肉身的意義。在基督教中,那個獨一無二的、絕對的真理並不是以一個規律(rule)、法則(law)、概念以至神學形式示現的,這些都太抽象,不能發揮具體的作用。它卻是以人的具體的生命存在示現,這即是耶穌。耶穌的肉身的本質是神,因而肉身不全是生滅法,而是具有不朽(immortality)的性格,因而是不死的,是超經驗的,有復活(resurrection)的活動。倘若從效果(effect)方面說,道成肉身的意涵不是偶像崇拜,卻是能夠化除偶像崇拜。道成肉身透過耶穌,拉近我們與神的距離;神不是遙遠的,不是不可及的,我們可以隨時接觸祂,只要接觸耶穌便行了。他天天說法,人人都可以天天去聽。倘若神被視為完全和我們疏離的客觀真實(objective reality),祂就向偶像傾斜,變成我們崇拜的心理上的投射的對象,而真的成了偶像、客觀的和外在的偶像,不能對我們生起淨化心靈和提升精神的殊勝的作用了。

對於道成肉身,哲學家與神學家有不同的看法。存在主義的開創者祁克果把它視為一種絕對矛盾(absolute paradox),表示常在的和無限性格的上帝變而為具有時間性和有限性的人。這種情況只能在超越的、辯證的上帝中發生,不可能在經驗世界中發生。巴特則以為上帝的道成肉身的權宜性的行為與他的神聖的本性(divine nature)並不矛盾,卻是相符順的。因為上帝有全能性(omnipotence),能夠暫時採取一種軟弱的方式,化身為耶穌,被釘死在十字架上。但最後,祂還是以這種軟弱的方式而得到勝利,傳播祂的福音,淨化世人,克服橫蠻強悍、專制獨裁的羅馬軍

事政府，使基督教得以廣為傳播，成為最具有世界性的宗教。[5]

　　關於道成肉身與耶穌的意義與作用，京都哲學家田邊元曾作過深邃的反思。田邊的哲學著重動感與行動，因而他很強調歷史現實與社會實踐。因此，他雖然吸收淨土的懺悔與他力觀念，卻又在另一方面反對淨土與禪，認為它們缺乏動感與行動方面的要素，而傾向基督教。在他看來，基督教最重要的說法，是道成肉身，以永恆的上帝示現為耶穌，襲取人的肉身，這表示絕對的超越者與相對的現實者的結合。這與田邊所提出的非二元性（絕對的一元者）與二元性通過人的活動而有一辯證的統一這一導向非常符順。另外，在說到絕對者方面，田邊並不就絕對者自身來看絕對者，卻是從活動一面來看絕對者，因此他常提到菩薩或耶穌，而少提及佛或上帝。菩薩與耶穌較具動感，與世間有較密切的聯繫。佛與上帝在這方面便有所欠缺，它們傾向於超越一面。在田邊看來，在形式與活動之上的終極實在並不太重要，在行動中的終極實在則非常重要。他以

5　有人提出上帝不可能是全能的論證來否認上帝的存在。這論證以一問題開始：上帝能否造出祂不能舉起的石頭呢？答案不管是是與否，都表示上帝不是全能。即是，若上帝能造出一塊祂也舉不起的石頭，則祂不是全能，因有一塊石頭是祂舉不起的。若上帝不能造出一塊祂不能舉起的石頭，祂也不是全能，因祂不能造出一些東西（祂舉不起的石頭）。按這種說法沒有甚麼意思，因為上帝是不是全能，是不是存在，不是一個知識論或邏輯的問題，而是一個宗教信仰的問題，這種問題不能以知識論或邏輯來處理。偏偏卻有好些人硬要這樣處理，最後不得不落於康德所謂的背反（Antinomie）中。以康德哲學的詞彙來說，上帝的存在性是實踐理性（praktische Vernunft）的問題，不是理論理性（theoretische Vernunft）的問題。

為，就透過行動在歷史中追求永恆者的自我體現來說，重要的是應化之身（nirmāṇa-kāya），而不是法身（dharma-kāya）。前者是與世間直接的、實際的溝通者，後者則是佛的精神主體，處於超越的理境，如如不動。以基督教神學來說，耶穌相應於應化之身，上帝則相應於法身。

對於耶穌的意義與作用，田邊常關聯著菩薩來說，來了解。他很重視作為自我犧牲的愛的背負者的菩薩的概念，認為它表示一種由永恆的、絕對的一面向著時間的、相對的一面的回歸行動，目的是要在人的存在的水平面上體現永恆的絕對性的內涵。這便是對我們的鄰居的愛的意思，這種愛是由耶穌基督的歷史存在以道成肉身的方式作為媒介而顯示出來的。耶穌正是永恆的上帝在時間中、歷史中的示現。在對於永恆性的時間化或現前化這一作用來說，菩薩與耶穌是相互重疊的，雙方有很多相同的地方。實際上，這種在人中表現永恆性，並不限於耶穌這一單一的存在，而是可延伸至社會很多其他存在方面去的。田邊以為，耶穌的道成肉身、受難、復活的表現可以看作為一種催化劑，能夠引導出其他同類的表現。為甚麼我們需要耶穌這一類人物來表現道成肉身、釘死在十字架上，最後復活升天呢？田邊的解釋，與筆者在上面的闡述有相通處。即是，永恆的絕對者的上帝自身是不能直接地在時空中活動的，祂必須以一些正存在著的東西作媒介，透過它們，絕對者可以在它們的行動中表現出來，在時間中、歷史中示現。耶穌便扮演這種媒介的角色，他的意義與作用也在此中見到。

即是說，耶穌道成肉身，在世間度過三十多年的痛苦說教生涯，宣揚上帝的福音，結果受難，最後復活，回返到上帝的身邊，

其用意是以一個歷史的人格，展示上帝對世人的愛，使世人在他的行為中體會到上帝的性格。我們要了解上帝，了解耶穌便可。耶穌是我們了解上帝的活生生的媒介。田邊實是建立了這樣一個信念：作為一個有限的人的耶穌，同時是作為上帝的示現的永恆的基督。這表示耶穌是介乎上帝與人之間的中間存在。即是說，耶穌是上帝與人之間在接觸上的活動之點，這活動之點是轉化之點，這是透過對舊有的人間的經驗的、後天的劣根性的否定而來。在這種時間與永恆的接觸點中，便生起了歷史，耶穌正是歷史的典範。在他的生命中，我們見到舊歷史的結束、舊世界的否決便是新歷史、新世界的興起。即是說，耶穌示現出死便是生的原理。[6]

對於上帝的道成肉身，由尊貴的地位來到人間，紆尊降貴，化身為人中一分子的耶穌，受盡種種折磨，最後被釘死在十字架上，血液從身體內流出來，最後乾涸而死。祂的目的只有一個：為世人贖罪。對於這種現象，一般都以上帝自我否定、自我淘空（kenosis, self-emptying）來說。kenosis 是拉丁文，西方的宗教界說到上帝道成肉身而成耶穌，降格為人，便用這個字眼。有時還把這個字眼作形容詞來用，變成 kenotic，於是有所謂 kenotic God 的語詞。有時也有人把這種活動稱為「出神」。但這樣不是很妥貼。有些學者以為這淘空觀念可通於東方的宗教，特別是佛教所說的空，作為否定原理的空。阿部正雄作為京都學派的第三代成員，便很喜歡這個 kenosis 字眼，他尤其喜歡用在宗教對話的場合。他背

---

[6] 關於田邊元對道成肉身與耶穌的看法，參看拙著《絕對無的哲學：京都學派哲學導論》，臺北：臺灣商務印書館，1998，頁 46-49。

後有一個意圖：希望藉著上帝的自我淘空的現象來說上帝也有空的性格，這可回應德國神秘主義的艾卡特和伯美以上帝為無（Nichts）一點。阿部是以「去實體性」來消融上帝的實體的本質，俾能把基督教納入佛教的系統方面去。因此引來西方神學家的反彈。他們認為上帝的自我淘空雖然可以作為溝通佛教與基督教的橋樑，但這會把基督教變成佛教的附庸，喪失了自家的獨立性。

阿部這樣做，在義理上也是不通的。上帝透過自我淘空而道成肉身，以耶穌的身分來到世間，拯救世人，這只是一種權宜的做法，是佛教所謂的「方便」（upāya），或「方便法門」。這不是終極目標。上帝最後還是會回返到祂的實體性格。這由耶穌在被釘死在十字架上三天後便復活而回到上帝的身邊可以見到。此時的上帝自然是實體性的，不是空的。阿部的做法，只是一廂情願而已，問題不是那麼簡單。若上帝真的可以在本質上虛空化、無化，則基督教會成為甚麼東西呢？這不是基督教與佛教的溝通、對話，而是被佛教吞噬。

基督教的上帝的自我淘空是不行的。同樣地，要進行佛教的空的自我充實也是不行的。所謂自我充實即是讓自己實體化，接受實體、自性（svabhāva）概念，這樣便可與基督教溝通、對話。倘若是這樣做，佛教的緣起性空的精采的觀念、立場便得解構掉，而成為傳統佛教一直要破斥的外道了，也落於常住論了。既然是常住，則變化便不可能。一切道德的教化、宗教的轉化便會成為空談。教化、轉化不可能，那佛教作為一種宗教，還有甚麼作用與價值呢？

要解決基督教和佛教的問題，便得走筆者提出的純粹力動現象學的取向。以純粹力動（reine Vitalität）這一具有豐富內涵的終極

原理，綜合上帝實體與空雙方的殊勝內容，產生一種健動而又空靈的動感，作為生活世界的存有論與工夫論的源泉。關於這點，我會在本書的最後部分作周延而又深刻的探討。

六、三位一體

基督教還有一重要的義理，那便是三位一體。上帝作為聖父自身、聖子耶穌和聖靈三者代表三格、三個階位。這三個格、階位連在一起，而成一個整體，稱為三位一體（Trinity, trinity of God）。關於這個觀念，我們這裏是就一般的泛說，要從文獻學與義理兩方面來認真研究，則非要追溯到聖奧古斯丁（Saint Augustine）所著的《論三位一體》（De Trinitate）一書不可。我們在這裏無意於此，我自己自然也不是這方面的學者。

按一般說這三位一體有兩層說法：常識層的說法與哲理層的說法。常識層的說法是，上帝或神有三個名字，這是就基督徒的特殊身分說的。神的第一個名字是「聖父」。當基督徒談論到神創造世界大地時，他們便用聖父這個名字來稱祂。神的第二個名字是「聖子」，這是耶穌的名字。當基督徒談及神以人的形式來到這個世界中時，他們以耶穌稱祂。此中的意味是，耶穌是人，也是神，這便是道成肉身。耶穌在世界中受盡苦難，最後被釘上十字架而死，是要把人從違背神、人或我們自己的生命存在的罪惡中拯救出來。這罪惡的核心是原罪，其涵義是背叛神，並遠離了神所展示給我們的應行的道路。神的第三個名字是「聖靈」。當基督徒談論及神在這個世界上所做的種種事情時，他們稱神為聖靈。又當我們感覺到神的親切性、與我們的距離越縮越短時，我們也稱神為聖靈。

　　哲理層的說法是，「聖父」是指上帝或神自身，祂是自存自在的，祂的存在不依靠任何東西。以黑格爾（G. W. F. Hegel）的詞彙來說，這是神的在其自己（God in Himself）。這在其自己純是就祂本身而言，不就與我們的關係或出現在我們的面前言。聖子指上帝的獨生子耶穌，是上帝通過他的人格性來顯示自己對包括人在內的世界的愛。這是神的對其自己（God for Himself）。聖靈指上帝的純粹的精神性、純粹的靈性（pure spirituality）。這也包括祂的愛的本質在裏頭。在這聖靈中，父、子兩格綜合起來，而構成一個綜合體、統一體。依據基督教的傳統的說法，耶穌被釘上十字架，寶血流乾而死，但三天後復活，回返到上帝身邊。這展示上帝的精神與愛通過耶穌在世間的具體示現，最後回返於自己的根源。此時的精神超越了上帝與耶穌的父、子的分別、分離，而純以精神意義的純靈性存在。

　　我們也可以就職能方面來看，視聖父為根源。聖子表示聖父在世間的具體示現，行使聖父的職能，淨化世人。聖靈則在世間實際發揮其效能，展現上帝或聖父的真實無妄性。這樣，上帝的三個面相全體敞開，由一而三，由三而一，散開與歸一，非異非不異。實際上，人信仰上帝，便信仰這三個面相：上帝是創造者（Creator），為父格。上帝是贖罪者（Redeemer），為子格。上帝是使人變得聖潔的（Santifier），為靈格。

　　若就完滿性來說，三位一體這種三體結構（threefold pattern）有一根本的旨趣：以耶穌的一言一行展示上帝的完滿無缺的性格，這即是 fullness，這是父、子、靈三方面的完滿的、充實飽滿的結合（unity）。此中的意涵是，上帝以聖子耶穌的身分與人類直接

照面（face to face），祂自身是父格，把子格的耶穌差遣到世間；祂自身的本質、性格，則是純粹的靈性。這純粹的靈性讓人的精神生活變得充實又完全。不管從哪一方面（父、子、靈）來看，都是同一的本質，這便是愛。大音樂家巴哈（J. S. Bach）便說過，他創作音樂的動機，是要傳達上帝的深邃而無遠弗屆的愛。

　　要注意的是，三位一體的說法，並未明顯地見於基督教的經文中。它是由教會（Church）在後來提出來的，目的是透過耶穌的子格來詮解啟示（revelation）的意義。因此，這種教說有時被人評為不符合經文的（unscriptural）。因此這三位一體的說法，有一段時期，如在十九世紀，並未受到重視。只是近現代又被重新提出來，成為重要的討論議題。實際上，對於三位一體的說法，人們提出不少批評。有人以為這是肢解了甚至解構了上帝，將之分裂為三。不過，我們也可以這樣看，三位一體說是要從三個面相來看上帝，突顯祂的多元的、豐富的內涵，祂自身在內在方面具有一體性（oneness），不是那麼容易解構的。

　　最後，在宗教界，近年頗流行宗教遇合、對話（religious encounter, dialogue）的活動，特別是在基督教與佛教方面的。三位一體的基督教的說法，與佛教的三身的說法顯然有很寬廣的對話空間，但也不能過分比附。按在漢譯的文獻中，關於佛的三身，有三種頗為流行的說法。其一是以法身、報身與應身為三身；二是以法身、應身與化身為三身；三是以自性身、受用身和變化身為三身。三者都是就佛的存在形態說。法身是佛所證顯的超越的真如理；報身是相與好（三十二相、八十種好）具足的身體；化身是隨所教化的物類的不同而示現不同的身體，與應身略同。自性身相當於法

身,受用身相當於報身,變化身相當於應身。[7]在其中,應身、化身與變化身的意思相若,都是指佛能相應於所要教化的眾生而示現該類眾生相同的身體、存在狀態,這與三位一體的聖子位的耶穌非常相應。上帝為了開導人類,為他們贖罪,因而以道成肉身的方式現身、示現為人類的身體,這即是耶穌。為甚麼上帝要現身、示現與人類的身體相同的耶穌呢?道理很簡單,耶穌作為一個人,與所要救贖的人是同一的身形、身分,是要建立與人的親和性,讓人覺得他是親切的和容易接近的,這樣,耶穌對他們說話便會較具有說服力,容易取得他們的認同,讓他們接受,因而遵循他的話去做。但若上帝要教化的不是人,而是老虎,則祂可能會示現、現身為一頭老虎。不過,我孤陋寡聞,未看到基督教的文獻上有上帝特別要教化老虎的說法。

　　以上我們透過常識、哲學、職能和媒介作用來說三位一體。以下我們要特別就上帝與人的關係特別是救贖問題上來進一步闡釋三位一體的意涵及其關聯性。這便是所謂「本質三一」說。這種本質三一(Essential Trinity)模式可界定為在上帝的救贖歷史中出現的三個位格,把上帝突顯出來,然後又說三個位格。這三個位格地位是同等的,共同享有同一的神聖的本質,與上帝同屬永恆的、不朽的性格。我們可以說,這三位一體表示三一神學由救贖三一發展到本質三一。即是,上帝是一神,三個位格表示祂自己內部的組織。在本質上,我們可以說上帝擁有一種綜合能力,這是建設性的綜合

7　關於三身的詳細闡釋,參看拙著《佛教思想大辭典》,臺北:臺灣商務印書館,1992 的三身條與三種佛身條。

能力，能把三個位格組織起來。這並不表示上帝的分化、分割，反而顯示神聖的位格的合一不是數字性格的，不是數字上的統體合一，而毋寧是在本體論意義上的本質合一。但這三個位格並不各自具有自己的本質，而是，三個位格具有同一的本質，而又以聖父為其他兩個位格即聖子與聖靈的最後的、最終極的源頭。

著名的聖奧古斯丁提出三位一體涉及實體（Substance）觀念或原則，上帝的實體最重要，而聖父、聖子、聖靈都不是本質性格的，而是關係性格的。上帝的實體比祂的三個位格更為重要。位格不必具有本體論的意義，他同意以 persona 一字眼來表示位格。最重要的是，聖父、聖子、聖靈都是同一實體分出來的三種關係，三者源自同一的本質。這同一的本質不能直接關聯到救贖方面，而是要透過它的三個位格才能說。

三位一體或三一神的教義在上帝愛世人的脈絡下也有其獨特的意義。三位一體的義理不是一個有關抽象的上帝的抽象的義理，它有一種真正的啟示意涵，揭開上帝的神秘的面紗，透過道成肉身的耶穌和降臨到人方面來的聖靈，顯示上帝對人的大愛。上帝的生命本來就是愛，這種愛不是自我封閉起來的，而是向外敞開的。它總是打開大門，讓在生活中有困惑、煩惱的人進來，接受精神上、信心上的支援。由耶穌代表上帝而施援手。人不單在心靈深處接觸耶穌基督，也可在他的身邊感受到上帝的臨在經驗。上帝不單在我們的內心深處出現，同時也在我們人的聚合體的歷史中示現。在基督徒看來，三位一體教義有濃厚的實踐意味。這種實踐讓人的精神世界不斷得到充實，也不斷向上提升。

最後，我想說一下三位一體的內涵。這個語詞有時有多種意

義，如聖父、聖子、聖靈三者合為一體，此中以聖靈為中介。另外又有一個上帝包含著三種神聖的人格，或包含著三種位格：父、子、靈的意思。

第十章
道教的理想與實踐方法

　　以下我們轉過來講東方的道教。首先需點明，道教不同於道家，雖然前者有要與後者拉關係的痕跡，如把它的傳統追溯到老子。道家純是一種哲學，但不無宗教的功能；道教則是地道的宗教，哲學義理的成分很淡。若以英文來說，道家可譯為 Taoist Philosophy，道教則可譯為 Taoist Religion。一般所謂 Taoism，則失之於籠統，界線不清。我們當然可以 Philosophical Taoism 來說道家，以 Religious Taoism 來說道教，但又有點拖泥帶水。

一、道教的創始人、重要文獻與宗教理想

　　道教的創始人，可以追溯到東漢的張道陵，亦即一般所謂的張天師。他推尊老子為祖師，又標榜「道」一觀念，以之來名他的宗教。至於根本文獻，則是《太平經》，這是漢代的作品，內容多元，應是經多人之手而成，不是單獨一人的著作。一般所謂的《道藏》，則是這種宗教歷代累積下來的文獻，內容非常龐雜，有點像佛教的《大藏經》。它全部有五四八五卷，分為三洞、四輔、十二類。其詳細說法，非我們這裏所能闡述。在重要文獻方面，除了

《太平經》外，還有多種，例如晉代葛洪的《抱朴子》。大陸的陳國符寫了一本《道藏源流考》，是這有關方面的有用的參考文獻。

　　如所周知，道教的宗教理想是長生不死，做神仙，生活於美妙迷人的神仙世界中。特別是那些擁有榮華富貴的帝皇，如秦始皇、漢武帝和唐太宗，他們希望自身的地位、權力與環境能夠常住不變，讓他們可以終身享用、擁有。這種神仙世界的構想基礎，是人們通過把現實的世界與理想的世界作一對比，由現實世界的殘酷、苦痛而導引出一種盡善盡美的虛幻的理想世界。這樣的虛幻性雖然很飄忽，但對現實世界的種種不足、缺憾，的確有一種補償的作用。人們在現實中得不到的東西，可以在這種虛幻性中找到，讓他們暫時得到滿足。即是說，虛幻的神仙世界讓對世俗生活不感到滿足的人，向超現實的、幻想性格的神仙世界尋求希望，以至尋求補償，以平衡他們在現實世界中所受到的自然力量和社會力量所受到的強烈的厭逼。這些補償通常是平等性、不受歧視，和對感性欲望、羨生厭死的心理得到滿足。最後是一切美善殊勝的東西能永遠保留下來，停駐在他們的身邊，讓他們隨時可以索求、享用。但這是不可能的。世間一切事物都是生滅法，有生必有滅，有存在必亦有不存在，哪裏有永恆性可言呢？對於這些點，他們也許知道，也許不知道。不管怎樣，這種對幻化的東西的渴求，對他們總是有一種麻醉、慰藉的作用，像鴉片那樣。就作為道教的基本成員的道士而言，他成了神仙後，一方面不必受到現實的臭腐的官僚政體所約束、管治，又能避開可憎的君主專制，遠離在宦海內裏不斷爭名奪利的種種掙扎和由此所帶來的煩惱、困擾，過一種山高皇帝遠的自由自在的生活，那是在人間絕對找不到的幸福。

　　就另一角度言，倘若以這種神仙世界與其他宗教的理想境界相比較，道教的神仙世界與佛教的涅槃世界和基督教的天堂，都有根本的不同。涅槃與天堂都是要否定現實的利益的。人們所渴求的，聚焦於現實利益上面，對現實世界能滿足他們的生活欲望予以無條件的肯定。此中不存在禁欲的問題，卻是從現實世界為基礎出發，把神仙世界美化、圓滿化，讓人們的種種欲望能在其中得到充分的滿足。故道教實是要透過神仙世界的一切極具吸引力的美妙的環境，在生活的各個面相上都臻於最上乘的、最殊勝的質素，以填補現實社會的種種缺憾、種種有限性，俾能徹底地滿足人的世俗的、形而下的、經驗性格的欲求。

二、氣的根本性格與作用

　　接著我們看道教如何看宇宙論的氣的問題，這可關聯到長生不死的神仙世界的目標，它認為若能持續地發展氣的不息作用，便能讓人長生不死。在這裏，我們主要要探討《太平經》的說法。按《太平經》的主旨，是所謂「三一為宗」。它認為我們的生命存在若能在精、氣、神三方面結合起來，平衡一致，沒有衝撞，便能永久活下去，不會斷絕。精是氣的精華，氣是形氣自身，神則是氣的發用，所謂神用。《太平經》提出，人的精、氣、神三者善巧地結合起來，便可成為神仙，天、地、人三才合一，可以致太平。這也是《太平經》一書得名的由來，也是三一為宗的意涵。

　　《太平經》的根本概念是氣，此氣純是經驗性格，與其先的莊子及其後的張橫渠、王船山言氣都不同。氣之下有道，精、氣、神和天、地、人的總的結合，都是依道的作用。故《太平經》最重要

的概念是氣，另外也強調道。這兩個概念，在先秦的道家特別是《老子》與《莊子》中，都被強調，特別是道。關於氣，《太平經》以為，氣是宇宙最基本的要素，宇宙中的萬事萬物，都由氣構成。它分為四個部分：一部分構成天，一部分構成地，一部分構成人，最後一部分構成萬物。這是樸素的宇宙論、氣的宇宙論。這應與在漢代流行的氣化宇宙論有密切關聯，同時也把一個完整的宇宙割裂為四份：天、地、人、萬物。這與《莊子》的「與天地精神往來，而不敖倪於萬物」和傳統的「與萬物為一體」的思想，相去甚遠。進一步，《太平經》提出，氣是具有動感的，能流行而變化的。在變化之前的最元初狀態，為元氣，這是宇宙未分時的狀態。它如何形成宇宙呢？該經的作者認為，元氣由恍惚狀態而凝聚，而成天，這是陽、陽氣。天分出一部分而成地，這是陰、陰氣。[1]陰、陽生起相合作用，而成人。即是說，元氣分為天氣、地氣與人氣，其分別凝聚即成為天、地、人三才。在另一面，氣又分化為精、氣、神三個部分，三者若能協調地作業，結合起來，人便可以長生不死，而成為神仙。此中的思想基調是，精、氣、神合成一個結合體（triad），三者能緊密地相依相待而不離散，人便能維持生命，繼續下去，不老不死。不然的話，人便會老死。實際上，《太平經》一開始，便確認了長生不死的宗教目標。道教以後的發展，

---

[1] 這種天分出一部分而成地的說法，讓人聯想到猶太教的文獻〈創世記〉說及真神雅赫維先造泥土，以泥土造出第一個男人，後來又在他身上取出一根肋骨，把這肋骨造成第一個女人的故事。這與《太平經》說天分出一部分而為地，真是相似。《太平經》與〈創世記〉在歷史上應該沒有交集，只是在思想上是異地同心而已。

總是沿著這個目標走下去。

《太平經》的內容,並不限於從宗教角度來看人生,它也講政治與社會。它把宇宙現象和人事、政治、社會關聯起來,認為陰氣與陽氣若能協調地發展,不生衝突,不起矛盾,便能使萬物滋生,人民和順,社會團結,政治清明,這便是太和氣象,國家便能走上太平、富強之路。

三、外丹與內丹

《太平經》的長生思想與成仙的實踐方法,非常混雜,充塞著種種神秘的、抽象的概念。東晉的葛洪的說法比較精純而有實質性的內涵,這可見於他的名著《抱朴子》中。所謂神仙道教,便概括了這部著作的內容。要言之,《太平經》主要是說理:人事、自然之理、長生不死之理,雖然這理的哲學性或理性水平不高。葛洪的著名的典籍《抱朴子》則重視實踐的方法:如何透過外丹與內丹的修習,讓人可以長生不死,成為神仙。

葛洪在他的《抱朴子》中,吸收了《太平經》的重要思想,提出道教的外丹與內丹的實踐的修煉方法。外丹是服食由外界的物質提煉而成的金丹或丹砂,這可使人保住身心,強化生命力,最後能不老不死,成為神仙。內丹則是通過行氣導引,呼吸吐納,在身體中引發氣的循環流通,而不止息,若能保持氣在身體中周行而不殆,則亦有不老不死而成為神仙的功效。

先說外丹。上面說,外丹是服食金丹或丹砂,這種丹丸主要是由重金屬特別是水銀或黃金製煉而成,極為昂貴。這需要一個頗為複雜的製煉過程。這種丹丸非常堅固,愈燒煉便愈有光澤。黃金在

火中是百煉不消的，埋在泥土中也不會腐朽。葛洪認為，人服食了這種丹丸，吸收了它的堅固性格，便能不老不死，成為神仙。葛洪在《抱朴子》的〈金丹〉篇便說：

> 夫金丹之為物，燒之愈久，變化愈妙。黃金入火，百煉不消；埋之，畢天不朽。服此二物，煉人身體，故能令人不老不死。此蓋假求於外物以自堅固。……金丹入身中，沾洽榮衛，非但銅青之外傳矣。……小丹之下者，猶自遠勝草木之上者也。凡草木燒之即燼，而丹砂燒之成水銀，積變又還成丹砂，其去凡草木亦遠矣。故能令人長生。

金丹的原料是鉛、汞加上其他藥物，這些東西混在一起，置於爐火中燒煉，便成金丹或丹砂，它的性能最為堅固、穩定，入火入土，都不腐毀。人服了，便能吸收它的堅固性、穩定性。依葛洪的說法，服食的人可以和金丹一樣，永恆存在，不會老死。

道教徒又有另外一種說法，人服了金丹，即使是死了，可以到達「屍解」的境界，遺棄肉體而成仙去了。這也是一種長生不死的說法。人既然變成神仙，便能永遠存在，不會消失。

內丹即是行氣。要排除對我們的身體各個機制的有害的內外因素，使氣體在我們的體內流通暢順，無任何障礙。葛洪的《抱朴子》特別指出，人之所以不能長生不死，常是受到自身和外界的壞因素影響所致。這些有害的因素可歸納為感官欲念、老、病、毒惡、邪氣和風冷。若能在身體內部導引行氣，飲食起居都有節制和秩序。另方面又作些禪定工夫，俾能凝聚精神，不讓分散、消耗，

同時又服食適當的藥物。這樣做，便漸漸能遠離種種壞的、有害的
因素，而得長生。他對氣極為重視，曾說：

> 人在氣中，氣在人中。自天地以至萬物，無不需氣以生。

其意是，氣與人的生命的維持是息息相關的。人要在氣中活動，才
能有活力而持久。而氣亦必須要加持於人，對人提供保護養育的服
務。《莊子》書更以氣來說人的生死：氣聚則生，氣散則死。因
此，我們必須要珍惜氣，不能須臾離開它。所謂氣絕而死，或氣盡
而死，說的也是這個道理。

　　但在外丹與內丹之間，葛洪似乎更重視外丹，即服用金丹，認
為更能產生殊勝的效用。他總結地提出，呼吸或吐納（吐是呼，納
是吸，皆對氣而言）導引的內丹工夫，可使人延年益壽，但最終還
是要死。服食丹砂、黃金，則會有堅強的體魄，不怕百毒侵害，不
單能使人延續壽命，甚至可以長生不死，與天地同壽，「乘雲駕
龍，上下太清」。

　　在道教的典籍中，有頗多是涉及煉丹的，如魏伯陽的《參同
契》、葛洪的《抱朴子》、張道陵序《上清金液神丹經》、狐剛子
的《黃帝九鼎神丹經訣》、《太清修丹秘訣》、《九轉靈砂大丹資
玄聖經》和張隱居的《張真人金石靈砂論》等。講論內丹的典籍則
有鍾離權的《靈寶華法》、崔希範的《入藥鏡》、陳搏的《指玄
篇》、丘處機的《攝生消息論》、《大丹直指》等。

　　實際上，道教中人，特別是道士，終日修煉，接觸氣與金丹，
不應該不明白，氣也好，金丹也好，都是生滅法，即是有生也有

滅。這在佛教來說是緣起。世間一切事物，包括人的生命存在，都
是依因待緣而得成立、生起。緣在而物在，緣散而物消。緣是流轉
不斷的，決不會只滯在於一處。它一走動、離去，物也自然分崩離
析，消失於無形。道教的人以為金丹中含有極為堅實的黃金，人吃
下去，吸收了，人便可與黃金一樣，變得無比堅實，不會腐朽，便
能讓身體永遠存在，不會消散而死亡。這種想法實在天真得可憐，
人能吸收、消化黃金嗎？身體能變得像黃金一樣堅實嗎？這個道
理、答案簡單得很，他們怎麼總是不懂呢？說清楚一點，這些黃
金、水銀吞進胃中，會原樣地匯聚在胃的下方，不會被消化。聚得
多了，胃壁不堪其重，會被壓穿，慢慢會導致胃出血的現象，加速
死亡。歷代帝皇都是如此，聽信江湖術士、道士之言，吞服金丹，
最後受不來，死得更快，真是愚不可及。

四、齋醮儀式與符籙咒術

　　道教有兩種儀式與實踐：齋與醮，兩者在內涵與實踐上時常連
繫在一起，所以時常連稱齋醮。齋是清潔身體，調和心性；醮則是
一系列的祭禱禮儀。

　　道教很重視齋，認為一個有虔敬心以學道的人必須修習齋戒，
否則便是入寶山而空手歸，沒有進步、效益。齋有三種：設供齋、
節食齋和心齋。設供齋是廣施齋食，可以積聚功德，化解仇怨。節
食齋是進齋有節，可以讓心寧平和，保養壽命。兩者都是外在的修
法，不是根本的修法。根本的修法是心齋，這源於莊子。一個人可
以通過心齋的實踐修行，除去塵世的貪欲、思慮，而專心向道，與
道合一。齋是心的作用，醮則比較強調外在的儀式。以心的作用為

首要。

　　初期道教的齋醮很簡單。張角創立太平道時，只是自己向神靈進行禱告。張陵創立五斗米道，只規定將當事人的姓名、所犯罪過和改過自新的誠意寫在紙上，齋戒以告鬼神，便可以去除疾病或苦痛了。其後儀式漸進於複雜。南朝的陸修靜愛好四處遊方，訪尋仙跡，最後在盧山定居下來，建立道觀，樹立道教的地位。他好學實修，專心搜尋道教典籍，並加以整理、分析，注重戒律，且聚焦在齋醮上，並寫有有關齋戒儀範著作百多卷，確立了道教的儀軌。現今在《道藏》中收了他的部分著作如《太上靈寶授度儀》、《太上洞玄靈寶眾簡文》、《洞玄靈寶五感文》等。在內容上，如《五感文》中所列五項：一是感念父母生養之辛勞，二是感念父母為我受三塗（畜牲、餓鬼、地獄）之苦，三是感念人生之苦痛煩惱，四是感念太上眾尊、大聖真人之教化拯教，五是感念師輩啟蒙之恩澤。有了這五感之心，便能忍受人生諸種苦痛。

　　在齋醮科儀方面，道教列出多種程序。重要的有為國祝禧、祈晴禱雨，次要的則有安宅鎮土、祈福祝壽，旨在滿足民眾信徒的種種願望、要求。具體的科儀，則有多項，如設壇、上供、燃燈、燒香、升壇、禮神、瞑想、宣衛靈咒、鳴鼓、發爐、降神、迎駕、奏樂、獻茶、散花、贊頌、宣詞、唱禮、祝神、送神等多項。

　　此外又有符籙咒術。符是道士手書的筆畫屈屈曲曲、似字非字的圖形，又稱為符圖、神符。符是由古代的巫術發展出來的，在道教創立以前，是方士用來驅鬼治病的東西。其後為道教所採用。在太平道與五斗米道建立時，信徒已大量造出和使用神符了。這些神符是道士從天神方面得來的，這通過兩種方式。一是天神將符在天

空透過雲彩展現出來，道士見到而描畫出來；二是天神直接傳授予某一為他悅樂的道士。神符主要的作用是治病。病者的家人會將神符燒而成灰給病者以水吞服。另外一種做法是將神符佩戴在身上。葛洪便認為把丹書符字掛在門戶或樑柱上，可以避邪；佩戴神符入山，可以避過虎狼猛獸。

關於籙，在道教中，籙指有關天官功曹、十方神仙名屬的冊文，又稱為法籙、寶籙。道士認為，籙是「太上神真之靈文，九天眾聖之秘言」。人能掌握到籙，便具有代表天神以役使三界官屬的權力。在一般情況，道教的籙都有相應的符圖，因此常統稱為符籙。另外，籙還衍生出一種新義，而成為某些齋醮儀式的定稱，如金籙齋、黃籙齋和玉籙齋最流行，它們分別主天、地、人。至於籙的傳授，與道士的職級有密切關聯。例如在張魯的天師道中，便存在著一種授籙制度，對初入道的人，會舉行授籙儀式，初來者要隨身佩戴所得到的籙。隔了一段時期，會根據入道的年資和修行的水平更換不同的籙。其中有很多規條，不能濫來。

至於咒，則被視為天神的語言，又稱神咒、神祝。這咒像符、籙那樣，具有感召神靈、驅使鬼神的作用。

五、關於形神不離

倘若只就求長生不死而成為神仙這一目標來看道教，由於它只著眼於形軀方面，故境界不高。不過，道教所求的，也不純粹是形軀的不滅，它也有精神方面的訴求，要達致形軀與精神不離或形神不離的導向，這樣，形軀便可透過表現精神，或與精神結為一體，而取得較高的境界與價值。本來，道教的目標是長生不死，成為神

仙。這雖然不是靈魂或精神不死，而是指形體不腐朽、敗壞而得成仙。要達致肉身不腐朽而成仙，有一個根本條件，這便是形神不離。他們的基本想法是，倘若神離開了形，則人變成沒有精神的行屍走肉，這樣便與死無異。若人死，成仙便無從說起。道教即是通過對這形神不離的關係而擺脫對肉身的執著，而得到提升肉體的機會。這是形神不離的意涵，也是道教能在宗教的殿堂占有一個席位的關鍵點。

　　故道士所最關心的是，使神永遠依附於形體，存在、保存於形體之中。怎樣能做到這點呢？葛洪提出，這個形體必須是堅固的、不破碎的，即是永遠不壞的。這樣，它才能成為神的安宅，讓神有一個永久的載體，它附在這個載體，而不會離散。怎樣才能保住形體，讓它不會壞滅呢？葛洪認為要養生，這即是好好保養自己的身體。而身體的基礎是氣，所謂「元神」。因此我們又要先養氣。這氣自然不是道德義的浩然之氣，而是經驗義的、材質義的傾向於能量的氣。養氣的要訣在補氣與養血。氣與血有很密切的關係，所謂血氣也。葛洪認為，要補氣，在於能在呼吸中吐除舊的氣，吸納新的氣，氣能常新，才有足夠的生命力。養血則需服食足夠而有效的藥物。這是技術性的問題，在這裏不擬詳細闡述。

　　進一步，我們要注意到，一個人即使能達致形神不離的境界，長生不死的理想仍不算完整無限，仍是有限性格，這仍圍於個體生命之內，不能超離個體，達到普遍的、無限的精神空間。對於這一點，葛洪的回應是以道家的「道」一觀念來作為實現的目標。他追溯到宇宙的本源方面去，說這本源是「自然之始祖，萬物之大宗」。我們的成就不能被困在個別的生命中，毋寧是要從這種有限

性脫卻開來，向無窮的宇宙開拓出去，實踐、體證那無限的終極真理，這便是道。這樣，生命才具有充實飽滿的意義。即是說，在精神上與道相契接，合一起來，生命才能從有限性臻於、進於無限性，像《莊子》書所說的「與天地精神往來」，天地精神即是道也。

綜合而言，我們把我分為小我與大我。小我是個別的、個體的生命，大我則是普遍的、整一的生命。小我是經驗性格，是生滅法；大我則是超越性格，是不生不滅的、恆存的，無所不在的。一般的道教只體會到小我的限制性，即便是深邃的、存在的體會，要逼切地、熾熱地回歸於自然，還是有限的、有遺憾的。面對宇宙之大，天地之廣，亦不免感到無依而茫然，「念天地之悠悠，獨愴然而涕下」。人是太渺小了，只是大海中的一滴水、高山上的一束草而已，以量看，何其微不足道也？只能把自己融入自然中，化入宇宙中，與後者合而為一，才能說無窮、悠久。因此，道教在理想的開拓方面，仍不得不追溯至先秦道家，崇尚自然，與道合一。只有從自然、道的視野出發，人才能看得遠，聽得廣，體得透，入得深。只有這樣，人才能真正地輕鬆、快樂。

最後，道教雖然也不是沒有超越的、普遍的、絕對的宗教理想，但畢竟現實性太強，主要是從現世的、通俗的角度出發，易為一般民眾所理解、接受，境界不高，不能成為一種世界性的宗教，只流行於中國本土。這和猶太教有點相似，由於神選的觀念，難為非猶太族類的民眾所接受，因而只能作為一種本土宗教而流行於以色列，另外一些具有較高的學術水平的學者則客居於美國。道教雖然有悠久的歷史，教徒也很多，但對整個世界宗教並未有顯著的影

響，也未能超脫土著宗教的局限性。另外，道教還有一個困難，那便是在外丹的修煉方面，需要昂貴的黃金、水銀，一般民眾未必付得起。又，若要專心修道，作吐納的養氣工夫，需擇得一個清幽、潔淨的地方，才能成辦，這也不容易。

第十一章　伊斯蘭教和
它與西方世界的紛爭與解決

一、伊斯蘭教的興起與思想

　　伊斯蘭教（Islam）又稱回教，與基督教、佛教而為世界三大宗教。涵蓋幅員極廣，教徒眾多，是一個問題的宗教，世界很多紛爭，都與它有關。「伊斯蘭」是阿拉伯文的音譯，原意是「順服」、「遵循」，具體意思是服從唯一的真神安拉（Allāh）的旨意。七世紀初，穆罕默德（Muḥammad）於阿拉伯半島創立這個宗教。創教之初，主要是在半島內的麥加（Makkah）聚眾發展。初期並不順利，後來在麥地那（Madīnah）建立宗教性質的公社，採取政教合一方式來管治人民和教徒，漸漸在組織上、制度上以至軍事上樹立了基礎。此後伊斯蘭教以麥加為中心，向各方發展，成為阿拉伯半島的統治性的宗教。至八世紀，發展迅速，廣納信眾，成為一個世界性的宗教。穆罕默德死後不久，伊斯蘭教分裂為遜尼（Sunni）派和什葉（Shi'ah）派。遜尼派自稱為正統派，信眾也較多。中國的回教徒也屬於這一派。「遜尼」（Sunni）為阿拉伯語，即是遵循聖訓之意。「什葉」（Shi'ah）即是追隨者或同黨之

意。

　　與猶太教、基督教比較，伊斯蘭教主要是在各方面模倣它們，幾乎完全沒有創意可言。其宗旨是嚴格禮拜唯一的真神安拉，唯其意是從。信仰意味極強，理性成分非常淡薄。它在名義上是反對猶太教與基督教，實際上卻受了它們廣泛的影響。如以穆罕默德比作摩西、耶穌，其聖典《可蘭經》比作新舊約《聖經》，麥加比作耶路撒冷。

　　伊斯蘭教的根本文獻為《古蘭經》，或稱《可蘭經》。「古蘭」是阿拉伯文 Kur'ān 或 Qur'ān 的音譯，其意是「誦讀」。全書內容簡單，分〈麥加篇章〉與〈麥地那篇章〉兩部分。這部經典被認為是真主安拉所作，而由穆罕默德口述，其門徒記錄。穆罕默德被視為代替真主安拉說話。如上所言，全書內容非常單純，不外是頌揚安拉的獨一無二性和全能性。並載有種種典章、戒律，和預言不信奉這一宗教的所謂「外道」，死後會在熊熊烈火的煉獄中受苦受難，非常恐怖，云云。《可蘭經》之外還有《聖訓》（*Hadīth*），音譯為「哈底斯」，是一部關於穆罕默德的生平、奇蹟遭遇和訓諭之言，教徒務必要頌讀。

　　在教義、思想與宗教感或宗教情懷方面，伊斯蘭教無疑是表現較為濃烈的宗教情懷或宗教熱情，強調信仰與服從，理性方面是比較淡薄的。不過，它裏面亦有好些思想家，相當強調理性。他們有一種所謂「兩重真理」的說法，認為哲學與宗教同時具有真理性格。即是，哲學可通過理性思維和邏輯推理而得到知識與結論，宗教信仰則可以藉著啟示和背誦經文來強化信心，得到結論。雙方都可視為真理。倘若遇到信仰上的矛盾、衝突，不能解決，他們寧願

站在哲學理性一面，來解決問題。

　　進一步看伊斯蘭教的哲學，實包含幾個重點。其一是在伊斯蘭教成立之先流行於阿拉伯半島的傳統的、古老的思想，此中有比較濃厚的民俗意味。其二是伊斯蘭教中的哲學成分，主要是宗教哲學。其三是受到希臘、羅馬、波斯和印度方面的哲學內容的影響，加上自己的思索與繼續而成，這便是阿拉伯自身的哲學。[1]

　　這些哲學思想，大體上都可在《古蘭經》中見到。其中有頗為詳盡的宇宙觀，或自然哲學。他們看到宇宙萬物種類繁多，但不是雜亂無章法的，它們的關係有一定的秩序和規律。在他們看來，這種秩序和規律，不可能是偶發的、任意的（random），而是由一個創造者苦心設計和經營的，同時又帶動著萬物運行和變化，像軍隊中的總司令那樣，具有一切神秘不可思議的力量，自身是永恆的。這自然是真主安拉了。

　　在基本教義方面，伊斯蘭教教義簡單，特別是對比著佛教為然，即使是與基督教比較，伊斯蘭教也單純得多。大體而言，信徒或穆斯林（Muslim）要信仰唯一的真神安拉，穆罕默德是祂的使者和先知。據其中所說，安拉在穆氏之前，曾派遣幾個先知下凡：

1　一九七四年四月到九月，我在大阪外國語大學對日本語作密集式的（intensive）學習，住在大阪郊區的一個留學生寮（宿舍）內。有一次一個來自伊朗的同學來我房間閒聊。我問他有關他們那一帶的哲學與宗教的發展。他是拜火教信徒，以埋怨的口吻說他們的遠古的波斯文化在哲學上有很興旺的發展，但總是不為其他人所注意。他強調波斯的遠古哲學，比猶太教、基督教的還要早出，世人好像都忘懷了，云云。

亞當、挪亞、亞伯拉罕、摩西、耶穌基督等。但他們都不及穆氏能幹。這很明顯地是誇張的宣傳說法，目的是說伊斯蘭教作為宗教，在比它早出的猶太教與基督教之上，比它們更為殊勝。

在根本教義之上，道德訓誡占著很重要的位置。強調人要知足、堅忍和順從。在世間方面，伊斯蘭教鼓吹世界末日。在這世界末日來臨之前，死者都會復活過來，並接受審判，而得到應有的賞罰：虔誠信奉安拉為一神並作善事的將可永居天國，不信者和作惡者則會墮於火獄而受到烤炙之苦。教義中也有神定說，表示世人的命運：生死禍福都早由安拉決定。安拉在《古蘭經》中，被描述為具有純然是人的德性，有情感，但有無比高超的地位。對於世人，祂有時惱怒，有時寬鬆，有時愛人，有時恨人。祂有一種特殊的駕馭人的能力，能夠預先決定某些人是純正虔誠，將來享有福樂；另一些人則是奸惡邪僻，為非作歹，將來會在冥世中受盡苦痛折磨。為甚麼會決定某人如此，某人如彼呢？也沒有甚麼特別的原因，祂要怎樣便怎樣。祂的最重要、特顯的性格，是全能和至尊無上。這和猶太教的雅赫維和基督教的耶和華沒有兩樣。

二、蘇非神秘主義

所謂神秘主義（mysticism, Mystik），指修行人在神秘的瞑思中與終極真理或神溝通以至合一，結成一體，回歸向終極真理或神。印度教講人與梵（Brahman）合一，人回歸向梵的清淨無染性，基督教說耶穌被釘死，三天後復活，回歸到上帝身邊，都是神秘主義的表現。伊斯蘭教亦有神秘主義的傾向，這即是蘇非主義（Sufism）。

　　蘇非主義以真主作為一切存在事物的根源，現象世界是真主安拉的外在化的顯現。教徒的生活非常簡樸，有禪宗頭陀行的作風。他們要作虔敬專注的瞑想和長夜的、獨自的祈禱。他們過著隱居的生活，遠離現實的俗務，棄絕凡塵的榮華富貴，專注在心靈上的淨化工夫上。這種生活是以苦行為基調，要在現實上盡量折磨自己的身體，所謂苦行（asceticism）。「蘇非」一詞來自「羊毛」（ṣūf），教徒習慣於粗糙的生活，穿著粗劣的羊毛褐衣，象徵苦行和厭世，類似印度教的瑜伽行和小乘佛教。他們刻意過著艱苦的生活，不吃不睡，克制欲望。因為他們害怕末日審判和被推落於火獄中而受懲罰，企圖以清修艱苦的活動來打動真主，獲得真主的同情與憐憫，而得到真主在來世的恩賜和報酬、補償。他們又認為，通過苦行的行為，人可由低級的靈魂提升上來，通過全面的反省、淨化和嚴酷的修行，達致高級的靈魂狀態，甚至達致真主創世時的始原狀態，只有回歸到這種狀態，才能真正地、牢固地與真主合一。這樣的修行，主要是以內心的明晰無闇的直覺和激烈熾熱的情感以求得接近真主的境界（ḥaqiqa）。這稱為「道程」（salakal-tariq），即求光明之道的精神旅程，目的在消除自我意識或對自我的執著，消除通往真主的境界的障礙。對自我的執著越是濃厚，這障礙便變得越是難以克服。這與原始佛教所講的無我（anātman）的修行，的確很相近，或許是伊斯蘭教模仿佛教的地方。對於自我的迷執逐漸消除，最後便能打破一切障礙，達到真境，與真主和合而為一體。

　　有一點需要特別強調，蘇非主義者認為理解、接近終極真理的方式，不是通過研讀文獻的抽象的活動，而是要透過神往

（transport）、出神（ecstasy）和靈魂的轉化（transformation），才能面對面地接觸真主，徹入終極真理之中。修行者在心靈上必須具有充分的準備與成熟程度，才能與真主溝通。即是說，心靈要完全地、無保留地沉澱到真主之中，最後完全融入於其中。只有這樣，才能感受到殊勝的經驗：漸漸地會見到天使和先知的靈魂在現前飛舞。只有這樣，回歸真主、與真主合一的目標才算真正地實現出來。

三、實踐與儀禮

伊斯蘭教的教義雖然簡單而扼要，但教徒或穆斯林必須遵行煩瑣的儀式。不過，在實際行動上，這些儀節並不難實行。首先，最重要的是禮拜。教徒每天需要進行五次禮拜，在破曉、正午、下午、日落和入夜時都要禮拜。禮拜前，嚴格來說，教徒需要沐浴淨身。通常用水來沐浴，但若沒有水（如處身於沙漠之中），可用沙土來代替。此中有一個重要的訊息：沐浴淨身後，信徒便能以最潔淨的狀態（起碼在身體方面）禮拜和出現在真主安拉面前。原則上，禮拜可以在任何地方進行。[2]但最好能在清真寺內進行。清真寺（Mosque）意即「禮拜或叩頭的地方」。進入清真寺，首先要脫鞋，然後以水淨洗雙手。

---

[2] 三十多年前，我由德國搭機返香港，中途在開羅停留了一週。有一天隨著旅行團在附近遊覽。導遊在身邊指指點點，說個不停。突然間他停了下來，面向一個方向（後來知道那是參加的方向），口中唸唸有詞。我很不解，旁邊一個遊客說，禮拜的時間到了，他在進行這儀式哩，云云。

　　另外，穆斯林要守齋，或齋戒（fasting）。每年有一個月為齋戒期，在十月間。又要抽暇到聖城麥加朝覲真主和穆罕默德。每一虔誠的教徒應在一生中至少到麥加行一次。又定星期五為沐浴日；在這日中，要沐浴身體和洗淨衣服。

　　又有一些習俗和禁忌。男孩必須領受割禮。禁食豬肉，因為太髒。又禁止制作神像，不能為有生命者（人或動物）繪制圖像，以免引致偶像崇拜。[3]穆斯林只能和必須禮拜真主，不能禮拜其他東西。又禁止飲酒與賭博。

　　所有穆斯林都有一種重要的宗教職責，要為悍衛宗教信仰而進行所謂「聖戰」，這種行動稱為吉哈德（Jihād），即是自殺式爆炸。當事人身上纏著炸彈，衝向敵方人群中，引爆炸彈，與他們共赴死難，同歸於盡。《古蘭經》中有明文規定，穆斯林在一年之中有八個月要與多神信仰者與不信神者作戰，殺戮他們，掠奪他們的財產。其宗教狂熱程度和對異信者的嚴酷，可見一斑。回教徒的好戰，超過任何其他宗教的信徒。因此有人描繪穆罕默德的形象，一手拿經，一手持劍，隨時準備殺掉不信《古蘭經》的人。

　　以上所說的諸項，可以說是穆斯林的功課，必須要履行。另外，表白自己的信仰，也非常重要。這即是「唸功」。唸功是阿拉伯文 Shahādah 的意思，更嚴格的、完整的意思是作證。音譯則為

3　又在該處（開羅），我沿著尼羅河步行，觀看兩岸景色，看見靠著岸邊有一家以茅草和木板搭成的小屋，屋中的人都在外邊坐著，我拿出照相機要取景，竟然被他們臭罵和追打。後來我才知道，他們認為拍照是要攝取靈魂哩。

「舍哈代」。作證甚麼呢？原來是作證如下的信念或真言：「除真主安拉外，沒有其他的神靈。而穆罕默德是安拉的使者。」不管是來自何方的人，只要公開表白這種信條、清規，對著大眾唸誦出來，名義上便被視為一個穆斯林。所有穆斯林在重要的宗教活動中，都要唸誦這個信條。在穆斯林聚居的地方，會有宣禮人員在宣禮塔上高聲宣喊這一信條。而在禮拜時，所有穆斯林都有責任反覆宣喊這一信條。一個穆斯林即使快要死了，也得喊唸這一信條。那些身體極度衰弱的穆斯林，不能親自喊唸，也要由他的親人來喊唸。這喊唸有兩種：心唸和口唸。心唸是不限時間和地域的無聲的唸，信徒要聚精會神地、專心去思念安拉的名號。口唸則是有聲的唸。心唸即是意唸；口唸則是讚唸，讚禮真主安拉的宏恩也。

另外，穆斯林還有施捨的功課。這種活動稱為 Zakāt（札卡特）這是穆斯林的法定的、奉主命而行的宗教賦稅，有時又作「濟貧稅」或「天課」。穆斯林積聚錢財到某一定數量，便要按年繳納規定的稅項。

上面提到朝覲麥加和穆罕默德、真主安拉。這種規矩非常煩瑣，可以看到伊斯蘭教的呆板的、機械性的風格。這個宗教跨越那麼大的地區，到麥加不是很容易的事。有錢的人可以，但距離遠而又貧困的穆斯林如何去呢？其中有一阿拉法特山大典，這種朝覲和禮拜的儀式非常莊嚴隆重。在典禮中，麥加的大教長站在山上的一塊巨大石頭上宣講伊斯蘭教的教義，朝覲的人都要全神貫注地聆聽。直到黃昏時分，太陽下山，才能離開。之後又有投石、宰牲、辭行的儀式、活動。最後要到麥地那向穆罕默德的陵墓朝謁，朝覲禮拜才算完結。

　　伊斯蘭教在儀式中所表現的信仰有很濃厚的排他性。其中有六種信仰：信仰安拉、信仰天使、信仰經典、信仰使者、信仰後世和信仰前定，合起來稱為「六信」。信仰安拉即是信仰真主，這是沒有問題的。信仰天使需要解釋一下。天使有很多，各司其職，其中最重要的有四個。一個是傳達安拉的啟示的；一個專門觀察宇宙萬物的變化；一個是在世界末日來臨時吹號角的，使所有死者復活，接受安拉的審判；最後一個掌管死亡的事，接納和登記人們歸天。這些天使沒有性別的區分，人的感官也無法察覺他們的存在。他們要忠誠地執行安拉的命令，記載人們的行為。信仰經典則是信奉《古蘭經》和在此之前真主頒布下來的天啟文獻，如《亞伯拉罕》、《摩西五經》、《大衛詩篇》、《耶穌福音書》等。這最後三本經典與《古蘭經》並列為四部《天經》。《古蘭經》最為重要，保持真主安拉的旨意。《亞伯拉罕》只是口頭傳說，無文字記載。信仰使者則信奉穆罕默德為安拉的使者，也是先知。《古蘭經》提到安拉有多個重要的使者，他們是亞當、諾亞、亞伯拉罕、摩西、耶穌和穆罕默德。前五者是從猶太教與基督教調過來的，他們都不及穆罕默德能幹，這表示伊斯蘭教優於猶太教和基督教。穆氏同時也是先知；先知可以直接領受安拉的啟示，而作出預言。信仰後世即相信死後復活過來，接受末日審判。伊斯蘭教認為人的今世短暫，後世則長久，是真正的歸宿。人的死是連接今世和後世的橋樑。信仰前定則是相信人的命運早由安拉安排妥當，甚至在出生之前已經決定下來。這有宿命論的意味。

四、與西方世界的紛爭與解決

　　伊斯蘭教是中東、埃及、巴基斯坦、中國新疆、印尼等地區的
文明的核心，它與以美國為首的西方世界所盛行的基督教有著種種
曲折的關聯。雙方之間又存在著以石油為主的經濟上的相互牽扯的
瓜葛不清的緊縮的張力。即是，中東地區特別是阿拉伯及其周邊地
方具有巨大的石油儲藏量。美國、俄羅斯和委內瑞拉也盛產石油，
但終究不如中東地區的集中因而便於開採。誰都知道，一個國家如
要發展工業和附帶的多元性的生產，非要有豐富的石油儲量不可。
美國自然有石油，但遠遠不夠應用，大部分的西方的工業國家和日
本，也包括中國在內，石油儲量有限，它們都需要從外邊輸入大量
的石油，其來源自然是中東地區了。石油可以致富，大部分人都知
道。中東的伊斯蘭教國家有大量石油，遠遠用不得那麼多，要賺錢
的話，便得大量輸出石油；以美國為首的西方發達國家缺乏石油，
但有錢。於是後者出錢向前者購買石油，便很順理成章了。理論上
這種生意很容易做。但實行起來卻是困難重重，經常引致紛爭，甚
至戰爭。背後的主要因素，自然是雙方在文化、宗教、價值觀與意
識形態上的分歧。伊斯蘭國家科技落後，武備粗疏，與歐美國家的
高科技武器開火，自然不濟，不堪一擊。但為了要生存，也為了要
自尊，不行正道，而行邪道，進行恐怖襲擊，讓西方國家不堪其
擾，最後終於釀成美國兩座世貿中心瞬間被摧毀，也斷送了幾千個
無辜平民的性命。這兩座建築物又高又大，我在上世紀八十年代中
期去過紐約，花了六美元買得入場票，直上其中一座的頂層的天
臺，向下望去，雙腿頓時覺得酸軟無力，幾乎站不起來，太高之故

也。看馬路上的車輛，如螞蟻般細小，行人則呈一點點的，需要用望遠鏡，才能分辨出是男是女。當時感覺到人真是渺小得很。我感到恐怖分子真是可惡，但再想一下，他們也是逼不得已的。地面上的正規戰打不過，只能取巧，以恐怖突襲來還擊、報復。美國雖然最後剷除了一些恐怖分子的首腦，如伊拉克的薩達姆、利比亞的卡達菲和那在背後策動對世貿中心的恐怖襲擊的賓拉登。後者被美國的特工所殺。但這並不表示問題已經妥善解決了，往後還會有更多類似的災難陸續出現。

沒有人會喜歡戰爭，只有少數喪心病狂的野心家是例外。不然的話，每天應該有很多自殺事件發生。伊斯蘭雖然是尚武的民族，他們曾摧毀了埃及和巴比侖的古文明，但他們的宗教理想，最後還是要解構自我，把它融入於真主安拉的懷抱中。基督教不也是一樣嗎，耶和華以獨生子耶穌道成肉身，洗脫人類的原罪，讓他們都回歸向祂的懷抱中。這都是企盼和平的明證。西方國家不應像美國總統布希那樣肆無忌憚，點名伊朗、伊拉克和北韓為邪惡軸心，這樣的奇恥大辱，伊斯蘭民眾怎能忍受呢？

要徹底解決西方國家與伊斯蘭國家之間的宿怨、相互敵視的心理，我想關鍵是從雙方都是愛和平這一點著手，多些溝通，進行宗教對話。西方國家的基督教與伊斯蘭教可以不是相互敵對的宗教，兩種宗教應該是可以共存共榮的。這則要看有關領導人的智慧了。宗教對話雖然不必能解決意識形態的落差的問題，但可以作為雙方在政治上、文化上的橋樑，特別是在文化上的橋樑。這可以從民間的正常交往做起，在人際關係上建立相互尊重、相互理解的情誼，存異求同，慢慢淡化雙方的暴戾氣氛。以此為基礎，擴大溝通的領

域。原則上是以交流代替敵對，以協商代替戰爭。從對話中找到雙方的長處與不足之處，然後捨短取長，達致雙方互補的關係。這將是一個漫長的歷程，但是一個很可以考慮的做法，對雙方只有好處，斷無壞的影響。

有人可能會提出，西方世界的基督教與阿拉伯世界的伊斯蘭教各自信奉其唯一的真神，耶和華和安拉各有其不同性格，如何協調呢？我想這個問題不難解決。唯一真神的特性，與祂的信奉者和文化背景、價值觀不同，因而各有不同的性格、嗜好，是可理解的。上帝造人，人也造上帝的性格與形象；後者自與該有關民眾自身的現實狀況有密切的關聯。若不是如此，我們將如何解釋米開蘭基羅在梵帝岡的聖彼德大教堂頂上所畫的上帝是以人的形象出現呢？這些性格上的差異是無所謂的，我們只需緊扣一點便行：創世的真主是慈愛性格的，對於人類及其他動物，祂的關懷是無微不至的。人類犯了錯，祂總是慈悲地看待、原宥他們的。由這點出發，一切真主應該是可以共同存在的。倘若以筆者的純粹力動現象學來看，這個問題可以作如下的理解。純粹力動是宇宙的終極原理，整個宇宙、天地萬物都是它的示現，這也包括不同宗教中的一神教所宗奉不同的真神在內。純粹力動在基督教中示現為耶和華，在伊斯蘭教中示現為安拉。這兩者是同源的。

第十二章
神道教與日本的宗教文化

一、神道教的基本文獻與宇宙起源說

　　以下看神道教（Shintaoism）。神道教簡稱神道，為日本的民族宗教，由日本的原始宗教發展而成，民族性很強，只流行於日本本土。這種日本古老的傳統宗教本來沒有固定的名字或稱法，其後為了與中國、朝鮮傳來的佛教抗衡，因而稱為「神の道」，即神道。這種宗教以對神的祭祀為中心，奉行精靈崇拜和祖先崇拜。概括地來說，神道教是日本民眾的精神的行為、本源的信仰、生活指導原則和人與人的關係的倫理準則。日本大和民族的本來的面貌、原始性格和自然的、天生的氣質，都可在這神道教中反映出來。這種宗教也可以被視為象徵著日本的土著文化，日本民族的性格、價值取向都可以在神道教中找到統一的基礎。所謂「大和魂」，應該是從這種原始的宗教提煉出來的，日本人也樂於認同這種精神。

　　日本人所敬奉的「神」，是神靈，本來是指死者、祖先所化成的精靈，亦可包括土地和自然界的精靈之意。他們與中國人一樣，沒有像西方的重要宗教所宗奉的至高無上的獨一的人格神的信念。

這些神靈非常多,其中最受尊崇和被視為最具力量的,是天照大御神,亦即是太陽神。另外還有暴風之神素盞鳴尊和農業之神稻荷。「稻」即是稻穗之意。歷代地位崇高、威望出眾的天皇和遠古的民族偉人,也在神道教的神殿中有其顯赫的坐位。天皇的地位自是特別隆重。神道教宣稱天皇的祖先是天照大御神;日本人相信天皇是根據神的詔命以世襲的方式統治日本的。

在根本文獻方面,有兩種。一是《古事記》;這是日本現存最古老的所謂史書(史到甚麼程度,便很難說),收入從開天闢地到神武天皇等多位天皇的神話和傳說,包括天地開始分別生成,各個島嶼的形成(日本是島國,由本州、四國、九州和北海道四個大島和多個小島合成),和諸神一一登場的故事,宣揚神創造論的思想。[1]這是神道教所宣揚的「神皇一體」、「祭政一致」的觀點的依據。即是說,以神話來證成皇統即神統,皇國即神國,皇室即神的後代,天皇即是神的現身等等,這便使政治上的天皇與宗教上的諸神密切地聯繫起來。[2]另外一本文獻是《日本書紀》;這是日本現存最早的官修國史,記載著古代天皇的神話與史事。

日本神道教中的宇宙觀,或宇宙起源說,並不複雜。宇宙在混

---

[1]　這並不表示神像西方宗教那樣以唯一的真神從無生有以創造世界,而是諸多神靈參予創造,其中最重要的自然是天照大御神。這創造是否包含天與地兩者在內,說法並不一致。

[2]　日本是現代化的民主國家,科技又那麼發達,日本人仍然相信這種充滿神話性格的說法,的確耐人尋味,日本人如何能把科技文明與遠古神話作一種巧妙的結合,是一個非常值得研究的大問題。但我在這裏沒有篇幅討論這個問題了。

沌初開時期，先有天與地。天地最初生出三個神靈，這即是天上中
心主宰之神、天界掌管萬物生育之神和掌管幽冥界之神。其後又繼
續生出多個神靈。這些神靈都是隱形的，不現身的，只有名字，沒
有形象，因此不能成為具體的崇拜對象。最後出現了一對配偶之
神：伊邪那岐命和伊邪那美命，才有形象。伊邪那岐命被視為創世
主或造物主，祂曾創造陸地，這即是日本列島。

　　其後，據神話書，伊邪那岐命以左眼造日神，這即是太陽神，
稱天照大御神，祂最為日本人所尊敬，是最重要的神靈之一，日本
歷代的天皇都尊祂為天皇皇族的始祖。在此之後，伊邪那岐命又造
月神、暴風神。據一些古老文獻所說，暴風神素盞鳴尊曾與天照大
御神相爭，結果不敵後者，敗下陣來，而且被驅逐出天界，謫居於
人間的出雲閣，這相應於今日九州的東南部分；而這個地方也成了
素盞鳴尊的享祭之所。[3]

二、信仰與教義

　　首先我們得說明一點：神道教是日本島國社會一種獨有的、為
其他社會所無的民族宗教。它的最原初的形態是很粗樸的，反映日
本大和民族早期流行的人與自然現象和自然力量的關係，當時他們
對於自然世界的認識也很原始、淺狹，其後經過儒家與佛教的影
響，才逐漸形成自身的理論體系，其實也說不上有系統的理論體
系，反映出日本人的心理的、精神的面貌。自此之後，在教義與思

---

[3]　有關這些宇宙起源的神話故事，文獻的記載並不是完全一致。以上的
　　情況，是較為流行的說法。

想兩方面都擴展、開拓;而在宗教觀念、宗教信仰情操以至宗教組織和制度上都慢慢改變,跟著時代的步伐、文化的發展而作出相應的調整。甚至越出宗教的界限,涉入現代的經濟結構與政治模式方面去。其影響的範圍便越來越寬廣。

特別要留意的是,神道教時常祭出神的招牌,以神的聲音、語言和神是世界宇宙的創造者的種種誇張性的傳奇故事,結合著自然界的不斷變化的事實,和從歷史一直發展下來的人的文明、文化的開拓,包括道德、宗教、藝術、語言各方面的飛步發展,來解釋和影響一般民眾的心理。透過與民眾廣泛的接觸,在民族的感情上與民眾相呼應,讓他們生起濃烈的宗教熱情,凝聚在神或天皇的周圍,因而建立起巨大的團結力量。只要看在第二次世界大戰終結,天皇提出不再戰爭、放下武器的投降旨令,全體軍人都順服地即時放下一切武器,承認失敗,接受投降的結果,他們的團結與對天皇的順服與尊崇,是多麼齊心與一致。

基於以上的所述,我們可以探討神道教的信仰了。神道教是多神教的信仰形態,信徒特別崇拜天照大御神,祂是太陽神、日神;認為祂是日本民族的祖神。他們又認為天皇是天照大御神的後裔,並且是在人間的代表,奉行神的詔命。在日本人心目中,皇統即是神統,因而有政教合一的想法。上面提到神道教受到儒家與佛教的影響。有一部分神道教思想家或神道家把崇拜天照大御神的神道教義與儒家特別是朱熹的理學結合起來,強調尊皇忠君的儒學思想和神道教的旨趣是相合的。他們又把許多神靈視為佛或菩薩的化身,當作佛教的保護神看,明顯地是要把佛教收納到神道教之中。

神道教一般可分為三個系統:神社神道、教派神道和民俗神

道。三者都展現濃厚的原始崇拜的色彩。其後吸收了儒家的倫理道
德觀念和佛教的某些教義，而形成比較完整的和稍具理性的宗教體
系。在這三個系統中，神社神道最為重要。它很重視對天地神靈和
祖先的祭祀，崇信天皇祖神亦即是天照大御神。這神社神道到了近
代還被視為日本的國教，所謂「國家神道」。儘量鼓吹國民在行政
上和教育上和國家密切結合，以進行敬神愛國、崇祖忠皇的教育。
它的核心教義，是君權神授，擁護天皇制度，訓示每一個日本人都
應順從天皇的聖諭，把皇宮看成是聖所，把皇族陵墓看成是聖地。
一些著名的神社都是屬於這派神道教的，例如伊勢神宮是祭祀天照
大御神的，明治神宮是祭祀明治天皇的，靖國神社則是祭祀在日本
內外戰爭中死亡的官兵的。參拜神社並不是例行公事，並非只出於
責任，而是在宗教情感、崇皇觀念、對國家忠誠的意念下，而進行
的宗教活動。特別的是，國家神道把一切祭祀最終歸為天皇的祭
祀，以表示對神恩的感激，對神德的回報和對神意的服從與實現。
他們把天皇的統治從政治層面上提到宗教層面，把對天皇的敬畏的
感情融入於宗教性格的意識形態中。

　　其次是教派神通，它與儒家思想有一定的連繫。它認為人心本
來是善的，這是神靈所賜與的，本來沒有邪惡成分。修道的精要，
是要守護這善心，不讓它丟失。它提出「修理固成」的修行原則，
提倡人人要守其本分，盡心於自己的職守。身為軍人，要磨鍊武
藝，服從命令，為國盡忠。從事農、工、商的，則要奉獻於本業，
守身自持，要端正自身的行為。民俗神道則是普及的、一般的神道
教形式，除了有傳統的神道信仰外，又吸收了民間信仰和巫術咒
語，與庶民關係密切，為一種最為土著形態的神道教。

三、宗教實踐與儀禮

神道教有很多教派，上面所述的神社神道、國家神道和民俗神道三個系統是較為重要的。這些教派，一言以蔽之，留有好些宗教的原始崇拜的遺風，特別是對山岳的禮拜。日本人相信這些山岳是神靈寄居的地方，特別是富士山。很多山岳上都設有神社，而這些山岳也因此而熱鬧起來，甚至成為熱門的旅遊景點。另外，又有很多教派奉行家庭氏族的祖先崇拜，他們相信死者祖先會化為神靈，因此每日都進行祝禱，並奉行祭獻之禮。家家戶戶都設有所謂家壇，稱為神柵，這與中國民眾多數在家裏設立祖先神位差不多，目的都是追念先人，祈求他們在上天保佑子子孫孫的平安。神道教的這些神柵，則除了禮拜先人之外，也是祭祀神靈的地方，其中最重要的處所是神龕，一般都設於清淨的地方，安置神靈牌位，稱之為神主，以進行拜祭。

在儀禮方面，神道教的拜祭儀禮非常簡單，特別是與好些其他的宗教來作比較來說。此中只有兩個步驟：一是祈禱；即是誦讀祝詞。二是獻祭，即是供奉禾稻、蔬菜、鮮魚之類。在公開的祭儀，有時仍留有薩滿教（shamanism）的痕跡，例如每逢有儀式要舉行，祭司會用種種極端的方式，刺激信者，把他引進一種癲狂狀態，藉此與神靈溝通。薩滿教的高潮是鬼上身，又作跳神或跳大神，主持人通過種種殘暴的方式，傷害自己的身體，進入癡迷狀態，讓他所崇奉的本尊，借自己的身體來說話，信奉者以為這是有效的。關於這種宗教，我在後面會有專章來闡釋。神道教的一般的拜祭的主持人或祭司，又稱神官、祠官，是神職人員，主持神社的

祭祀、祈禱等工作,都是世襲性質,父子代代相傳。這祭司很多時
會兼任俗事的公職,這種公職通常有八種職級。最高級的是祭主,
由出身皇室的人出任,此中有很嚴格的規定,一般人無從出任。

　　祭祀的地方自然是神社,或稱神宮。神宮的地位較神社為高。
神社本來是各村落共同舉行農耕儀禮的地方,最初的器具很清簡,
只有神籬和盤鏡。神籬是在清淨的土地上圍植起來的松柏等常青
樹,作為神靈起居依止的處所,中間的潔淨地是作祭神用的。盤鏡
則是在神社周圍放置的石頭,以岩石充當神座。其後繼續發展,建
造屋舍與神殿。這些建築物遠較佛教的寺院為簡樸,外垣的正面立
有高大的門坊开,稱為鳥居,作為神社的象徵物。主殿供奉神體。
這神體不是神靈的莊嚴的德相、德像,而是指作為祭祀禮拜對象的
福靈所依附的物體,例如鏡劍、玉塊、石塊、像,這些東西都是秘
藏著的,不供公眾觀拜。每逢節日,到著名的神社如出雲大社、伊
勢神社等朝拜的民眾,可謂成千上萬,絡繹不絕,氣氛甚是熱鬧。

　　最後,要注意一下對於靖國神社的參拜問題。上面提及神道教
有三個系統,其中最重要的是神社神道系統。這神社神道在近代日
本由於政治的關係,特別是被提升為國教,所謂國家神道,因而成
為大家注目的焦點。這種神道教在日本國內與國外都起著重要的作
用。在日本內部,它有一種控制一般老百姓的任務,同時也宣揚日
本大和民族的團結,大和魂、大和精神的優秀,這便有獨尊大和族
的原始觀念,而壓抑其他的宗教思想的傾向。在日本國外,國家神
道充任日本軍國主義對東亞特別是中國與朝鮮發動侵略戰爭的宣揚
和解釋的機構,以緩和有關國家的人民對日本的反感。而靖國神社
正是國家神道的根基,與日本軍事機構有極為密切的關聯。特別是

在上個世紀八〇年代以來，對靖國神社的參拜問題更是日本與中
國、韓國等發展關係的敏感問題。具體言之，若有在任的日本官員
到靖國神社參拜，中國與韓國都認為是極為不友好的態度，甚至認
為他們公開支持日本軍國主義的行為。因為這神社供奉著二次大戰
及之前的侵略戰爭的日本的軍國主義者的靈位。

　　據王守華在他的近期著作《神道與中日文化交流》中，表示日
本在幕府末期，孝明天皇下詔建立招魂社，以祭奠在「尊王攘夷」
的運動中的死難者。其後這招魂社輾轉發展為建立在東京千代田區
的靖國神社。這靖國神社一直供奉著歷次戰爭中為國家（主要是為
天皇）而戰死的英靈。便是因為靖國神社供奉的是國家的神靈，因
而享有天皇和政治大員親自參拜的特殊待遇。這所謂為國家而戰死
主要是指那些為日本軍國主義者侵略鄰國而戰死的軍政人員，指那
些自殺和被判處死刑的戰犯，其中包括首相東條英機、陸軍大將板
桓征四郎、土肥原賢二、松井石根等；松井石根是南京大屠殺的元
凶，他們都是甲級戰犯。[4]根據王書所言，從靖國神社建立到二次
大戰日本戰敗，靖國神社的「英靈」一直受到天皇的親拜，即受到
國家、政府的祭奠。日本在二次大戰戰敗後，停止了天皇和政府官
員的參拜。一九七五年，首相三木武夫以私人身分參拜靖國神社，

4　南京大屠殺是集體的大規模的殺戮中國人民，與德國希特拉屠殺猶太
　　人沒有兩樣。筆者買了南京大屠殺的紀錄的 DVD，看了幾幕便把播
　　放機關掉，不能看下去了。有些日本人竟否定這個鐵證如山的屠殺事
　　件，說為是虛構的。這的確是漫天的謊言。他們竟向日本的年輕一代
　　隱瞞這樁事實，以為假的事實說得多了，便成為真的事實，真是可笑
　　得很。

重開了以國家官員身分（在任的）參拜的惡例。一九八五年，中曾根康弘以首相的身分正式參拜靖國神社。此後歷屆首相大部分都率領閣僚對靖國神社進行公式參拜。這不但違反了現行日本國憲法「政教分離」的原則，而且也間接否定了日本作為戰敗國的戰爭責任。

王書又說，靖國神社不是孤立的問題，它與日本文部省（教育部）修改歷史教科書問題有關。一些頑劣的日本人把日本對東亞的侵略說成是「把東亞從西方列強手中解放出來」的「解放戰爭」，歪曲和否認侵略中國的日本軍人的暴行，鼓吹「南京大屠殺虛構論」，把慰安婦問題詭辯為「婦女是自願」，都關聯在一起。這些日本人刻意淡化日本的這些罪行，重建大和的民族意識。這是不能解決問題的。日本政府一日不坦承這些罪行，便一日不能與東亞國家建立友好的關係。長遠來說，這對日本人民與文化毫無好處，「共榮」云云，只是空想而已。

附記：有人說京都學派與神道教有關。對於這種說法，我想來想去都想不通。兩者有甚麼交集呢？就文獻學而言，就我閱讀所及，未有發現京都哲學家的著作提及神道教。從義理、思想來說，京都學派在哪方面受到神道教的影響呢？或者說，在思想上，京都學派在哪一個問題或觀點上與神道教相通呢？我只能說，京都學派與神道教都是日本的思想。但這樣說並未表示甚麼。「有關」應不是在這種層次上說的。

第十三章
薩滿教的傳承與作法

一、薩滿教的傳承內容和原理

　　眾所周知，宗教有古有今，依時代的不同，文化背景的多元性格和民眾對自然世界的各別的看法與詮釋，種種宗教派便應運而生。不過，宗教派別的出現，通常是迷信的宗教派別出現較早，愈後出現的宗教派別，其理性水平則愈高。佛教、印度教、基督教和下面要闡釋的沒有宗教儀式但有宗教功能、作用的儒家與道家，以至京都學派，理性程度都是相當高而不太有迷信成分的宗教。而最原始的宗教形式，則非薩滿教（Shamanism）莫屬。這種宗教含有非常濃厚的迷信成分。甚麼是迷信呢？我們可以作初步的理解：對於多種問題，或是自然世界的現象，或是人間的現象，不依循理性或科學去謀求解決，卻求救於神靈，以很原始的、素樸的方式去與神靈溝通，希望神靈能以同情心、慈悲心去幫助解決。這便是迷信。當然，向神靈求助，自然不免要以種種食物與飲料作貢物、祭品，甚至以生人來作祭。當事人是假設了種種神靈有程度不同的超人的力量，也具有意志、欲望，甚至有貪念。這便是迷信。在眾多

具有迷信性格的宗教中，薩滿教是比較有代表性的。

　　「薩滿」（Shaman）本來是阿爾泰（Altai）語系中的字眼，是一種專業掌管宗教事務特別是與神靈溝通、向神靈求助的人。一般所謂「巫」或「覡」庶幾近之，指一些好玩弄巫術的人。詳細言之，「薩滿」是通古斯語的音譯。「薩滿」的讀法，最早出現於南宋歷史學家徐夢華寫的《三朝北盟匯編》中，其中提到「珊蠻者，女真語巫嫗也，以其通變如神，粘罕之下皆莫能及」字眼。「珊蠻」是後來依音譯改為「薩滿」的。在此之後，「薩滿」的叫法便一直在中國典籍中被引及，並慢慢為世界各國所引用，以Shamanism 表示這種宗教實踐形式。

　　根據郭淑雲、王宏剛所編寫的《活著的薩滿：中國薩滿教》一書，我們先從在中國古代發展出來的薩滿教說起。薩滿教包含很多原始文化的蹤跡，它匯集了北方（有時也來自南方）民族的起始的思想、文學、藝術、民風、歷史事象等的活動資訊，也牽涉到天文、地理、醫學科學知識（也有非科學的成分），也提供種種生活技術，如漁獵、畜牧、交通、工藝等項目。特別在精神、想法方面，這種原始宗教包含很多先民在漫長的歷史演進中形成的想像、意識以至思維的心理學的內容，展示出多元的原始文化的現象，可以說是研究早期人類生活的一種「活生生的化石」。

　　就精神（寬鬆的精神意義）一面說，薩滿教表現出存在於氏族間的對抗外敵的集體主義精神、尚武精神與對抗大自然的現象的勇氣與鬥志。要了解北方的原始文化發展的面貌，非要從薩滿教的宗教現象開始不可，起碼不能忽略薩滿教的宗教生活。這便是薩滿教的宗教信仰和文化意識。

　　有一點要注意的是，由於科學資訊傳播的發展，薩滿教漸漸從區域性的宗教文化現象解放開來，成為國際的研究早期人的人文科學的搶手學科。一方面，薩滿教從地域性轉向國際性的信仰系統；另方面，現代文明的急遽發展，不能不淘汰了一些薩滿教的不合時宜的宗教內涵，使之變成了歷史的、宗教的陳跡，不再具有現實生活的價值。這是薩滿教普遍發展的研究所遇到的衝擊與困難。就中國的薩滿教的發展來看，這種情況並不算嚴重。這使中國薩滿教的生活文化具有一定程度的重要性。

　　實際上，在歷史、文化悠久的中國大地，薩滿信仰有廣大的發展領域。在歷史上，我國古代出現過的很多少數民族，如肅慎、挹婁、靺鞨、女真、匈奴、烏桓、鮮卑、柔然、高車、突厥等民族都是信仰薩滿教的。到現代薩滿教的發展，就整個地球的普遍情況來說仍然遼闊，它流行於北半球的溫帶與寒帶地區，從北歐、西伯利亞以至北美洲都有這種宗教的文化現象。在南美洲的原始地方也流行。在中國，它的主要出現地域是東北的黑龍江與吉林。特別是在滿族與鄂倫春等民族中，便流行這種宗教文化。在臺灣也有，在西藏則是棒教或苯教。在內蒙古則與喇嘛教結合而成新的混合形態。

　　所謂薩滿教的原理，便是指人間與神靈世界是可相通的，人間可以借助神靈的超自然的力量去解決一些重要的問題，例如天旱，可向神靈求助，讓雨水下降大地；即使是患有奇病怪疾，遍訪名醫都不能有療效的，都可以求神靈以神奇力量予以治療，讓病者恢復健康。這便得與神靈世界溝通，一般人沒有這種溝通的力量，只有薩滿教的巫或覡才有。這便是薩滿的文化現象、宗教現象。

　　一般人可能認為，人類的科學越發達，文明越提高，薩滿的原

理應會隨著比率逐漸消失，薩滿的文化現象應該沒有生存的空間而絕跡。但問題不是這樣簡單。若往深處看，薩滿原理與科學理性、道德理性並沒有正面的、密切的、必然的關聯。這種原理來自人的想像力以至幻想，也包含一種僥倖的心理，希望有問題時不必往深處鑽，而祈求只是花費一些金錢或貢品，便能得到外在的神靈的幫助，問題便得以解決。這種幻想、僥倖心理來自人的原始的經驗性格的墮性。人有構想力，或想像（Einbildungskraft, imagination），這構想力可向上昇華，發展出文學、音樂與藝術的偉大作品；但也會向下沉降，幻想出種種不合情理的景象，如長生不死的神仙世界，到處都擺設著金磚的房屋，加上僥倖的心理，希望不必付出代價便可以獲得這些東西。這是人性的問題。人有超越性，可以開拓出崇高的道德的、美學的世界；但也有經驗性跟隨在後面，不停在幻想面前出現著種種奇珍異寶、榮華富貴，希望自己不勞而獲得這些東西。如何去處理、克服這些幻想現象和僥倖心理，是一個非常棘手的問題，不是談談教育即便是道德教育便可以解決的。

在通俗的宗教的理解上，薩滿指在情緒上表現不正常的人，甚至是顛狂的人，或是患有瘋顛病症而不能自我控制、自我約束的人。他們是人的世界與鬼神的世界或陽間與陰間的媒介，能夠溝通兩界而為眾人服務，藉此以取得利潤以謀生的人，是職業性的。這種宗教無所謂教主，更無所謂基本文獻。

二、薩滿教的儀式

說到薩滿教的儀式，或薩滿的作法方式，有點嚴苛而不近人情。在這種儀式中，薩滿自然是主角，主要的動作，都是由他一個

人來表演。這有個名堂，叫「跳神」或「跳大神」，意思是神靈附體。薩滿通常都有他所崇拜的神靈，以這神靈為本尊，閒時便研究這本尊的性格、動作和所長，把這些都印記在心裏。以至於在他作法到了高峰，便喪失了自己的意識，他的自我暫時離開了他的身體，而由他的本尊占有了他的身體，借助他的口舌來說本尊自己的話。這正是「神靈附體」。一般民眾通常都相信他的話是有效的，特別是需要幫助的當事人。他求助的原因很多元，有疾病、家中發生巨變，譬如說山泥傾瀉，淹沒了整個房屋，導致家人傷亡；又有家人失蹤，不知應到哪處找他；又或失去一些貴重的東西，不知散落在何方，若是被人偷去，如何去把那個小偷找出來，向他討回失物。當事人相信那附體的神靈，亦即是薩滿的本尊，能替他解決這些問題。為了這些，他當然要付出一些錢財，送給相關的薩滿，作為服務費。聽說這些問題後，作為本尊的神靈借薩滿的口舌說話了。他說的話有時很難聽，聽不懂，這便需要一個人來翻譯，這個正是薩滿的助手。至於神靈的話有沒有效，那便很難說。不過，由於通常求助的人都是求治病的良方的，神靈便開一些藥方，甚至給一些符水，讓他喝掉，又去買到那些藥，煎來喝。通常這些都是山草藥，不會致病的，因此不會鬧出人命。通常都會有些效果，起碼在心理上能使病人的心安定下來，消除對疾病的猜疑與恐懼感。至於那個薩滿，在達到神靈附體的階段之前，如何作法呢？如何實踐呢？通常他會沿著周圍舞弄一番，又作些傷害自己的身體的動作，例如以刀刺自己的身體，以致肌肉流血；又爬上刀梯、躺在釘床上，讓自己受傷，但他會強忍著痛，表示他作為薩滿，畢竟與眾人不同。他是有神靈加持、保佑的。

很多年前我讀過李亦園寫的一本書，好像是《信仰與文化》，其中有一專章是講述薩滿教的作法的，和我在這裏所說的有點相同。他把薩滿稱為「乩童」或「童乩」，因為他們在童年時期便開始接受培養、訓練。怎麼發現、發掘這些童年的後生呢？這是老乩童的工作，他是在一大堆兒童中，留意那些神情古怪的、發白日夢的、有點顛狂傾向的少年，把他們集合起來，加以嚴格的訓練，以便將來承接衣缽。書中提到乩童（年輕的薩滿）在作法時，在場地遊走、舞弄一番，頗有些激動駭人的意味。這樣舞弄了半天，便靜下來，一時成為啞巴，也失去意識（清醒的意識），讓他的本尊占有他的身體，借他的口舌說法。甚麼人能成為本尊呢？通常都是出現於怪異小說的人物，如《封神榜》的哪吒、《西遊記》的牛魔王，等等。他們都傾向選取一些非歷史的人物作本尊。

筆者過往有一段時間在加拿大做高級研究，參與輔助一些宗教的課程，其中有一兩講是有關薩滿教的作法儀式的。教授（Prof. David Kinsley）播放出一段描劃南美洲秘魯一個山區的薩滿教的作法儀式。有關的薩滿在圍滿人群的場地中亂叫亂跳，也唱些不知是甚麼意味的顛狂的歌，然後突然竄到一個觀眾的面前，彎身拼命用舌頭舐那個滿腳是泥的觀眾的腳趾。肉麻之極，讓人嘔心。未看完我便走了。

上面說，薩滿是一種巫或覡。巫是女性，覡是男性。不管是男是女，他們所表現的動作，都是巫術。高國藩寫了一部《中國巫術史》的大書，很有參考價值。他首先指出，巫術是巫師作法的活動，這不是魔術，不同於現在在遊樂場中的耍魔術。在原始時期，人類缺乏有關大自然的知識，更不具有對付大自然帶來種種災難的

方法，因而對於大自然的種種變化現象不免有敬畏的感情，例如風雨雷電、山崩地震之屬。他們相信有一種超自然的（supernatural）力量在支配大自然的變化，例如神靈、神祇的力量。人們為了生存，不得不以貧弱的大自然的知識來構思一些法術來對付大自然。這種法術便是所謂「巫術」。同時，人們也相信大自然的種種現象的背後都各各有神靈管理的，有些專門的人能夠以某種神秘的方法與那些神靈溝通，向他們請求幫助，解決由自然現象帶來的災禍的問題。這些有關法術或溝通神靈的作法便被稱為「巫術」，而施行這些法術、作法的人，則被稱為「巫師」。

巫術基本上有三種：超自然力巫術、原始神靈巫術和神仙鬼怪巫術。一切巫術都由巫師來掌管、施教，目的是要取悅自然與神靈的歡心，得到他們的信賴和幫助，滿足人們的欲望。如河水泛濫便請河神封水，天旱則請雨神降雨。和薩滿巫術有最密切關係的，則是由巫師作法，祈求神靈治病。

第十四章　神話與宗教

　　上面一章我們提及人的構想力或想像，那是想像力向人生的負面方面的作用，最後引致人的迷信行為與僥倖心理，造成對於文化的創造與發展。這個問題是需要注視的，但由於它的根源在於人的本性，亦即是人性。要解決這個問題，需要對人性問題作全盤的省思。即便是迷信行為與僥倖心理是經驗性格，在原則上可以被改造，轉識成智，但在實踐的具體做法方面，是毫不簡單的。關於這點，我們只能討論到這裏。以下我們看與這構想力或想像有密切關聯的神話問題。

一、神話是一種宗教

　　倘若我們不對宗教的定義抓得很緊，則神話也可說是一種宗教。不同民族由於其文化背景的不同，因而產生不同的、多元的神話故事。但這些神話有一共通點，就是初民知識未豐，科學未發展，對大自然的種種現象如風吹雨打、雷響電擊、河水泛濫、山泥傾瀉、地震海嘯，只感到驚異，不知如何應付。西方哲學說哲學起於驚異，也應包括這些有災難性的現象在內。人們的知識與科學的水平不高，不知道這些現象的來龍去脈，更不要說防禦解決了。最後便以為這些現象都是由神來支配的。因而在生活中便離不開神，

而神與人、自然之間便連在一起，其中也包含向神祭祀的宗教性的活動。這些事情，被編織為故事，便成為神話，研究這方面的學問，便成為神話學（mythology）。在這些神話的背後，其實也有人的主體性在裏頭，他是想透過想像，設計一些機緣，讓自然現象能夠被克服、被支配。這些都反映在人類早期的藝術或美學作品中，如詩歌、繪畫、舞蹈和音樂。屈原的《楚辭》中的〈天問〉、〈九歌〉、〈離騷〉等篇便是明顯的例子。神話與薩滿教不同，後者有很濃烈的迷信成分在內；神話自然免不了迷信，但它的重點不在此，它的載體，如上述的詩歌、音樂等，都是經過提煉的，富有美學的、藝術的價值。

進一步說，在神話中，我們會看到古代的人對神的態度，或是拜祭，或是畏懼，或是內心要與神連合在一起。在這些神話中，很多是說及人與自然的對決、對命運的抗爭、對暴力的反叛、對疾病的容忍與治療、對死亡的恐懼與超克（超越與克服）。這些都具有濃厚的宗教意味。倘若我們以終極關懷來說宗教，則這些都不乏終極關懷的旨趣。

有人說神話是人的精神發展的童年階段，隨著科學、哲學和社會學的發展漸趨衰退而慢慢停頓下來。這是只知其一而不知其二的想法。神話的起源，除了人對大自然的不同現象感到驚異而覺得自己力量微弱，難以對付外，人自身本來便有一種不屈服、不認輸的豪情壯志；時代變動，人所遭遇到的問題也會變動。即便遇到極嚴重的自然事故，如能夠引致大災難的地震與海嘯，人總是不會屈服的，他總是要對大自然進行抗爭。即便抗爭失敗，人不會因此而罷手，向大自然稱臣。他總會憑藉其豐富的想像力，去描劃對大自然

的不屈不撓的意志，在這種情況，神話便有發展的空間了。神話具有一種安定人心的作用，藉此爭取更多的時間，積極地在科學上鑽研，找尋應付大自然的妙方良藥。神話具有提供給人的希望的作用；人心不死，希望便會持續下去。在對付大自然的侵襲方面，科學自是扮演主角的、積極的角式，神話則是它的後援。它能穩住人的意志與耐性，讓他能夠持續地與大自然周旋下去。不能求得應付大自然的積極的、有效的辦法、途徑，人是不會罷休的，不會放棄的。

二、神話中人對於命運的抗爭

劉城淮在他的《中國上古神話》一書中，提到在神話學中，神話的發展可分為三個階段：一是自然性神話階段；二是自然社會性神話階段；三是社會性神話階段。自然性神話階段以描寫自然現象為主，這亦是最有驚異的感覺的年代。人對自然現象的認識不多，因此很多時順著這些自然現象幻想下去，描劃出人在周圍環境中，如何渴望有奇蹟出現，以減低自然對他所做成的壓力。自然社會性神話則以描寫在人中不時出現一些英雄人物，如何在自然世界中掙扎求存，進而憑著自己的堅挺不屈的鬥志，在大自然中殺出一條血路。如盤古開天劈地，女媧煉石補天。社會性神話則描述人的社會生活，包括氏族之間的矛盾、衝突、戰爭。如黃帝大戰蚩尤，最後擊敗後者。

倘若接受這神話三階段的說法，則第二種的自然社會性神話應是最具有宗教性，而第三種的社會性神話的神話性最為薄弱，其宗教意義也較淡。另外，自然社會性神話中，人的英雄形象最為鮮

明，這主要表現於他不屈從於自然為他安排的命運，他要與命運爭持、對決，找出自己的理想的道路。在宗教中，神的存在與活動是不能免的，但宗教意義並不一定要看是否有人向神膜拜、順服的情節來裁定。一些神或神靈，若是一味壓抑人，威嚇人，不讓他實現理想，向終極關懷的目標探索與邁步，人大可以不屈服，而與祂抗爭，以至於死。對於終極關懷的生死相許，便可以說宗教性。

中國的神話大體上可以說是屬於這第二種的自然社會性神話。《山海經》所記載的夸父逐日的故事，很能展示人對於終極關懷的生死相許的宗教精神。夸父是人的祖先，他看到太陽刻刻地離去（可能是太陽下山），他理解到人如沒有太陽，便會墮入黑暗的深淵中，最後死亡。於是他要追逐太陽，跟太陽賽跑。在他快趕上太陽的那一瞬間，由於跑得太累了，口渴得很，因而拼命喝水、喝乾了黃河、渭河的水，又向著大海奔跑。可惜在到達大海之前，便感口渴疲累而死。在他死前，他把一直帶在身邊的拐杖拋向空中，結果拐杖化為一個大森林，讓許多人能在森林下得到蔭護，而避免渴死。在這個神話中，夸父被描述為一個英雄人物，因為心繫萬千蒼生，要把太陽截住，不讓離去。可惜壯志未酬，丟了性命。死前還拋出拐杖，化作鬱鬱蒼蒼的大森林，造福後人。

希臘是西方盛產神話的國家，裏面很多神話故事都被拍成電影。我手頭便有一張 DVD 名為「泰坦族的衝突」（Clash of the Titans）。泰坦族（Titans）在希臘神話是一個巨人的部族。這張 DVD 描寫主角柏修斯（Perseus）這個英雄人物對諸神進行抗爭，不讓人們在諸神的鎮壓、威脅下生存。他是宇宙之神宙斯（Zeus）和達娜雅（Danaë）所生的兒子，是半人半神的種族的性格。他處

身於人對諸王的抗爭，而諸王又與諸神抗爭。而諸神的相互爭鬥會帶來世界的浩劫。人們會在這種鬥爭中死亡。這便是預先安排好的人的命運。而冥王黑帝斯（Hades）又到處肆虐，橫行無忌。他是陰間的不斷要復仇的神，要把大地轉變成地獄。柏修斯為了對抗冥王黑帝斯，不讓他從宙斯手中取得權力，讓大地變成地獄這種命運出現，他奮起抗爭，與凶殘的黑帝斯、諸方魔怪和猛獸對決，又殺死致命的女怪歌根·墨都莎（Gorgon Medusa），擊退龐然大物的海怪。最後為民除害，締造自己的命運。重要的是，在這場生死戰中，柏修斯不是以半人半神的身分，而是以凡人的身分贏得勝利的。

三、死亡與終極理想

人必有死。但死或死亡是否表示整個生命存在便終了，便壽終正寢呢？這是宗教最關心的問題，神話也不例外。就中國的神話來看，問題可不簡單。人的肉身的臭皮囊，是生滅法，終畢會完結，死亡。但人還有精神生命，那是永恆的、具有終極性的生命。如何開展、開拓這種生命，是人的終極關懷問題。王孝廉在他的《中國的神話世界》一書中，把中國神話的死亡觀與中國小說的原型回歸模式作過比較，他認為兩者在形態上非常相似，特別是在死亡與原型回歸模式中的「歷劫」一點上。這種原型回歸的模式，可分為三個階段：原始、歷劫與回歸。原始與回歸不難理解，我們要注意的是「歷劫」。即是說，我們要上十字架，經歷刀山火海，大死一番，才能獲得新生。這歷劫便是死亡。人必須先死而後生；精神的、永恆的生命的達致，需要以肉身生命的死亡來換取。

中國神話中的死亡，正是小說中的這種歷劫，這也可說是一個

煉獄。當事人必須先經歷這個煉獄，以死亡作為取得新生的契機，才能回歸到神話的生命亦即是本來的永恆生命中去。王孝廉在他的書中引述神話學家泰勒（E. B. Tylor）在他的《原始文化》（*Primitive Culture*）一書中的一段話如下：

> 古代人認為，為了使一個狀態產生變化，首先必須破壞原有的現狀，由現狀而破壞而產生和引導出另一個新的狀態。因此對古代人而言，死亡不是生命的終了，而是到達再生的過渡，在原始宗教信仰中常見的是靈魂轉生的信仰，死去的靈魂轉化為人、動物或者植物而使原來的生命得以繼續。

這裏的「破壞原有的現狀」和「產生和引導出另一個新的狀態」分別指述死亡與新生，這表示對舊有的制度與煉獄的克服與突破，而開拓出一個新的精神空間。這新的精神空間，常被賦與無窮的價值。在這個意義下，死亡與新生甚至可以不指兩回事，而是指一回事的前後兩個歷程，死亡只是新生的前奏而已。這樣看，死亡可以被視為可被忍受和接受的自然事實，人們可以以無比的勇氣與企盼，去面對死亡。

以下我們舉一個這樣性格的神話來例示一下。這便是所謂「精衛填海」。按《山海經》有如下記載：

> 發鳩之山，其上多柘木。有鳥焉，其狀如烏，文首，白喙，赤足，名曰精衛，其名自詨（同叫）。是炎帝之少女，名曰女娃。女娃游於東海，溺而不返，故為精衛，常銜西山之木

石以湮於東海。

即是說，太陽神炎帝有一個女兒，名叫女娃。有一天，女娃駕著一只小船，到東海遊玩，不幸海上起了風濤，把小船打翻，女娃因此淹死海中，永不回來。但女娃不甘心就此死去，其靈魂化成一只小鳥，名叫「精衛」。精衛長著花腦袋，白嘴殼，紅腳爪，有點像烏鴉。她恨無情的大海奪去了自己的生命，因此常常從發鳩山銜一粒小石或木樹枝，飛到東海，把石子或樹枝投下去，想把大海填平。精衛往復飛翔，從來不休息，直到今天，還是做著這種工作。

這簡直是愚公移山的志氣，而且還只是一只小鳥，比不上愚公有子子孫孫幫忙。很明顯，我們不能從實效來看這段神話，而應從象徵意義看。即是說，精衛銜木石填海，象徵著無比充實飽滿的志氣與毅力。女娃本不重要，她的溺死，亦是尋常事，但作為精衛銜木石以填海的契機，便不尋常了。在這種鍥而不捨的事業中，精衛展示出無比的精神價值。新生應在這方面被了解與被肯定。在這裏，宗教的意義便顯露出來。不管環境如何惡劣，所需時間如何長久，這不是精衛所擔憂的事。它只知道面前有一個終極的理想，便是要把大海填平。這不是時間的量的問題，而是宗教的質方面的問題。結果如何，並不重要，把意志堅持下去，永不放棄，才是最重要的。這讓人想起儒家的「知其不可而為之」的激昂鬥志。

四、神話的宗教功能

上面提到神話是一種。這裏我們要作進一步的闡釋。我們說神話是宗教，或與宗教有密切的關係，是神話時常可以奉行宗教的任

務，或乾脆說神話具有宗教功能，這有點像本書下面所說的儒學與道家都具有宗教的功能那樣。考古史家楊寬便說神話源於宗教。倘若就思維方式來說，則可以說，神話是族群中最原初的思維方式，是在一種渾沌狀態的思維方式。在這種狀態中，宗教、哲學、科學、藝術、道德的成分或內容都混合在一起，沒有清楚的界線。

在神話的階段，人類面對著萬物：花草樹木、山河大地，有一種驚異的感覺，以為它們都像自己一樣，具有感覺，所謂「有靈」。此中有諸種關係存在：人與神的關係、人與天的關係與人與祖先的關係。在其中，人與神的關係最為明顯，因此雙方需要有一種溝通、交流，這便讓巫術有了存在的契機，透過巫術，人可以向神或神靈提出要求，這些要求都是關聯著自身的終極意義、終極目標，這是一種終極關懷的要求，這便開拓出一種具有宗教性格的活動，亦即是典儀節祭，這是一種宗教現象。這也讓神話與宗教分不出界線來，兩者可以說是民間信仰和社會文化的兩個面相，是同一的事情的兩個面相。而由於天地萬物是有靈的，因而也具有意志與情感，天神與地母都是有人格性的，兩方合起來掌管天地萬物、種種自然現象。陰表示天神的怒，晴表示天神的喜；豐收表示地母的施予，歉收則表示地母的制裁。而在人的禮拜中，也包含著崇拜在內：精靈崇拜、自然崇拜、圖騰崇拜、動植物崇拜、祖先崇拜。在這些崇拜中，神話與宗教便混合起來，成為一體了。這些崇拜有時也包含道德倫理的意涵。如「神喻」便相當於神靈或祖靈在道德倫常方面的喻示；「神判」則表示神話式的規範或裁決。神判也可被視為對於神喻的延續、補充，是進一步的行動。

道德倫理或道德倫常在神話中常有相當重的分量，起碼早期的

神話是如此，後來才漸漸被淡化下來。這表現於善與惡雙方的爭持，最後善方得到勝利，這也是一般民眾的期待。在許多神話中，都離不開善神與惡神的爭鬥。在外國的《創世紀》中有分別代表善惡兩方的白與黑兩個系列的神靈的爭鬥。在中文典籍中，黃帝與蚩尤也分別代表善方與惡方的神靈的生死對決。結果黃帝打敗蚩尤，取得最後勝利，同時也創造了指南車，符合一般人的道德要求、宗教要求。在善與惡的神靈的生死爭鬥中，人總是期待善方得勝，惡方敗陣的。神靈的善惡，其實正是人自己的善惡觀的投射，只是雙方通過宗教的方式把這觀點或意識表達出來而已。

第十五章 所謂民間宗教

一、民間宗教及其特色

在宗教學上，通常有世界宗教與民間宗教的分別。前者超越國界、種族、政治模式、文化和古今時間，而為普遍的宗教。後者則是世界上各不同族類、部落、區域的宗教，富有民俗特色；而且類別繁多，一個國家可以由很多行省構成，而行省中又分若干區域，每一區域都可以有其自身的宗教崇拜的習俗。從字眼上來說，民間宗教來自民間，也在民間中發展而流行起來，為民間一般老百性所樂於接受，而生活於其中。世界宗教通常具有創教者、根本文獻或經籍、明文定下的教義和教規、僧侶團體或教會組織，可以同時為許多國家接受。最後還要具有一套有系統的、完整的宗教理論，有相當高的理性和水平。一般來說，世界宗教流行比較長久，所影響的領域比較廣遠。上面所說及的基督教、佛教、回教，是典型的世界宗教；印度教由於教徒眾多，印度教徒也散居於世界各地，可以勉強視之為一種世界宗教。另外一點是，民間宗教不是作為政治上王權或其他象徵世襲權力的國家宗教，例如日本的神道教，特別是國家神道。

以下，我們總括民間宗教的特色。一、民間宗教的內容非常多

元，那是由於它們各自由不同的地域、民眾發展出來。因此沒有所謂固定不變的內容。現前的某一民間宗教是由遠古年代發展出來的，將來它也會因應社區的發展、部族的活動方式的不同而會繼續向前發展、轉進。變化是難免的。不過，有一點是可以確定的、不會改變的：百姓求的是心理上的安穩、平靜，在滿足他們的宗教習俗的需求，他們都會容受外面不同的因素。傳統的宗教固定會容受、繼承，即使是外來的宗教內涵，他們都會樂意收容、接納。這是民間宗教的可貴之處；它們持開放的心情、態度，兼收並蓄。二、民間宗教即便是有教義和規條，都是非常淺白易懂和易於遵循實行的。此中沒有高深艱澀的觀念和理論。同時，這些教義與規條都是與人民的生活有密切的關聯，因而易於流傳。三、民間宗教與跟它們相連的傳統文化、歷史發展常常是息息相關的，因而有很明顯的地區的、土著的色彩。許多傑出的民族英雄、關心人民疾苦的官員和愛國人士，都會被擺放到祭壇上，供人民膜拜。如關公、岳飛、文天祥等英勇人物，有時會成為眾人崇敬、禮拜的對象。這不必是偶像崇拜，而是人民對過往忠烈之士的懷念與仰慕。四、民間宗教由於切近民眾，因而具有濃厚的民俗性格。我國民間所流行的節日與風土習俗，例如中秋節、端午節、乞巧節和張貼門神，都具有豐富而多元的民間風俗的面貌。五、這是最顯著的一點，民間宗教起自草根階層，流行於閱讀不多、知識不廣的民眾中，因而內容與性質極為純樸。一切天體的、自然的事物，都是崇拜的對象。祖先的崇拜與祭祀，更是不可不提的。人由自己現前的存在狀態，追溯歷代祖先，以一種慎終追遠的意識，可把家族的傳宗接代現象視為永恆生命的昭示。由此可影響對死亡的看法。人的死亡，並不表

示生命的斷絕，而是可通過子子孫孫，無限地接續下去，此中有一種非常重要的宗教意義。終極關懷便可以就這種傳宗接代的永恆意義說。

二、民間的佛教信仰

　　中國本來便是一個多民族的國家，除漢族外，其他主要的民族有滿族、蒙古族、回族、苗族、藏族等，古代則有匈奴、鮮卑、氐、羌、羯等，每個族類都有自身的宗教信仰，其中大多是民間宗教。自東漢以來，又傳入佛教。這種宗教深入人心，特別其中的觀音信仰、淨土信仰與密教修法，更是民眾喜聞樂知而得以廣泛地發展的宗教信仰、民間的宗教信仰。

　　按佛教最初從印度傳過來，由於在義理上與傳統的儒學與道家不同，道家的末流又發展為道教。佛教與它們碰上，由於陌生感，不易為人所明白，故初期中國人採用格義的模式，以傳統的儒、道觀念比附佛教。即是，在傳統的儒學與道家的思想中，抽取表面上意思相近的觀念來比附佛教的觀念，以取得佛教與儒學、道家在思想上的親和關係，讓佛教更容易為中國民眾所理解和接受。如以道家的「無」去比擬佛教的「空」，以「本無」來比附佛教的「真如」，以「無為」、「自然」來比擬佛教的「涅槃」、「自在」，以儒學的「天道」、「天命」、「天」來說佛教的「真實」，以道教的「守一」實踐來解讀佛教的「禪定」實踐。《高僧傳》中便說：「以經中事數擬配外書，為生解之例，謂之格義。」「經」指佛經、佛典，「外書」指儒、道文獻。這種理解方式似是而非，欠缺精確性（precision）。儒學和老子是實體主義，莊子和佛教是非

實體主義，立場不同，怎能隨意拿一些觀念來比附呢？（或者應該較精審地這樣說，道家的老子與莊子的基本立場是非實體主義，但老子有實體主義的傾向）在佛教傳入中國的最初階段，知此者不多。即使是這樣，佛教的教義與儀式仍只限於上層的士大夫階級與知識分子之間，未能在民間廣為流傳。其後佛教大體上朝兩個矢向發展：其一是注重教義、義理的，向哲學、思辯方面發展，經繼承印度佛教方面的涅槃思想、般若思想與中觀學的涅槃宗與三論宗而開拓出具有中國人的思維特性的天台宗、華嚴宗與禪宗。其二則流向通俗方面發展，其義理簡單而易於了解，實踐方面亦是容易推行，又具有民間的色彩，這便形成淨土與密教的民間信仰。在這裏，我要聚焦在以淨土宗為主脈發展出來的民間宗教、民間信仰。其中包括觀世音信仰、彌陀信仰與彌勒信仰。其中尤以觀世音信仰最為民眾所喜聞樂見而參予。

「觀世音」是梵文 Avalokiteśvara 的中文名字，省稱為「觀音」，祂在教中的名稱為「觀音菩薩」。在佛教中，祂是阿彌陀佛的弟子，其修行境界為菩薩。按佛教把諸眾生依其功德與修行分為十重：佛、菩薩、緣覺、聲聞、天、人、阿修羅、畜牲、餓鬼、地獄。佛是最高，菩薩居次。其實菩薩早已具備成佛的資具，只是祂要留在世間，普渡眾生，不肯馬上成佛，所謂「留惑潤生」也。惑即是煩惱。菩薩故意在自己的生命中留下一些煩惱，並未全部去除，目的是要保有菩薩的身體，以便多與眾生溝通，若成了佛，便證入涅槃，不能那麼容易親近眾生了。觀音是中國人心目中最慈悲而容易接近的神靈，其後轉為女神，保有濃厚的母性。每當人在災難中，孤苦無告，不能憑自己的力量而自救，解決困難，便會求助

於觀音菩薩。當念起「觀音菩薩」名號的聲音，觀音菩薩就會即時顯現，救苦救難。祂是一個具大慈大悲的崇高胸懷的救星，同時也具足深厚的法力，能驅魔降妖。所謂「大慈與一切眾生樂，大悲拔一切眾生苦」，這便是慈悲的由來。慈是與眾生樂，悲是拔眾生苦。便是具有這個背景和心腸，觀音得以普遍地成為民間禮拜的對象。在來源方面，觀音原來是印度某族國王的女兒，名為「妙善」。她篤信佛教，父王不喜，把她逐出王宮。後來父王害病，妙善捨身相救。父王感其孝行，便也篤信佛教，成為虔誠的佛教徒。

按觀音以普渡眾生為當務之急，為了解救眾生，祂可以現身為各種不同的形象，以增強與眾生的親和關係，為眾生宣講佛法，這樣可以獲得殊勝的效果。《觀世音菩薩普門品》有如下說法：

> 應以長者生得渡者，即現長者身而為說法；應以居士身得渡者，即現居士身而為說法；應以宰官身得渡者，即現宰官身而為說法。

實際上，觀音可現身為三十三種形象，即「三十三身」。[1]在一些密教的文獻中，載有「六觀音」的不同形象，這即是十一面觀音、馬頭觀音、不空羂索觀音、如意輪觀音、準提觀音、千手觀音。另外，觀音也能應一些特殊的民眾的要求，讓他們的願望能實現。希望有子女的父母，可向送子觀音禮拜，要求子嗣，送子觀音也能善

---

[1] 日本京都市有「三十三間堂」，內置有三十三個觀音形象，即與此有關。

加回應,讓他們得償所願。

　　至於阿彌陀佛信仰,或彌陀信仰,如所周知,阿彌陀佛是淨土宗的教主,祂一直在西方極遙遠的一個極樂國土中說法。這個國土一切都是清淨無染的。在裏面修行的人,都是善知識,有極高的道德與宗教情操,都在專心修習淨土道,越是努力修道,便越接近佛的覺悟,最後因圓果滿,便能成覺悟,得解脫,入涅槃而成佛。而淨土的環境亦非常殊勝,地面是用金磚砌成,亭臺樓閣,都裝飾得清雅而華貴,清風吹過,它們四邊所繫著的金鈴,便會叮噹作響,奏出美妙而富有華彩的樂章。路途平坦,兩旁寶樹成行,都長滿豐富的果物,行人餓時,可以隨便在身旁的樹上摘下來吃,果汁甘香甜美。另外,淨土中並無凶猛噬人的惡獸,都是純良的動物。空中眾鳥不斷飛翔,自由自在,唱出吱吱的樂音,十分悅耳。根據經典所說,能往生到這西方淨土中居住的人,由於所碰到的都是殊勝因緣,再加上內裏的善知識的正確而善良的指引,故學問和涵養都能迅速進展,最後很有希望成道、成佛。

　　阿彌陀佛雖然天天在這西方極樂淨土說法,但祂對億萬里之遙的地球上受苦受難的無量數的眾生,每一刻仍是念之繫之的。一般民眾凡夫,倘若發心動念,要往生西方極樂淨土而念佛,方便修行而成佛,阿彌陀佛都能感應到,會以大慈大悲之心,助引他們往生淨土,俾易於修行而成佛。即便是罪惡貫盈的歹徒,倘若真能悔過,痛改前非,阿彌陀佛亦會體會他們的真誠,對他們加以包容,發大悲大願,引領他們往生淨土,讓他們成為一個君子,進而自我提升,矢志修習,最後得圓覺悟成佛之果。這個意思,一般人都易明白。但他們需無條件地放棄自己的主體性,把整個生命存在委付

與他力大能的阿彌陀佛，順從祂來安排自己的命運，所謂「委身他力」，這便不那麼容易辦到了。故作為易行道的淨土教，也有它的困難處，不像一般人想像的輕鬆。

另外一種佛教的宗教信仰是彌勒佛信仰。這種信仰有文獻依據，在幾種大乘經典中都可以看到，如《彌勒成佛經》、《彌勒下生經》、《彌勒下生成佛經》，還有《觀彌勒菩薩上生兜率天》。據一些佛教文獻所載，彌勒仍不是佛，而是菩薩。現在釋迦牟尼佛還是在這個世界或娑婆世界說法，這釋迦牟尼佛是就法身說，不是就色身說。他在兩千多年前都已捨身入寂了、火化或荼毗了。彌勒是繼釋迦佛之後下生為人間的佛，所以我們稱祂為彌勒佛或彌勒菩薩，或稱「未來佛」。祂現在在兜率天（Tuṣita），釋迦佛的任務完結，祂便會下凡而為佛，接替釋迦佛，為眾生說法，成為現世的教主。彌勒信仰在中國和日本民間廣為流傳，因為祂有未來的意義（由未來佛推演出來），會為百姓帶來來世的希望。據佛教文獻所載，彌勒本來是有婆羅門的血脈，來自南印度，後來成為釋迦佛的弟子。在他命終的時候，往生到兜率天而成為兜率天的教主。這兜率天和淨土一樣，都是極樂的天國。在世間能夠修習多種清淨功德，持齋守戒，一心稱念彌勒名號的眾生，命終之後可以往生到兜率天，皈依彌勒菩薩。到底彌勒在兜率天要經過多少時間才會下生到人間來呢？據說是在五十六億萬年之後來到凡間，在龍華樹下成佛。到了那個時候，社會會安定下來，沒有爭執，國家政治清明，人民安居樂業，五穀收成豐富。在那個時點，彌勒會主持盛大的法會，超渡億萬眾生。一般民眾正是樂得生活在這種環境，故生起彌勒信仰，有錢財的則願意成為彌勒的護法。

第十六章　神祇禮拜

　　在上面講神話與民間宗教時，有提及對於神靈或神祇的崇拜或禮拜。在這裏我們要以一專章來探討這個問題，而且主要以中國方面所流行的神祇禮拜來取譬。不過，這裏先強調一點，不管是哪些地區所奉行的神祇禮拜，這些活動總會有一個前提：被禮拜的對象，都具有靈魂或鬼魂，即便是我們的祖先，也不能例外。因此，人的死亡，只是肉身停止了運作而已，他的靈魂仍會有自家的活動。如何活動呢？這活動的方式，非常多元，視有關的民眾的宗教信仰背景和習俗風尚的不同而定。在世界多個地區或國家中，中國方面的神祇禮拜，有多個面相或活動方式，例如祖先禮拜、喪祭禮儀和自然禮拜之屬。中國人也會憑其豐富的、多面的想像力，對神祇世界有其獨特看法。例如《西遊記》，我們可以看到天上或天宮存在著種種色色的神祇，如玉皇大帝、王母娘娘、太上老君、赤腳大仙、哪吒三太子、守衛著南天門的大將軍，甚至二郎神和跟他形影不離的動物哮天犬，非常熱鬧。

一、祖先禮拜

　　先說祖先禮拜。祖先指我們的先人，他們離開這個世界後，人們相信他們並未有完全消失，只是到了另一個世界而已，而且在保

祐我們，出入平安。祖先禮拜是一種慎終追遠的活動，表示我們對先人的孝心。由我們現前一代開始，順推上面的列宗列祖，而下開下面的子子孫孫，這可以形成一個串聯，一切家族的成員緊密地連繫在一起，不會間斷。這表示生命的永恆延續，宗教意義便可從這裏說起。不過，祖先禮拜不是最先出現的。最先出現的是圖騰禮拜，也可以把祖先禮拜納入其中。圖騰禮拜的對象，原本是動物，人也是動物中的一種。其後隨著氏族社會的出現、形成與開展，圖騰禮拜變得沒有那麼重要，最後為祖先禮拜所取代。本來各家族或部落都有自身的圖騰標記，後來家族、部落往來頻密，時有你爭我奪的現象發生，這些圖騰標記的價值漸漸不受重視，而祖先禮拜則不斷流行。人們內心常盼望他們的祖先的靈魂會注意他們，在必要時出手幫助，提供庇蔭之所。因此他們熱心祭祀祖先，漸漸形成一種稱為「立尸像神」的活動。在這種活動中，有活人打扮成祖先的形象，據於神主的坐位，供家族成員祭祀。這些活人便是所謂尸。在祭祀中，有人會請尸用飯，和向尸敬酒，象徵祖先神祇都能接納祭品，祭祀便於然形成了。這種祭祀有一種頗為獨特的意涵：家人在這種活動中，會覺得過去的祖先神祇是具體性格的，能現出具體的、立體的形象，他們的存在還是持續著，而且在周圍庇護著家人。這樣，雙方的距離便縮短了，祖先神祇並不是虛無漂渺的、一無所是的。

二、喪禮與葬禮

以下看喪禮跟葬禮。人死便要施行喪禮，入土為安也要有一定的規矩來安葬，讓死者能安心地離去。儒家甚至強調要守三年之

喪。宗教信仰流行的地方,喪跟葬都有一定的宗教儀式,有時也很花錢。一般來說,所有宗教幾乎都認定人死不是甚麼也煙消雲散,人是有靈魂或鬼魂的。西方很多宗教都認證人是有靈魂的,對於這些亡靈,我們是要尊重,不能讓他到處飄蕩,要好好安置他。東方的印度教和佛教更有輪迴之說,因而出現人死後靈魂會在其他生命軀體上受胎而生,讓生命能夠延續下去的現象。特別是,靈魂是生命的主體,如何去處理靈魂,一直都是宗教活動的核心。

在一般的民間宗教之中,一般人都會相信,人的靈魂或鬼魂具有超乎常人的能力,能夠做出很多殊勝的事情,活著的人是察覺不到的。他對人的行為還有一種監管的作用,人行善行則賞之,做惡事則罰之。人與鬼魂需要保持一種諧和的、協調的關係,故喪禮和葬禮是不可少的。人死後,他的亡魂能夠認得死前的身體和死後的屍體,也會附隨在屍體上,故我們要認真處理屍體,不能隨便把它拋擲到荒野中,讓其他動物拿來吃,拿來充飢。因此,要採取一些有效的方法保護屍體,這便發明了棺槨或棺材,把死者的屍體安放於其中,並埋在風水殊勝的地方。另外,把死者的屍體放入棺材中,要遵行入殮的儀式,然後送葬。這整個程序便是殯。還有所謂奠,以供祭死者。

喪禮與葬禮,有時很難區別開來。現代人死了,家屬多數會委託殯儀館辦理喪事,在館中設靈堂,供死者生前的親友來致哀,擺放輓聯或鮮花,在靈堂有人主持追思和公祭程序,由與死者的親友和有學養的人宣讀祭文,又有瞻仰遺容,讓參予喪禮致哀人士見死者最後一面。最後由死者的家屬和全體治喪委員向客人致謝意。一切完畢,負責人會替死者蓋上棺蓋,運往外面以行葬禮。死者若有

宗教信仰，例如佛教，其家人有時會請出家人到靈堂誦經唸佛，以超度亡魂，讓它有個好的歸處。有時更會請高僧為死者封棺說法，以淨水灑向死者身體，增長後者的功德。有時又有死者所仕的教育機構（如大學）派出學生代表若干人在靈堂吟歌獻唱，哀悼和讚揚死者。

隨著時光飛逝，人的生活變得多元而繁忙，喪禮會適度地改變儀式。例如家屬一向行守靈儀式，夜間不回家歇息，而待在靈堂與死者共同渡過最後的時刻。有時死者家屬若健康狀態欠佳，或太多事務煩身，便會自行返家休息，讓年輕一輩代守靈堂。

至於葬送死者的方式，傳統一直是採取土葬，家人擇定一塊福土，把死者連同棺木下葬，並依時來致祭，以表孝心，也不讓死者長年感到孤單寂寞。但現代由於社會經濟轉型，葬地不足，因而漸由土葬改為火葬，死者家人會伴著靈車一齊來到火葬場，把死者與棺木一併推下火葬，把剩餘的死者的骨灰奉回家中安置，或安放於佛門寺院，由僧人定時誦經禮拜，讓死者安息。

除了上面說及的土葬和火葬外，有些區域施行其他葬法，如西藏人行天葬，印度人行水葬之類。所謂天葬是把死者的身體，放置於郊野無人會到的處所，任憑鳥獸取食。水葬是把屍體放在木筏或能漂浮的東西上，讓它在神聖的恆河河面漂浮，水流到哪裏，木筏也順著流向哪裏。死者的家屬便不管了。此中的寓意是，恆河是聖河，死者在其上漂流，被視為一種福德，結果如何，可以不過問了。

最有意義的一種葬法，是死者或其家屬大愛無私地捐獻出死者身體上有用的器官，讓急需者能夠受用，俾能保住生命。器官取出

後，便進行火葬。這種葬法表示死者及其家屬能捨己為人，表現一種深厚的道德情操。人已死了，屍體若歸黃土，倒不如把它獻出來，取出有用的器官，讓等著急救的病人能得到這器官，繼續生存下去。但家屬未必贊同這樣做。即便是火葬，也要保持完整的屍體。這則涉及道德的、宗教的教育了。

三、神祇禮拜

第三種神祇禮拜，是自然神祇禮拜。這種禮拜盛行於農業國家，與大自然有密切關係的地區。人類初期，由於體能脆弱，不如其他猛獸飛鳥，能適應和迴避一些劇烈的自然現象，如洪水、山火，他們不期然地有一種想法或共識，以為人本來是由自然來主宰、安排其命運的。對於種種不同的自然現象，都以為有神祇在背後主持、主宰的。人們為了要生存，不為洪水、山火所侵襲而掉失了性命，因此便不得不討好那些神祇，希望他們能手下留情，祭祀是其中有效的方法，起碼最初他們是這樣想。這樣，人對自然神祇的信仰與禮拜，以至祭祀，便成為他們的宗教生命中的一項重要的活動了。這種祭祀有多種方式：祭天、祭地、祭山嶽、祭社稷等。所用的祭品也是多元的，有牛、羊、豬、穀粒等。所祭祀的神祇，亦有多種，如日神祇、月神祇、星神祇、風、雨、雷、電神祇。一般的祭神祇的方式，以歌舞為主。在所祭祀的神祇中，最普遍的，從實用的角度看，是雨神祇。人們相信，雨神祇控制天雨的收歇與發放。特別是農村的地方，農田靠雨水來滋潤、生長，沒有雨水，農田便鬧乾旱，呈龜裂狀，穀物不能生長，收成也無從說起。故被最普遍祭祀的神祇，是雨神祇。

　　祭河神祇也是一種流行的自然神祇禮拜，其中以祭河神祇最受注意，特別是祭黃河的神祇。黃河是中國古代文化的發祥地，流經中原的核心地帶；由於河水經常泛濫成災，讓人無法在田野作業。沒有作業，便不能有收成，會導致嚴重的飢荒現象。因此要認真祭祀黃河神祇，甚至要用活人祭祀，所謂「河伯娶婦」。關於這一點，司馬遷在其《史記》中也有闡述。依《史記》的記載，在魏文侯時期，西門豹被委派到稱為「鄴」一地方當縣令，他很關心民間疾苦，是一個好官。當時有人告訴他：巫師與地方官員勾結，提出「河伯娶婦」的口號，藉著河伯要娶妻的事，每年都向老百姓斂取財物，讓老百姓感到十分困惑。西門豹洞悉巫師心中有鬼，便在首次主持河伯娶婦的宗教儀式上，宣說所選取的婦女不夠好，便命人把巫師硬投入河中，讓河伯知道娶婦事件要延期，另外找取較好的女子再行投入河中。這便讓老百姓知道河伯娶婦是一個騙局，只是巫師伺機向他們貪索金銀財帛而已。這個奸計被拆破後，西門豹竟成了人盡皆知的為民除害的理性官員。爾後也沒有人提及河神祇娶婦的事。由此可見黃河泛濫災情的嚴重性，和人民對作為一惡神祇的河伯的畏懼。祭祀河神祇的確是當時各地的一件宗教性格的大事。

第十七章 儒學的宗教功能

一、問題與相關點的提出

以上我們探討了古今中外多種宗教。這些宗教一般來說都有創教的人物、確定的基本文獻、信徒甚至是固定的組織，如基督教的教會、佛教的僧伽。也有一定的宗教的禮拜儀式。但宗教是不是一定要具有這些條件或要素呢？倘若有一種哲學，特別是倫理學或形而上學，它所探討的中心課題，涉及終極關懷，也有有關學說的倡導者和基本文獻，是實踐性格的學問，緊扣著人與宇宙的關係，以回歸、歸向宇宙，讓我們可以依之而得以安身立命的，也牽涉到一些禮拜的實踐。只是不具有確定的信仰儀式和教會、僧伽組織。這樣的學問，具有宗教的功能，能不能視為一種宗教呢？這樣的學問、學說，實是呼之欲出，這便是儒學。這裏不妨乾脆把問題說清楚：儒學是不是一種宗教？事實上，有很多人都提過這個問題，而且作了不少的探討。但眾說紛紜，總是各說各的，沒有一種共識。我在這裏也不得不就上述的有關宗教的問題和世界上多種宗教的闡述，提出個人的見解。我的想法和結論，也沒有甚麼新奇之處，事實上也頗有一些人已經提出過。我的意思是，倘若我們不對宗教抓得太緊，以一種寬鬆的角度來說，單就安身立命，連繫著我們的終

極關懷來看，儒學頗有這方面的意涵或功能，我們可視儒學為一種宗教，進而稱之為「儒教」。

　　近年研究儒學的風氣很盛行，特別是大陸方面，有多家孔子學院設立，在外國也有成立，而且越來越多。很多人認為儒學已擺脫了上世紀一、二十年代以來被視為落後的封建主義的表徵，它實有其內在的價值。特別是，有人提出，近現代東亞地區如日本、南韓、臺灣、香港和新加坡在經濟上急遽地提升，以至中國大陸的和平崛起，都與儒學所倡導的積極的奮鬥精神與務實的處事態度（起碼就與佛教與道家比較而言）有關。例如刻苦耐勞、奮發不懈的工作態度與核心價值。我個人則不大以為然。日本的工業興起與民主政治現代化在明治年間已經啟動，到第二次世界大戰後奮發圖強，成為世界第二大經濟體系（到近年才為中國大陸所超越），都與儒學談不上有直接關聯。日本作為一個島國，四面環海，沒有甚麼天然資源，這些問題不是儒學所強調的奮勇精進的精神所易於解決的，這主要是善巧地汲取西方國家的科學文明和民主政體所致。在教育與學術研究方面，日本人並不重視包含儒學在內的中國文化。在意識形態方面，日本人倒是傾向歐陸特別是德國方面的。

　　至於南韓、臺灣和新加坡，南韓頗能吸收儒學的核心價值，展現出唐代與明代的中國文化的痕跡。新加坡則頗有一段時期推行儒家教育，在學術研究上重視儒學的思想。這三個地區的經濟發展能持續地保持下來（臺灣在近年表現不佳，那是朝野內耗得厲害所致），主要得力於強人政治。南韓的朴正熙、全斗煥、臺灣的蔣經國和新加坡的李光耀都是政治上的強人，各級官員在他們的統領下，頗能把一切有關能力凝聚起來，共同謀求經濟上的發展。中國

大陸的一黨專政的鐵腕政治，也頗有強人統治的效應。今天廣州市政府發出限制摩托車進入市區，違者會受罰，明天真的在街道上就看不到有摩托車在馬路上行走了。這是限制自由而行法治的結果。極權政治或強人政府往往會有這樣的效應。它本身合不合理，是否具有存在、維持下去的價值，那是另外的問題。

香港的經濟繁榮，與儒學更拉不上關係。那是英國人以經驗主義的務實政策來管治的結果。政府機關又設有廉政公署，專門肅貪制腐。官員得以上下一心，創造出經濟奇蹟。另外一個重要因素是來自中國大陸，後者在對香港的貿易，一向都施與優惠待遇。香港人不但不重視儒學，也不關心中國文化。有錢人家通常都會送子女入讀國際學校。希望子女將來能放洋，到歐美各國留學。他們仍具有濃烈的崇洋的意識形態。這種現象持續到一九九七年。此後香港回歸中國，成為一國兩制的統治特區。但經濟不斷下滑，樓市高漲，貧富懸殊。香港這一一國兩制的統治特區是商業性格的，實用意識濃厚，與儒學的知其不可而為之的理想主義相去甚遠。

二、內聖的宗教意涵與外王的嚴重失衡

回返到儒學與宗教的關係問題。儒學分三期發展：先秦儒學、宋明儒學與當代新儒學。先秦方面，大家都尊孔子為儒學的創始者，孟子與荀子繼之。宋明儒學則以程頤、朱熹、陸九淵和王陽明為代表。當代新儒學則有熊十力、梁漱溟、唐君毅和牟宗三為代表。基本文獻則是《論語》、《孟子》、《大學》、《中庸》四書。另外，孔子又曾刪訂六經：《易》、《詩》、《書》、《禮》、《樂》和《春秋》。文獻方面大體上是這樣。又孔子雖是

儒家學派的諦造者，他又尊崇周公，以恢復、重建周代文化為理想。宋代以前，儒學重視禮樂文制，故周、孔並稱；宋代以後，則重視哲學義理，故孔、孟並稱。

孔子與孟子都重視道德的人性論，這種人性是一種道德理性。他們很重視這種道德理性的人性需要在日常的生活實踐中展示開來，這便涉及工夫或工夫論的問題。在生活實踐的展示方面，道德理性或道德主體有多方的、多元的成績，例如仁、義、禮、智、信、誠，也可以是文、行、忠、信。不同的氣稟、性格的人，會展示出不同的道德行為。這在《論語》中有多種說法，除了上面所列舉的外，還可表現為智、仁、勇，或是忠、恕等等。這主要是就自己的身心涵養來說，是為己、證成自己的德性的工夫。這便是所謂內聖。能達致一種充實飽滿狀態，便能成聖成賢。這是內在的，是京都學派所謂的「己事究明」。儒學認為，內聖固然重要，但人的生命存在的活動，不是單個人的，而是牽涉到家、國方面的。即是說，人要在自我方面作工夫，修心養性；還要向外面開拓，以自己的修心養性所成就的功德為基礎，把這些功德推廣到外面去，在社會、國家以至天下方面散發開去，建功立業，使這些功德能在外面產生影響，開花結果。把自己融入於家、國、天下之中，由主體或主觀精神拓展為具有客體意義的客觀精神方面去。所謂太上有立德，其次有立功，然後是立言。立功便是外王方面的事業。內聖外王合起來，便成就了儒學所講的整全的人格世界。內聖主要是致力於個人的道德實踐，外王則是把內聖推展開去，參予國家與社會的事業，在客觀文制方面有所建樹。《大學》所說的格物、致知、誠意、正心、修身，是內聖的工夫，齊家、治國、平天下則是向外王

方面的拓展。這「內聖」、「外王」的字眼，雖最早見於《莊子》〈天下篇〉，但用來說儒學的道德理性的自我證成與向外面拓展的人格理想，倒是非常合適的。先秦的儒家人物中，除了孔子、孟子意識到內聖外王的型範外，荀子在這方面特別是外王方面也著力甚深，他的書《荀子》便盛發外王文制的學問，在〈隆禮〉一篇中已清楚展示出來了。

　　另外，孔子和孟子也強調道德主體與客觀的天道或天命的道體的一體的關係，以成天人合一的終極理想。孔子的天道觀念並不是那麼明朗，孟子則提出「盡心知性知天」、「存心養性事天」。於是我們的道德主體、道德理性便在內容上與天道、天命結為一體，心的形而上學的意義便突顯出來，當代新儒學的牟宗三便依此建立「無限心」的觀念，進一步開拓出道德形上學。孔孟的天道、天命思想經《中庸》而發展為宋明儒學。《中庸》提出「天命之謂性，率性之謂道，修道之謂教」，擺出一條明確的工夫論的途徑：在教育方面修習道德主體、道德理性，再由道德理性拓展開去，以承接宇宙萬物的本性。這本性不但是一存有論的觀念，也具有道德的意涵。再由性追溯而至天道、天命。天命具足動感，它不會待在一個地區而停滯下來，卻是恆常地在作用、活動中，它能流行，流行到哪裏，便成為那裏的事物的本性。這樣也釋放出天命的宇宙論的意味。這種道德主體的存有論、宇宙論的形而上學的旨趣，到了宋明儒學，大大得以作進一步的發展。周敦頤講誠體，程明道講天理，張載講氣、太虛，朱子講理，陸九淵講本心，王陽明講良知，都是順著道德形上學的思路發展出來的觀念，都具有終極真理義。宗教即可在這對作為終極真理的天道、天命、天理的歸向、融合的脈絡

下說。至於儀式方面，儒學雖然沒有固定的、成規性的宗教儀式，但它很強調道德的實踐，由這道德的實踐開展，而向外開拓，最後可達於天人合一的境界，這天人合一正相應於印度教所說的「梵我一如」的旨趣。關於這方面的實踐命題，儒者一直以來都是很重視的。上面提到的孟子講的「盡心知性知天」的盡心，即是要我們從切近的自己的主體性做起，即是從道德意義的惻隱之心做起，直下順著道德良知去做。在心方面做到了，再擴而充之，使這種德性心的實踐遍及於家國天下。孔子以「克己復禮」來說行仁，這是再具體不過的道德實踐，關於這點，我們會在下面有進一步的討論。儒學的道德實踐發展至宋明時代，儒者就不同的方式來說實踐。程明道提出靜觀萬物。周濂溪提以誠為工夫的核心，此誠即是心之誠。王陽明格竹，雖然無效，但他把焦點集中在「致良知」上。良知即是心的良知，直指道德的主體性，他強調良知需要開拓，在世界中實現。朱子參究中和問題，亦是一種工夫論的體證，但比較費力。最明顯的說法，莫如胡五峰提出的「以心著性」。此心既是道德義的真心，也可是形而上學義的本心，但應以前者為主。我們如何能體證人之性、天道呢？胡氏提出以心的工夫為出發點，在心的實踐中來昭示、著明性體之道。性是抽象的，心是具體的、親切的。由心做起，不是很切近麼？心具有鮮明的動感，由心的反省落腳，先穩定主體特別是道德主體一面，再進而擴充之，而至於性，以至於天道、天命。這不是很自然的實踐嗎？到了最後，還是不離解決安身立命的問題。而安身立命，正是人的終極關懷的事情。西方現象學大師海德格（M. Heidegger）所提的「此在」（Dasein），也有以心著性的旨趣。此在即是要努力著手作工夫之點，是一個具體的

機括。

上面提到，儒學有兩個矢向：內聖與外王。在先秦時期，孔子、孟子、荀子都很重視內聖的工夫，在外王方面便有所疏略。不過，也不是完全不說。例如孔子講六藝的教學內容：禮、樂、射、御、書、數，把禮放在帶頭的位置，表示對客觀文制、禮儀的尊重。同時，孔子自己也曾做過魯國的司寇，表現出優良的政績，整頓刑律，可惜為時不久。他跟孟子也曾先後周遊列國，希望能說服諸侯，接受他們的治國理念，這表示他們自己有一套治國的策略，可惜不為諸侯採用，才退而講學，培養人才。當代新儒學家馬一浮便非常重視六藝，他提出文化自心性中流出的原則性命題。此中，文化便表現於六藝之中，而心性即是道德的理性。一切文化創造，都應該是內部的道德理性向外的開拓、發展。荀子則最重視禮儀文制，把禮樂放在客觀的文化制度的最高位置。到了宋明時期，儒學發展的重心，幾乎完全放在內聖方面，教人如何成為聖賢。外王的講習完全失衡。其間雖有王陽明平宸濠之亂，表現軍功，但畢竟影響不大。只是到了明末年間，才有顧炎武、王船山、黃宗羲等人反思儒學的缺失，認為儒學在對政治制度的外王開拓方面完全失衡，無所用心。[1]南宋葉水心與陳同甫提出外王事功的重要性，但為朱子所辯駁、批判，以道德判斷壓倒歷史判斷。清初以後，便再無人著力於這個問題了。

到了當代新儒學，牟宗三積極研究外王的問題，而開拓出「新

---

[1]　在這方面的重要著作有：顧炎武《日知錄》、王船山《宋論》、黃宗羲《黃書》、《明夷待訪錄》。

外王」的說法。他提出中國歷史上只有治道而無政道，沒有客觀有效的法制以處理政權轉移的問題，只依循環的革命與造反的原則，這都是要流血的，造成人民的重大傷亡，文化成果也受到摧毀，國家元氣要從頭開始培養。他嚴格地批判儒學只有理性的內容的表現而沒有外延的表現，只有理性的運用表現而沒有架構表現，後者是科學研究與民主政治的根基。儒學一直都是把關心聚焦在德性的講習，而疏忽了客觀文制、政治制度的開拓。只重視發揚道德主體而輕視了知性主體。因此，他提出要以道德良知的自我坎陷以開出認知主體與政治主體，以吸納西方的科學與民主精神。在一九五八年元旦唐君毅、牟宗三、徐復觀、張君勱諸先生聯署發表〈為中國文化敬告世界人士宣言〉，也談及中國文化過分強調道德理性而忽略認知理性的流弊，提出解決的途徑：道德理性暫時退隱，讓知性主體作出充量的發展，獨領風騷，開拓出科學研究與民主政治，再回歸向道德理性。中國文化要這樣開新返本，才能與世界文化的潮流接軌。熊十力也在大陸出版《原儒》一書，也著力於儒學的客觀文制的開拓。[2]

三、仁德與天道的合一

　　以上是就內聖外王整體來看儒學的精神方向及其內部的調整。

---

[2]　熊十力也很重視六經所指涉的客觀文制與禮樂之教，這在他的《讀經示要》和《原儒》二書中可以見到。但他對歷史、文獻方面頗有疏失，致其說不具有說服力。但他對於政制的改革，還是念之繫之的。徐復觀對民主、自由、人權等問題，也是很關心的。這都是傳統儒學所未及注意的。

以下我們返回儒學的宗教功能一問題。儒學的最重要的人物是孔子，而孔子的思想也是儒學中最親切和最具有生活氣息的。因此我要把探討的著力點集中在孔子身上。

　　毋庸置疑，孔子思想的最重要觀念是仁。仁是一種內在的道德自覺、公而忘私的精神。我們自覺地成就自己，建立自己的人格；同時也成就他人，幫助他人建立其人格，所謂「己欲立而立人，己欲達而達人」，這便是仁。仁的具體的實踐原則，是克己復禮。己是一己的私欲私利，對自己過分關心，致忘記他人的幸福，這便構成我執、自我中心主義。禮則表示客觀的道德規範，和以道德規範為根基而樹立起來的一切文制。所謂博文約禮，這禮有一種約制自己的私欲私利之心，不使之泛濫，而危及他人的權益的意思。一個人能超越與克服自己的欲念，和個人的利害考慮，而依循客觀的道德規範而生活，成就眾人的公義，便是克己復禮，便是仁。孔子強調「唯仁者能好人，能惡人」，也表示相同意思。即是，我們的價值判斷，要從公正、平等出發，遠離一切徇私的行為，一切判斷都要對理對事不對人，不追隨自己的利益起舞，才是正確的、站得住的、有效的。不然的話，便會隨著流俗的見利忘義的欺詐的惡行滾下去，所謂「巧言令色，鮮矣仁」。這樣的人便沒有希望了。

　　仁是發自自己的良心的不容已，自然流露，不文過飾非，不作假，對自己忠誠，對別人也忠誠。這種良心有普遍性、絕對性與無限性。它不單是一種人德，也是一種天德。即是說，仁不單具有主觀的意義，也具有客觀的意義，以至超越的意義。它是主觀精神，也是客觀精神、絕對精神。這客觀的、絕對的、超越的意義，表示仁是與形而上的天道、天理、天命相貫通的，而且是內容上相貫

通。即是說，人的主體與天道的客體，都具有同一的本質，它們之間的不同，只是分際上的不同而已，二者是同一體性、同體的。人即依於這仁的德性，與天地萬物在精神上結為一體。關於這點，孔子自己便有一種深刻的、存在的體驗。他表示自己在十五歲時便立志向學；三十歲時便確立了自己的生命方向、人生目標；四十歲時便能不動心，不為一切外在的感官對象、權力與地位所吸引與迷惑，而轉移自己的理想；五十歲時便能體證得天道，內心的仁德與天地宇宙的仁德契合無間；六十歲時便能去除個人主觀的偏見，從善如流，不堅持自己的主體性，去掉自我中心主義的我執；到七十歲便臻於化境，自在無礙，精純地與終極真理應合，無入而不自得。這便是孔子的修身歷程、心路歷程，對終極真理的體證。這表示在自己的道德實踐中，自覺到自己一己的仁德與絕對的天道的仁德有一種感通，甚至是連成一體，把自己的小我融入於宇宙天地的大我之中。這種體驗的極致的表現，是自己與天道在仁德方面統合而為一，自己的生命存在渾化於天地的德性的開拓中，這便是天人合一。這其實也是一種宗教的崇高廣大的境界，人在這境界中，已無一切生死、有無、善惡、福禍的二元對立關係，而克服生死，不生不死。莊子說的「外生死，通人我」，也不過是如此。到了這個階段，人的心靈全面敞開，通體透明，所謂「無限心」，便是在這裏說。孔子說：「知我者其天乎」，展示他的超越的意識；「逝者如斯乎，不舍晝夜」表示生命的動感性與永恆性。最後，他說：「朝聞道，夕死可矣」。這表示對於體道、體證終極真理，他是生

死相許的，是宗教精神的。[3]

　　天人合一的終極理想在孟子與宋明儒者中得到繼續發展，也充量地被開拓。如上面提過，孟子提出「盡心知性知天」的口號，這是一種充滿工夫論義的說法，表示若能充分證成這道德主體或道德心，便能了解人性，他是以惻隱之心、不忍人（不置身於他人的苦難之外而袖手旁觀）之心來說人的善性的。這是我們人的不同於一般的禽獸的關鍵之點。「人之所以異於禽獸者幾稀」，這幾稀便是指這惻隱之心的善性而言。若能了解並證成這惻隱的善性，則亦同

3　在儒學的宗師中，孔子是最為親切、最平易近人的。他的言教具有很濃厚的生活氣息。在他的日常生活中，你會發現他是既不平凡而又是平凡的一面。在教育方面，他採取靈活的手法，教育弟子如何去做一個有道德的人。一般人都注意到，他很能隨機施教。對於同一個問題，他會先考慮、考量問者的主觀狀況，而予以相應的開示，在這一點上，他的確是聖之時者。最明顯的是，他對弟子問如何實踐仁的德性，總是有不同的回應，殊勝地讓對方具體去實行，同時也改進了自己的不足之處。有時他說「克己復禮」，有時說「剛毅木訥」，有時要人盡量避免「巧言令色」，有時批評生徒的某種想法為不仁。最後一點，例如宰予以父母死要守三年之喪為繁複，不切實際，孔子勸他不要有這種不仁的想法，因為「子生三年，然後免於父母之懷」。即使真的去守三年之喪，也不必能報答父母養育的深恩。唐君毅先生寫《中國哲學原論》，討論到孔子思想，花了長篇大論和鋪陳許多形而上學、倫理學的深奧名相來講，給人一種孔子是大哲學家的思辨印象，減殺了孔子的親切的、平易近人的生活氣息，甚為可惜。倒是他早年寫的〈孔子與人格世界〉一文，頗能道出孔子平凡而又不平凡的生活三昧。筆者早年曾花過一段時間專心讀《論語》，對於孔子的溫柔敦厚的道德品格與誨人不倦的教育精神，有很深的感觸，可謂點滴在心頭，最後不免流起淚來。

時能了解並證成天道的惻隱的善性。人與天道之能有交集，以至相通的關係，便是立足於這善性上的。這種思想到了漢代便被邊緣化，漢儒提出氣化宇宙論來取代它，是思想發展上的大倒退。六朝玄學盛行，隋唐則有由印度傳來的佛教的發展與開拓，儒學得不到健康的、暢順的發展。到了宋代（北宋與南宋）才再受到知識分子的重視，他們要排拒道、釋的影響和障礙而回歸到孔子、孟子的原始儒學精神，接上道德主體與道德形上學的傳統。中間雖有不同的派別出現，如程朱派、陸王派，和此兩派之外而未有受到足夠的注意的透過本體宇宙論的思維而開拓出心與天道會歸於一的另外一個儒學的體系。此中的人物，如牟宗三先生所說，包括周濂溪、張橫渠、程明道、胡五峰與劉蕺山諸人。大體上，整個宋明儒學的導向都是要回歸到孔子、孟子時代的原始精神。那便是道德的心性論。但宋明儒者不以此為滿足，他們更要本於這種心性論而建立道德形上學。

四、儒學的超越意識

倘若我們說宗教要表現一種超越的境界，讓人可以去除一切苦痛煩惱而證得永恆的生命，則從上面的闡述，儒學的確具有超越意識，在這一層次上，它和其他宗教未有明顯的不同。但若以儀式、信徒及教會組織等偏重於現象方面的內容來說宗教的話，則儒學不能算是宗教。但它具有終極關心的課題和超越的意識，在現實上可以幫助眾人解決人的生、老、病、死的問題，引領人進入一種超越的、絕對的、無生無死的精神世界，則可說是一種宗教。我們不必把宗教這種牽涉及禮拜、儀式的活動抓得太死煞，則儒學的宗教意

涵義便無可懷疑。

　　宗教首先讓我們想到的，是人格意義的上帝觀念和對現實的個人自我與他人他我的人際連繫的超越關係。這兩點都與儒學有交集之處。孔子曾刪訂六經，他對經中的所說，應該是認同的。《詩》、《書》二經中便常有「皇皇上帝」、「對越上帝」、「上帝鑒汝，勿貳爾心」的說法，表示在人間生活之上，有超越的上帝在監臨著，故人不能夠任意為非作歹，否則便會招來懲罰。這裏用「對越」、「鑒」的字眼，更表示這上帝除了超越者外，還有人格神的意味，祂是有意志、願欲的。另外，「對越」字眼，也有外在之意，表示上帝以一個外在的、超越的裁判官，監臨我們生活的一切。

　　就孔子來說，他的仁、天或天道，無疑是超越性格的，但並不一定是外在的。他在《論語》中說：「我欲仁，斯仁至矣。」這表示個人要行仁道，要成為聖賢，只要自己有堅定不移的心念，憑自己的力量便足夠了，不求之於天，不必像基督教所說那樣，要向上帝誠心祈禱，懇求祂施與恩典。成仁成義，是自己修心養性的工夫上的事，不必求之於外。儒學的思維導向，是超越而內在的，不是超越而外在的。有些人認為「超越」與「內在」兩個概念在意思上有矛盾，不能合在一起說。不過，說儒學是超越而內在的，是就工夫論方面說，不是就存有論方面說。在工夫論上，我們人有內在的善性、良知，可證成超越的終極真理，如天命、天理，不用求助於他者如耶穌、阿彌陀佛之類。當然，求助於外力的他者，也不是說說便可以，你需要有懺悔之心，放棄自己的主體性，把自己的生命存在無條件地、虔敬地交付給外力的大能才行。有些基督徒並不

贊成儒學是超越而內在，基督教則是超越而外在的說法。這是從存有論的立場來說所致。他們不明白超越而內在的思維導向是徹頭徹尾、徹上徹下的工夫論的對無限的終極真理的體驗、證成的意味、旨趣。離開了工夫論而談超越者、超越理想，並無切身的意義，這不是生命的學問，也不能說宗教的終極關懷、生死相許。關於這點，我們在下面還有解說。

在這裏，我們還是扣緊生死的問題來探討。我們應先了解生死問題，特別是死，是表示自己的生命存在在現實的特別是現象的層次中消失，自己在人間被蒸發掉，離開了所有親愛的家人和好朋友，到一個陰深可怖的區域，接受嚴酷的審判和懲罰，種種苦痛煩惱像大海水一樣一浪接一浪地湧撲過來，讓你感到無比的孤獨與絕望，完全沒有前途可言，你會如何去應付呢？而現象世界對我們來說（對死者來說），也不復存在，因此死成了宗教在超越現象世界的形而上的區域的思想對象。儒學在這方面亦即是對死的超越上開拓出一廣大的精神空間。它強調「尊天敬祖」，便是要在這方面努力、著力的明顯例子。尊天敬祖的實際方面，其實際意涵是敬祖，或對先祖的祭祀。這種活動具有一象徵意義。即是，在拜祭祖先上，我們把自己的生命存在推源溯流，上推到多個世代的先人的生命存在方面去，這表示我們的生命存在是有來源的，來自遠古的先輩，我們是接續著這遠古的先輩而來到今生。我們自己百年之後表面上是消失了，死了，但還有子子孫孫，他們會像我們拜祭祖先一樣祭祀我們自己，這樣，生命會延續下去，不因我們在現世間死亡而停頓下來。這樣便形成一生命的長河，上有歷代先祖，下有百代子孫，我們是身處這長河的中間，生命不會斷絕。這便顯示出對死

的問題的超越。我們把眼光放遠一點，對死的問題看得透徹一點，不要只限於眼前的形軀的存在，說它的出現是生，它的離去是死。我們上承歷代先祖，下開百代子孫，生命存在的永恆性便可在這種脈絡下得以證成。這自然有對於百年寒暑的生死之身的超越的意涵在裏頭。說到底，在儒學的道德教育中，它要我們尊敬天、地、君、親、師，其中，天與地表示整個超越的宇宙，親包含歷代先祖，師表示文化慧命，這四者都有延續性，都具有超越的意義。

另外，我們也可以純粹從德性的不朽方面看。文天祥的〈臨刑衣帶贊〉中說：「孔曰成仁，孟曰取義，唯其義盡，所以仁至」，這種「殺身成仁，捨生取義」所展現的德性是不朽的，它的崇高的價值是不可計量的。它超越生老病死的不同的存在狀態，而臻於永恆不朽的精神境界。我們本著仁義德性的不朽性，把生死的有限性擺在前面，正可以把德性的價值對於個人生死的超越性突顯出來。西方人對於為正義而犧牲的殉道者，都承認對於道或終極真理有一宗教性的超越的信仰；儒學將仁義德性置於生死之上，如上面提過孔子的「朝聞道，夕死可矣」的說法，明顯地亦有一種宗教性格的超越的信仰在其中。

五、超越而內在的精神

上面探討過儒學的超越意識。這裏再深入地討論一下它的超越而內在的思維模式。西方的宗教精神或思維模式是超越而外在的。上帝是超越而外在的實體，是人的理性所不能理解的至高無上的全能者，更不能說要達致祂的境界，自身成為另一個上帝了。康德提出的實踐理性也沒有直接的作用，它只能使人擺脫由純粹理性處理

一些形而上學的觀念如上帝存在、自由意志和靈魂不朽而引致的弔詭（paradox, Antinomie）；雖然他在《論只在理性界限內的宗教》（*Die Religion innerhalb der Grenzen der bloßen Vernunft*）一書中表示耶穌和我們在本質上沒有不同，因而人可以成就耶穌所能成就的，我們不必藉助於耶穌而得救贖，但他只是暗示這個意思而已，只以低調的姿態提出來，他自己並沒有足夠的自信。他仍未能正面地、積極地申張上帝的超越的內在性。就正宗的基督教的信仰來說，上帝的內在性是不可能的。上帝是超越的，人是經驗的，後者不可能達致超越的境界，即使借助耶穌作為救世主，亦不可能。人最多可以做一個理想的基督徒，不能成為耶穌，更不能達致上帝的境界。人是有限的，上帝是無限的。這點分野是不能改的。我們人只能通過對上帝的無條件的信仰、依賴、誠心祈求、禱告，才能得到上帝的賜福、恩典。

儒學的宗教精神則是超越而內在的。天道或道體是存在於我們人的內心深處，作為我們的生命存在的最根本、最自然的終極基礎。天道或道體，作為精神的實體，需要透過我們自己的道德自覺、道德反省、道德實踐，通過人與人之間的互助互愛（即仁）所表現的共同的德性，才能充分地被證成。不然的話，天道或道體只能作為一種形式的可能性而存在於我們的生命中。人心與道心是相貫通的，二者的本質、內容是道德。從人處說是人心，從道處說是道心。透過與道心的相貫通的關係，人的具體生命雖是有限的，但其心靈卻可以上提而為無限的，因此我們可以就人而說無限心。再進一步，人自身便具有證成無限心的能力，不必委諸一個外在的、超越的他力大能，不管是上帝也好，阿彌陀佛也好。儒者常說「求

仁得仁」，和上面提到孔子說「我欲仁，斯仁至矣」，孟子也曾以四端例證人的超越而又內在的善性，都足以展示仁心的內在性、普遍性。依於此，就儒學來說，體證天道、天命或終極真理而成聖成賢，成就最高的人格，不是能不能的問題，而是意志的問題。志在於是便可為聖賢，志不在於是便只能為凡夫。

另外，儒家是強調即就現前的現實環境努力，以實現超越的理想的；即是內在於現前的現實環境，而不是外在於它的。而且儒家是著眼於日常生活的禮樂儀節與五倫秩序，一般人在這方面都有具體而親切的感覺。即是說，儒家的最高的道德理想和宗教理想是在人的基本情感和關係中建立起來的，它是要在平常中顯超越，在內在中顯外在。它不是要打破既有制度，從完全不同的環境中再建立一套新的制度，像基督教那樣，要在人間之外建立天國；又像佛教那樣，衝破原始的、自然的人與人的關係和社會結構，再以寺院為中心重新建造一個理想世界。它卻是要在最凡俗的人倫關係中、「百姓日用而不知」的環境中建造它的宗教意義的終極理想，它是要在平凡中顯不平凡的。

六、唐君毅先生以天德流行來說儒家的啟示

當代新儒學的重要代表人唐君毅先生在晚年寫有《生命存在與心靈境界》一鉅著，把古今一切思想體系統攝起來，判為三類九境。初三境指涉客觀的境界，中三境指涉主觀的境界。最後三境則指涉超越主客觀的境界；認為人的心靈能自覺到主客觀的對待性，因而要統攝而又超越這初三境與中三境，而指向一絕對的境界，這即是人的宗教精神的方向，其中為基督教、佛教與儒學或儒家。他

把基督教判為歸向一神境，佛教判為我法二空境，儒家則判為天德流行境。在這種對三教（家）的判釋中，展示出儒家與宗教的關係，極為深厚。這裏我們要引述唐先生的說法，對三教的比較以證成儒家的宗教功能。

唐先生認為儒家是從道德心靈作為立教的根基，希望透過道德人格的建立，不但能帶出理想的倫理道德社會，更使道德心靈能自我超升而成一絕對的道德精神，達到天人合德的理想。唐先生稱此境為天德流行境。

儒家比佛教與基督教更能重視生命存在與當今世界的價值。它把生命視為一連串活動，由生起至隱伏相續形成，生命能夠順應這一起一伏、一顯一隱的活動而不加以執取，可見儒家所謂的生命存在是一「生的相續歷程」。在這點上，唐先生指出這歷程具有「無定執，自超越」的特性。所謂「無定執」是指生命能不斷變化地順應流動的活動，「自超越」則是指透過這些活動的生成與隱伏，生命又能不斷地自我超越這些活動的限制。由此可見，儒家能正面地肯定人類生命的存在價值。

概括而言，儒家能肯定個體心靈的向善的普遍性，又能對生命存在與當今世界的存在價值加以正視而有一真正的認識，提出人要在生命的歷程中，盡心盡性，把內在的普遍地具足的德性發揮出來。這樣，在人德的成就中，必能見到天德的流行，最後臻於天人合德之境。

唐先生認為儒家能肯定生命及世界的存在價值，提出人應當本著他內在的德性，推廣開去，在世界中建立理想的道德人格，再與天方面互相感通，達致天人合一。

　　道德心靈的開拓，不應只限於人與人之間的互相感通，應超越世界的限制，而與絕對的道德精神互相融和、溝通。此中的基礎是，人既能透過道德生活而建立理想的道德人格，這道德人格也會對一切理想的道德人格生命有一愛敬而求感通之情。故道德心靈不會受其自身的限制，卻是要超越時間空間，與一切古今四海的道德人格精神互相感通又互相遙契。所以，唐先生謂儒家所強調的道德心靈至為高明、博厚、廣大、悠久。它不但能對一切道德人格有一敬愛之心，還能自我超升，把其他德性的存在都融攝於自家的生命心靈中。最後，這道德的生命心靈能自我超升至天德流行的境界。唐氏強調，道德生命與上天有一密切的關係，他以「破空而出，無無而有」表述之。所謂破空而出是指生命由現實上的無到現實上的有，它的存在是一創生的有；這生命之有，為天所無的，由此說明生命是一創生而獨立的個體。但另一方面，唐氏又提出無無而有，說明生命不是由虛無而來；「無無」表示無此虛無的無，這是從人類擁有的德性上而言。人天生便有向善的本性，這德性正是由根源的天而來，人德為天德所俱藏備足。因此，人要盡性盡德，才能與天互相感通。

　　從生命的「破空而出，無無而有」，可見人與天的關係是一相依相即而又相分相離的關係。人必須靠自我德性的發揮，才能重新與天結合起來。因此，儒家要人盡量發揮內在的德性，本著道德心的要求而自立命令，實踐道德生活，建立理想的道德人格，這便是所謂盡性立命之道。

　　唐先生提出人在盡性立命中，又能見天對人的道德命令，我們實可把天命視為人自身的生命內容，甚至人的本性。他認為人類生

命對所遇到的一切或順或逆的境況，應發掘它們的存在意義，使心
靈能對一切外境，自起一命令而行義所當為的事，亦即是發揮道德
生命，實踐道德生活。此外，人對自身的體質氣質內容，也應加以
反省，而求擅用之道，俾能與上天應合，如唐氏所言：

> 如人之自知其體弱，則求強之，體強，則知所以善用之。氣
> 質偏剛，則矯之使柔和，偏柔則矯之使剛強等。則天之生我
> 以為具某體質氣質之人，此體質氣質之自身，亦即能對我發
> 命令，如天之對我發命令，而我即亦同時以之為自命自令之
> 事也。[4]

這種生命內容可視為天的外命。再者，這個本著天的命令而自我命
令的本性也是由天而來。故本性的自我命令可理解為天的內命。這
樣便可說天命天性充盈於主觀、客觀的境界中，而使主客一體無
間。

最後，唐先生指出盡性立命之道，可分兩方面而言：一是靜以
自學，一是動以應務成物。[5]所謂靜以自學是一種修養工夫，使人
能保持本來心靈的善性。因為人的善的本性容易被外界事物、環境
或生活習慣所蒙蔽，不能顯露，不能實踐道德生活，阻礙心靈對絕
對精神實在的追求。故靜以自學的目的，是使人能保持一虛靜的

4　唐君毅著《生命存在與心靈境界》，臺北：臺灣學生書局，1986，頁
　　201。
5　同前註，頁 204-209。

心，不與外物接觸，以維持本來生而具有的純潔與清淨的性格。至於動以應務成物，是人回應天的外命而行的實踐工夫，天透過外物、外境而對人啟示；在人方面，應本著其道德心靈作自我反省，予以回應。因此生命應順承不同的外境，反省不同的天命，以實踐不同的道德行為。不過，人亦會遇上矛盾的外境，如生與義不可兼得的衝突情況，唐先生認為在這種情況下，人應發揮最高的德性表現，如殺身成仁、捨生取義。這是由於德性比自然生命更有價值。而且在殺身成仁、捨生取義當中，心靈能夠超越個體生命的限制，形成道德人格的圓滿性。這種德性表現能超越自然生命、世間的限制，與其他德性圓滿的道德心靈互相感通，更上通於天，與天德相契，這便是儒家的天德流行境。

綜合而言，儒家本於善性的發揮，最後能超升至天人合德的境界。這與基督教向上追求上帝的境界和佛教破除對世間的執著，可謂各有不同的精神方向，展示他們對絕對的精神實在有不同的理解與體會。

依唐先生，基督教強調人的罪性，對世界不能作一正面的肯定，因而把所追求的絕對的境界寄託在一全能的上帝之下。他以縱貫來概括基督教的思路：由於罪性深重，人的心靈力量薄弱，不能自救，故需從縱觀的向度，向上祈求上帝的恩典，以求得救贖。佛教視世界為一充滿苦痛煩惱的境域，人要通過佛性的覺悟，才能自求解放，達致涅槃之境。唐先生以橫觀來概括佛教的思路：由於人能自起一種智慧，以證真理，得解脫，又強調普渡眾生，故採取橫觀的向度，要破執證空，而得解脫，又要把解脫的樂果與他人分享。儒家則對人及世界有正面的肯定，認為人應盡量發揮其內在的

無盡的德性，而此德性亦需表現在人倫關係上，才有真切意義。唐先生又提出人德乃來自天德，人倫來自天倫，乃能成就天人合德的境界。他以順觀來概括儒家的思路：由於肯定人間與世界，承擔一切盡性立命之事，求在道德的自省中成己成物，故提出一順觀的思想向度，俾能順其道德生命的發展，與涵蘊著天命的世界事物的變化互相配合，使人德與天德互相融攝，以臻於天人合德。

上文我們已分別把唐先生對基督教、佛教和儒家的看法作一簡單的闡述，下文將分析唐氏何以判定儒家為最圓實，其次是佛教，再其次是基督教。要注意的是，在唐氏對三教的討論中，他把儒家的天德流行境、佛教的我法二空境及基督教的歸向一神境，在境界上都視為等同，三境實同時表現絕對的精神實在。可見唐氏的判教立論，不以三教所追求的境界的高低而判論，而是從三教在追求絕對的精神實在時所提出的不同的宗教精神方向處，判定三教的圓實程度。而這圓實，基本上是就對現實人生與世界的態度說。因為人的生活與文化的發展，都是從現實的人生與世界開始的。這是我們最根源的立足點。理想可以不同，但我們都是從腳踏著這大地開始的；而理想最後也要與這現實的大地關聯起來，才能涵有圓實的涵義。理想若遠離了現實的人生，遠離了大地，則縱使很高遠，也難說圓實。對於這點，唐先生也是很重視的。

唐先生以現實人生的角度出發，本著道德理性的立場，以觀三教的宗教的精神方向，而判三教的圓實性。他認為基督教不能正視現實人生的潛在力量，只看見罪性的人類和偶然存在的世界，以為人的道德心靈過於薄弱，不能夠從充滿罪惡的自身及世界中自救，故必要提出一縱觀的向度，認為要依靠一全能、全善的上帝，人類

才有可能自救，達到絕對精神實在的境界。

　　佛教則能正視現實的人生，也不捨棄世界，但它只見苦痛煩惱的人類和由因緣聚合而成的世界。不過，它認為人能自起一種智慧，破除我們對世界事物的執障，以證得真如心、如來心或佛性，又強調要普渡眾生。故它採取一種橫觀的向度，要在世間破執證空，使佛性得顯現而得解脫，同時要把解脫的樂果與他人分享，使他人同時也得解脫。不過，佛教所說的智慧，只能見到人類妄見妄執等負面的意義，對生命的正面功能，體會不足。故唐先生以為，佛教以智慧對治現實上的種種障礙，雖較基督教為充實，後者所說的智慧與心靈是薄弱的。但佛教的圓實處，不若儒家。

　　儒家則能正視人的潛質與世界的存在價值。它能建立人的善的本性和具有天命天意的世界。人的心靈不但能感受到有向善的傾向，同時能肯定世界，視之為實現善性價值的場所。唐氏認為儒家提出人要盡性立命，面對世界，當下承擔一切在世界盡性立命的事而無所怨尤，求在道德的自省中成己成物。所以儒家提出一順觀的思想向度，以為人應順其道德生命的發展過程，與涵蘊著天命的世間事物的變化互相配合，而使人德與天德互相溝通與融攝，最後臻於天人合德的境界。故儒家能正視現實人生與存在世界的價值，當下承擔德化人生與世界的責任，這種取向比佛教和基督教都更為圓實。

　　由此可見，唐先生是以對現實人生與世界的肯定與承擔，以人的道德理性、道德心靈的充實發展為本位而得出這樣的判教法。他極力推崇儒家，是很可理解的。不過，他對其他二家並無貶抑之意，他卻是很能正視、肯定其他宗教的存在價值。他認為儒、釋、

耶三種宗教的存在，可就人類生命的不同情況而各自發揮它的作用。例如基督教的存在是針對那些過分執著自我，而產生傲慢、自大心理的生命，和過分輕看自己，而產生軟弱無助感的生命而設。基督教作為一神的宗教，預設一個大我的上帝於小我的個體生命之前，透過對大我的倚靠，傲慢的人不得不收斂起來，而軟弱的人則會變得堅強。唐氏認為基督一神教是為了這些有這樣缺憾的人而設，故不可廢去。至於佛教，則可針對那些常自感生命是苦痛煩惱的人，他們卻不承認自我的薄弱，而希望靠自力去除掉這些苦痛煩惱。這些人擁有較高的心靈智慧。唐氏認為佛教正好對這種人提供一自救的途徑，俾能除掉種種障蔽，克服苦痛煩惱，臻於覺悟之域。至於儒家，則是針對那些能自我肯定，又自覺生命應有一絕對的形上根源，希望生命心靈能與此根源有一連繫的生命而設。而儒家提供的方法，是要人建立道德生命，發展人與人之間的道德倫理生活，最終便會感到一絕對的道德精神的存在。可見儒家是一安常處順之教，是為那些能正視生命，正視世界的人類心靈而施設的。

綜言之，唐先生對三教的判教，實有兩個標準：其一是就現實的人生與世界為出發點，能直下對這種現實加以肯定與承擔的，即判歸較高位置。故他特別推崇儒家，實無可厚非。儒家最能本著濃烈的道德意識，承擔一切盡性立命之事，在現世界當下實現價值，以成己成物。佛教視人生與世間充滿苦痛煩惱，要以種種實踐方法去除之，然後證取涅槃，已是隔了一層，故不如儒家。不過，佛教終能肯認自家有自救的能力，能自起智慧，掃除煩惱，較諸基督教以人為完全疲弱無力，現實世界無可留戀，而只寄望於上帝的恩典，冀能在天國得安頓，又勝了一籌。

　　唐先生隨即就與現實的關聯這一點而提出判三教的另一標準，這即是對現實人生的作用。他強調三教都能就人類生命的不同情況而各自發揮其作用，在這個標準下，他平觀三教，不作高下之分。具體言之，基督教可對治那些具有自慢與自卑的人，它作為一神的宗教，預設一個大我的上帝於個體生命之前，透過對這大我的對比與依賴，自慢的人要收斂，自卑的人會強化起來。佛教則是針對那些對生命的苦痛煩惱感到疲厭而又自信能除掉這苦痛煩惱的人而設。它能對這種人提供一自救的途徑，俾能除掉種種障蔽，克服苦痛煩惱，達覺悟之境。儒家則是針對那些能自我肯定，又自覺生命應有一絕對的形上根源而且希望與此根源有一連繫而設。儒家所提供的方法，是要人建立道德生命，發展人與人之間的道德倫理生活，最後契會那絕對的道德精神。

　　對於三教的針對三種不同的心靈而施設一點，唐先生關聯到有病與治病一比喻方面來。他認為基督教與佛教是針對有病患的人而施設，而儒家之立教則是針對那些病患較輕微或無疾病的人而施設的。他說：

　　　一神教中如耶穌傳能治病，救人之罪，即以人之罪，原是病也。釋迦稱大醫王，人之苦痛煩惱與執障，皆生命心靈中之病也。若直對治人之罪苦而設教，耶穌釋迦之教，亦有其足多者。此固皆不同於儒者之教，初為心靈生命病患輕或尚未大病之人設，其教要在使人由日用常行之易知易行者，以自致於極高明，致廣大，而非在去除生命心靈之病患於事先

者。[6]

既然三教都有治病的功能，而人的病情各各不同，同一人在不同時間亦可有不同病狀，故三教正可相資為用，互相配合。其關係不應是高下的關係，而應是在一配合眼光下的主從關係。關於這點，唐先生顯然是以儒家為主，以基督教與佛教為從，三者配合，則人一方面可本著儒家確立道德理性以立人極的尊嚴，又可吸收基督教言上帝的高明尊貴，配合佛教博厚慈悲的性格，以成三位一體。在這方面，唐先生說：

> 此儒者之天德流行境中之義，其更進於此二境者何在？此則非意在爭其高低，而在辨其主從，以興大教，立人極，以見太極；使此天人不二之道之本末始終，無所不貫，使人文之化成於天下，至於悠久無疆；而後一神教之高明配天，佛教之廣大配地，皆與前於道德實踐境中所論人間道德之尊嚴，合為三才之道，皆可並行不悖於此境。[7]

這樣，基督教的高明配天，佛教的廣大配地，儒家則立根於人倫。天地人合為三才，可成一圓極境界。

唐先生既以天地人三才來說三教，復又用《大乘起信論》的體大、相大、用大所謂三大來說三教。他認為上帝為掌握一切權能的

6　同前註，頁 213-214。
7　同前註，頁 156。

完全者，可見此教強調上帝神靈的體大。佛教則如實觀一切法，又破種種妄執，顯示無量有情生命具有無量的解脫救渡方法，這實是有情生命宇宙的相大。最後儒家的道德心靈能直下承當，求對世間有一真切的掌握，從而在其中發揚其道德生命，成就道德生活；而在圓滿的道德實踐中，顯示天德天道的流行，這天德天道亦涵具一切德性，為人類德性的根源，故是用大。三教在對絕對精神實在的體現中，實可並行不悖也。

在此我們可提出兩個問題。(1)基督教與佛教都是針對有病患的人而施設，因而有存在的價值。但儒家是針對病患較輕或無病患的人而施設，那是否有存在的價值呢？(2)唐先生的判教法的兩個標準，一是就現實人生與世界出發，二是就對現實人生的作用言，兩者都基於現實人生來作考慮。但在第一標準下，三教有高下之分；在第二標準下，三教皆能發揮其作用，而無高下之分。此中是否有不協調之處呢？

對於第一問題，我們以為，有病患的人固需藥物治療，即無病患的人並不表示他的生命已臻完滿之域，他還是需要從日用云為超拔而上，冀能極高明而致廣大。故儒家還是有用。至於第二問題，我們認為，第一標準使三教有高下之分，第二標準使三教各展其用，無高下之分。這兩標準的統一處，在三教的相互配合，相資為用。三教在一配合的眼光下，無高下之分，只有主從之別。關於這點，唐先生顯然以儒家為主，以基督教、佛教為從。三者配合，則人一方面可本著儒家確立道德理性以立人極的尊嚴，又可吸收基督教言上帝的高明尊貴，配合佛教的博厚慈悲的性格，以成三位一體。這在中國傳統，便是上面提到的天地人三才，即是：基督教的

一神的高明配天，佛教的悲願的博厚配地，兩者共同襯托儒家所論人的道德實踐的莊嚴，三者並行不悖。這是唐先生的終極旨趣，特別是對儒家的理解的啟示。

順便一提：就基督教來說，唐先生以縱觀來說它的宗教精神方向，說人類自感罪性深重，能力薄弱，故需縱觀地由下向上祈求上帝的恩典，俾能進於天堂的高明性。平心而言，基督教固然有自下而上的導向，但同時亦有自上而下的導向，這便是子神格的耶穌屈曲傴僂（stoop down）向下活動，在世間受苦受難，最後釘死在十字架上，以寶血來清洗世人的罪性，接引世人嚮往天上的高明性。故其導向是縱觀地自上而下，同時又自下而上的。唐先生顯然忽略了自上而下一點。

第十八章　道家的宗教意涵

　　上面我們講儒學。下面要講道家。這裏所謂道家，是指以先秦的老子、莊子和魏晉的王弼、郭象而言。儒學未有發展成為正式的宗教，但它具有宗教的功能。道家則發展出道教，但兩者在義理上並沒有密切的關聯。道教講長生不死，要做神仙，但那是行不通的，有生必有死，這是自然的定律，沒有人能例外。道教自稱承自道家的老子，或老莊的道家。這種哲學思想倒是具有相當有分量的宗教意涵。在這裏，我把宗教從兩點來講：在存有論方面現象世界與作為終極真理的關聯，另外，我們如何達致終極真理的境界，俾能在精神方面得到解放、救贖。關於前一點，我本來想就老子來講；但《老子》書言簡義豐，只有五千言，需要作深廣的義理上的推測，我不想推測得太多，因此改依王弼對《老子》的注釋，他除了注解《老子》外，也寫過其他的書，例如對《易》的解讀與對《論語》的闡揚，有比較多的資料可以用。最重要的是，他的解老最能與《老子》的精神相應。至於另一點，即在精神上的解脫與救贖問題，我則以《莊子》書作為核心的參考文獻。至於所陳的兩點，後一點直接涉及解脫與救贖的目標，其宗教意涵自是無問題的。至於前一點有關存有論方面現象或現實世界與終極真理的關係，也與宗教息息相關。我們是以兩足踏著大地而生活的，如何從

現實的大地關聯到宗教真理或道方面去，也是宗教上不可忽略的問題。

一、體用與本末

　　首先我們要注意一點：春秋戰國時期百家爭鳴，其中自然有道家的崇尚自然、精神的思想在流行。到了漢代，前此的那種多元思想也包括形而上學、本體論思想在內，一時間都歸於沉寂，漢儒喜歡談氣化宇宙論，把注意的焦點，聚集在形物方面，哲學界充塞著沉滯的氣氛，人的精神難以提升。到了魏晉，特別是玄學方面，他們又回溯到先秦時期的老子所多講的形而上學特別是本體論或存有論方面去，在純哲學上講體用問題，落到人事與自然現象則講本末問題。本相應於體，末相應於用。其中表現最為卓著的，莫如王弼。他們講到道，提出「道生」的問題，表面看，這是以道為體，而創生萬物，像柏拉圖的造物主、基督教的上帝和儒學的天道仁體創生萬物那種。實際毋寧是，道不是一能生能造的實體，它的主要作用是開源暢流，排除種種阻礙生長、生化的因素，讓萬物能自生。這也是另一玄學家郭象所常講的。而道有一種沖虛的玄德，這玄德不是實體，而是境界義、精神義，與主體性的心也有一定的關聯。牟宗三先生便提出，那些表現「道生」的有宇宙論傾向的語詞、語句，並不是建構的、積極的宇宙論的語詞、語句，卻只是消極的、表示一種由靜觀而得的境界。對於這些語詞、語句，他以「不著之宇宙論」名之，這也可說是「觀照之宇宙論」。這實已不是宇宙論，而是本體論或存有論。牟先生強調，「不著」不是客觀地作積極的分解與建構，而道的為體為本，也不是客觀的存有形態

的實體。因此,道生成萬物,也不是能生能成的實體性的生成,而是萬物自生自成。它們沒有客觀的存有形態之體,卻是主觀所修證而得的境界形態之體,這體可以「沖虛玄德」名之。[1]

落到人事與自然現象方面,王弼在他的《老子指略》提出本末概念,即是「崇本息末」、「崇本以息末,守母以存子」。這表面上看有估值的意味,以本、無為主,末、有為次。但這不是去絕末或有,而是強調無應居於本的位置,有應居於末的位置。無是宗主性格,有則是附隨的。這也可以先後次序來說,即是:必守母而後子存,必崇本而後末舉。如王弼解《老子》第五十二章注謂:「得本以知末,不舍本以逐末。」本母是無為無名的心境,末子則是有為有名的形跡。這也可以延伸至一般的實用層面,例如治理國家。王弼解《老子》第五十七章謂:「以道治國則國平;以正治國則奇兵起也;以無事,則能取天下也。……以道治國,崇本以息末;以正治國,立辟以攻末。」在這裏,正是政治制度,辟是刑法,就治國言,都為王弼所不喜。

對於本末問題,上面說崇本息末。此中的「息末」,並不是不用末,把它廢掉之意,而是指有節度地帶引、控制之意,讓世務形跡之事得以順序而又暢通地進行,與體用的關係配合起來,在我們的日常生活中,產生和諧的作用。故本與末是不相離的,這邊能崇本,那邊便息末,這在體用方面來說,以用來顯體,同時又以體來發用。崇本息末絕對不是舍本逐末。王弼在注解《老子》盛言舍本逐(治)末的弊端如下:

1　牟宗三著《才性與玄理》,香港:人生出版社,1963,頁141。

立正欲以息邪，而奇兵用；多忌諱欲以恥貧，而民彌貧；利
器欲以強國者也，而國愈昏弱。皆舍本以治末，故以致此
也。

這裏同時也展示「反」的道理：愈是固執於某一事，愈是在該事上
用力，則愈會把問題弄僵，致一發不可收拾。故我們立身處世，對
於一切事務，都不能以壓逼的態度硬來，而是要予以疏導、感化、
不禁、不塞，才是正途。實際上，末對於本來說，像用對於體來說
那樣，有一種展現、顯明、開拓的作用在內；它是一種對於本的實
現原理、具體化原則。我們不能老是守著本、體，視之為至高無上
的理想，對於世俗事務、現象，加以賤視，置之不理。體用、本末
表示整件事情的完整狀態，必須同時兼顧。本、體依末、用來顯
示，末、用則依本、體而得以撐持起來。每一件事情，每一個形
器，都有其本末分際，有其主事、主持之本，也有其所調適、所安
排之末。不能執此棄彼，依此去彼也。王弼解《老子》第三十八章
所講的一段話，對於這個道理，說得很清楚：

守母以存其子，崇本以舉其末，則形名俱有而邪不生，大美
配天而華不作。故母不可遠，本不可失。仁義，母之所生，
非可以為母；形器，匠之所成，非可以為匠也。捨其母而用
其子，棄其本而適其末，名則有所分，形則有所止。雖極其
大，必有不周；雖盛其美，必有患憂。

二、體必顯於用，捨用則無體

以下我們專心看體用問題。體相應於本，用相應於末，這在上面已經確定下來。就宗教的義理而言，我們要體證終極真理，達致宗教的目標，必須要在現象世界、現實生活中下工夫，離開現象世界、現實生活，一切都是空談，甚麼都無法實現。

在這裏我想重複說明，在王弼的用語上，「體用」相應「本末」，「本無」與「有」相對說。在本體論上說體用，在現實的生活層次則說本末。而本無也相應於體，末有也相應於末。在這樣的語脈下，本無不離末有是根本命題。兩者是相即不離的。即是，就時間來說，無不能在有之先而存在；在空間上，無也不能在有之外而存在。整全的無是貫通於有之中，通過有而表現其多元的作用，這些作用如宗主、導引、啟動等。在王弼看來，本無與末有是一體無間的；本無不能離開末有而展現其德性、作用。在本體論或存有論方面，則是體不能離開用而有其獨立展現性。這是王弼哲學的核心旨趣。

另外，在韓康伯的《周易繫辭注》中引述王弼的〈大衍義〉，提到《易》的「太極」觀念，這太極是宇宙萬物的本體，也可以說是無。要注意的是，太極是終極原理，不是在宇宙萬物背後埋藏起來的不變不動的形而上的實體。毋寧是，太極涵蘊萬物之理，依於此理以孕育、啟動萬物的運行。它不是具有形體的物體，也沒有分限，但宇宙萬物的成長、確立，都是依於它的。

在這裏，我們仍應注意無與有的互動關係，特別是無需以有作為憑依，才能有所表現，發揮它的宗教功能。王弼的〈大衍義〉明

確地說：「夫無不可以無明，必因於有，故常於有物之極，而必明其所由之宗也。」在這裏，有作為無的呈現原則，非常清楚。但無是本體，是終極真實，是抽象的原理，有則是形物的開始狀態，一切具體性、立體性都要從這裏說起。現在的問題是：抽象的無如何透過具體的有而顯現呢？進一步看，我們可以把無視為基始的體性，把有的存在性是無的開顯的表現，則無如何轉化出有，把自己的存在性貫注到有方面去呢？這仍是一個問題。無與有是同時成立的，無不是在有之先，有亦不是在無之後；雙方是體用關係：無是體，有是用。

另外一點是，王弼在《周易復卦》注中說：「凡動息則靜，靜非對動者也；語息則默，默非對語者也。然則天地雖大，富有萬物，雷動風行，運化萬變，寂然至無，是其本矣。」倘若這樣地以無為寂然的狀態，則它如何能生化出有以至天地萬物，而貫注其存在性於其中呢？以無是寂然不動的體性，或視無為主體看待宇宙萬物的一種境界，都不能解決這個問題。只有視無為一種純粹的、超越的力動，才能於理無虧，但這已是另一系統如筆者的純粹力動現象學的思維方式了。

王弼有「體用如一」的觀點。這也可以說到無和有的關係上去，即是：無不能離開有而存在於其先或其外，它卻是在萬有之中，作為這萬有的本體。捨萬有而另處覓無，則不啻是騎驢覓驢，終無結果。我們大體上也可說王弼體會到在種種式式的事物中，有本質存在，這本質與一切事物是不能分離的。這本質即是無，種種式式的事物是有。無在有中，通過有而展現其自己，也指引著有如何去運行。無甚至是生成、現生有的，但這「生」不是實體義的

生，如母雞生雞蛋那樣，而是成全、成就有，疏導出一條通達的道路或環境，讓有能自由地生起，自由地運行、變化。

關於無，王弼有時以道來說。在道的作用下，人倘若能與道相協調，則可依道而開出一種現象學的境界。他在其《微旨例略》中說：

> 四象不形，則大象無以暢；五音不聲，則大音無以至。四象形而物無所主焉，則大象暢矣；五音聲而心無所適焉，則大音至矣。故執大象則天下往，用大音則風俗移也。

四象與五音都是指萬殊的、分別的種種現象。大象、大音則指道。對於這些現象，需要開放一條自由的道路，讓它們能各自遊走，不要阻塞、禁止它們的活動，也不要以心就現實的、實用的利益觀點來加以評比、判定。主和適都是指心的干預作用。以京都學派的絕對無的哲學來說，我們要提供一個絕對無的場所，讓萬物都能平等地遊憩於其中，讓它們各自各精采，而不相互妨礙。為甚麼能不相互妨礙呢？就京都學派來說，這些現象、萬物都是非實體性格的，都是空無自性的。自性是對礙性的，沒有自性、空，則對礙性無由生起。在王弼來說，亦即是就老子來說，道本著其沖虛的玄德而發用，我們的心也順應著這沖虛的玄德的性格而讓開一個自由的空間，無所主，無所適，不以自己一己的私見而妄加評判、干擾，萬物便無往而不自得了。

上面提過很多次，在王弼看來，體必顯現為用，沒有在用之外的獨立的體存在。反過來看也是一樣：用是體的用，用只存在於與

體的密切關聯之中；甚至可以說，離開了體，便沒有用的存在了。這種體用關係，正是王弼所說的「體用如一」的旨趣。以無與有來說，也是一樣。無需顯現於有之中，離開了有，無便落了空，沒有存在的處所。有也不能遠離無而有其單獨的存在性。有是無所轉生而成立，它的存有論的基礎是無。[2]

　　體、無與用、有即便有相即不離的關係，但雙方並不是並列而為具有同等層次的東西。如上面說過，雙方有一種序列上的理論意義的區分，即是有本末的次序：體、無是本，用、有是末。王弼亦有「舉本統末」的觀點，以體、無來統率用、有，其中有一主從或將兵的關係：以將為主，以兵為從，將統領兵，兵服從將，這在戰場上才有取勝的把握。故王弼有「舉本統末」（《論語釋疑》）、「崇本以舉其末」（《老子》第三十八章注）。這個道理，也可以在我們日常的生活中體會到。一般事物都有其名字、形體，但由於其經驗性格，其作用畢竟有限制；故需要突破名字、形體的限制，才能有超越的、無限的勝用。即是說，要由用、有的末回反過來，回歸於體、無的本，以本來統領末，才能完滿地發揮殊勝的力量。這點可明顯地見於王弼解《老子》第一章：「道以無形無名始成萬物。」萬物的成立是目標，要能達致這目標，要能成物，便得以道的無的性格為基礎。

2　林麗真在她的《王弼》一書中，表示王弼就「始物」的角度看，把「無」當作在現象物未生以先，即已存在而可派生為有的一個精神性實體。（林麗真著《王弼》，臺北：東大圖書公司，1988，頁 171）這種說法並不諦當，這是把無與現象分隔開來。王弼不會這樣看無與現象之間的關係。

　　關於這種以體率用，以無率有的關係，牟宗三先生也作過相應的說明。他表示用是現象，一是本體。一的作為體，是完成、成就用的體，而不是隔離的體。[3]眾多的現象能由一來統領，便得其理序。他並強調王弼說體說本，是以道家的無、自然為背景。依道家的路數，這體這本，純粹由遮顯方式表達出來，故只能從外表描述其形式特性，如無、自然、寂靜、一、本，都是形式的特性。這與儒家不同。儒家的體用就統於德性的心性與天道而言，有一立體的內容骨幹樹於那外表的形式特性之中。[4]牟先生的意思是，儒家的體用關係是具有道德的內涵的關係，有道德的體性在裏面。道家的體用關係是虛說的，沒有實質的體性、內容，只是在境界方面呈現出一種美感。

　　唐君毅先生則以「虛通」一觀念來說道家。他表示，老子（此亦應通於王弼）的道，從頭到尾都是虛通性格，無形無名。而種種事物，都是就虛通的道而展示出來。因此虛通的道在邏輯的、理論的意義下，是先在於種種事物的。在這種義理下，道可以說為是萬物的基始。萬物生成後，亦由這虛的道所虛涵。由這虛涵來看，萬物的自己，是由自己生起的，不是由道生起的。[5]按這虛通的性格，也可以視為一種境界，沒有實質的體性的內容，卻可以成就美

---

[3]　隔離的體是與用或現象割裂開來、分隔開來的體或本體。這樣的體是虛無性格，沒有創生、成就萬物的作用，卻是一無所有、一無所是的體。

[4]　牟宗三著《才性與玄理》，頁 101-103。

[5]　唐君毅著《中國哲學原論 原道篇二》，香港：新亞研究所，1973，頁 905。

學上的觀照世界。

上面我們討論了王弼的體用、有無、本末的思想。這種思想就表面來說，有很濃烈的形而上學的色彩，但也具有一定程度的宗教意涵。這可從兩方面來說。一是王弼強調體與用、有與無、本與末的相即不離的關係。於是，在實踐上我們要體證終極真理，不論說是體，是無，是本，都得從用、有、末方面著手，這即是現實的、現象的世界。因為體、無或本都存在於用、有或末之中，亦即是現實的、現象的世界中。離開了現象的世界，便甚麼也做不成。終極真理只存在於現象世界中，這是我們生於斯、長於斯、死於斯的場域。道、自然、無都存在於其中，離開它，便無處可接觸到道、自然、無。我們要返本開新，拓展出一個宗教的世界，也要在現象的世界做起。二是由體、無、本的形而上的世界，可以善於吸取其中的意涵；特別是無，我們可直接轉生起一種具有悠久、恆長意涵的處世態度，最後能回歸、契接道或自然方面去，與道或自然合一，以達致宗教的理想。即是說，我們可以由無的消極的表述方式，配合著日常生活的種種做法，而開出一守柔、不爭的生活態度。我們不爭，故天下莫能與爭；我們不先，故能先於天下；我們守柔，然後能剛、能強；我們不高調表現有用，故能成大用。我們在日常生活中要謙虛、忍耐、退讓，不剛愎自用，不爭強，不鬥勝，才能培養出一種深遠的宗教情操。這便是老子和王弼所非常重視的「以無為用」。無不單是本體，是道，是自然，也是一個實踐原則。

三、靈臺明覺心

上面提到牟宗三以境界來說老子的道，唐君毅也以虛通來說。

由此境界與虛通觀念，可以直接關聯到莊子的思想上去。老子是比較重視客觀的道的，他雖然提出「致虛極，守靜篤」的實踐方法，但他仍未明確地強調作為工夫實踐的著力點，這便是心。莊子則在這方面著墨很重。他提出靈臺明覺心，並以此心出發，證成與天地精神往來的宗教與美學的理想。他的思想也具有更強的宗教意涵。

　　老子多說道、自然、無，有相當濃厚的客觀意味。莊子則多說心，在心方面說坐忘與心齋的工夫，由此便可通於道這一終極真理，宗教體驗便可從這裏說。因此我們先探討他的心的思想。按他的心分為兩層：靈臺明覺心和識知心、成心、謬心和人心。前者是超越的主體性，後四者可概括在經驗的主體性之中。我們在這裏，會特別留意靈臺明覺心。

　　這靈臺明覺心或靈臺心基本上是一虛靜的觀照心。它的作用是觀照，在觀照中表現虛靈明覺，觀賞自然，觀賞人與世界所成就的純一的諧和狀態。這種觀照沒有知識的涵義，它不在主客對立的關係中成立，卻是在主客雙泯失的無對狀態中成立。《莊子》書〈庚桑楚〉篇（以下只列篇名）說：「靈臺者有持，而不知其所持，而不可持者也。」這是說靈臺心是一有操持、能照耀的靈光，但這靈光並沒有所操持的、所照耀的具體對象，它自身亦不可為另外一些外在的東西所執持以為用。這表示靈臺心是超越對象性的：它不以他者為對象，自身亦不作為一對象而被處理。進一步看，靈臺心並不是一實體性的心，它與老子的道不同，後者有引領世界事物如何運作，甚至能積極地起用以改變世界，而靈臺心是一反射性的照明或光輝，能照耀出道或天地精神的往來活動及自然萬物的諧和氣氛。關於這點，〈天地〉篇有云：

> 視乎冥冥，聽乎無聲。冥冥之中，獨見曉焉；無聲之中，獨
> 聞和焉。故深之又深，而能物焉；神之又神，而能精焉。

這裏說得很清楚，靈臺心的作用，是在幽深（「冥冥」）的情況
下，在孤獨（「獨」）的狀態下，「見曉」與「聞和」。見曉即是
見道，因道是光明，能化育萬物，故為曉。聞和即是感覺到宇宙自
然的大諧和。這兩種作用都是陰柔而又微妙的，它們能通於物，滲
透至物的根本性格（「能物」）中，而又能保持一己的純淨（「能
精」）。

　見曉也好，聞和也好，都表示靈臺心對道或自然的明照。這種
明照，如鏡般光亮，沒有隱藏：

> 體盡無窮，而遊無朕；盡其所受乎天，而無見得，亦虛而
> 已。至人之用心若鏡，不將不迎，應而不藏，故能勝物而不
> 傷。（〈應帝王〉）

通透地體會無窮的大道，而遊心於無物之初，充量地發揮所得自
道、自然的德性，而不自現其所得。這便顯示一種虛的美德。這種
美德運用起來，有如明鏡般應接事物，「應而不藏」，來者即照，
而無隱私，因而能隨順地處理、照明事物，而不會疲怠受傷。這便
是靈臺心能長久地發揮明覺作用來照物的秘訣，盡在一個「虛」
字。能無所藏，能虛，才能有虛靈明覺的照明的作用，明鏡如是，
心靈亦如是。這種虛的美德的極致表現，是所謂「泰定」：這是一
種特別安閑寧靜的狀態。靈臺心在這種狀態，更能發出自然的光

輝，所謂「天光」，使人與物都能如如呈現，各得其位。《莊子》〈庚桑楚〉篇有如下說明：

> 宇泰定者，發乎天光。發乎天光者，人見其人，物見其物。

這裏說到在天光的照耀下，「人見其人，物見其物」。此中的意思非常深微，需要特別注意。天光無疑是靈臺明覺的光輝，是發自靈臺心的一種照耀的能力。它照見萬物，是就萬物的在其自身的姿態而使之顯明起來，而不以它們是對象的身分而加以認識。以康德的哲學詞彙來說，天光不是感性直覺（sinnliche Anschauung），而是睿智直覺（intellektuelle Anschauung）；而它所照見的人與物，是物自身（Ding an sich），而不是現象（Phänomen）。這便是泰定，是虛的照明，不是實的照明。它能就物的在其自己而明照它，不是就物的現象而明照它。

四、坐忘與心齋

人的心靈並不止於靈臺明覺一面，它會下墮、陷落而成識知心、成心、謬心和人心。這些心理都是煩惱心，足以障礙人對終極真理的追求與達致，讓人遠離美感與心靈上的平安，而不能成就藝術與宗教。莊子因此提出兩種工夫：坐忘與心齋。

坐忘是要擺脫識知心等所引致的種種有形相的計度預謀、分別妄執，以回歸向靈臺心的虛靈明覺，對道的觀照。莊子教人「墮肢體，黜聰明」，以克服識知心等的作用，捨棄、超越以識知心的聰明去計較執取肢體的形相而造成的主客對峙局面，而「離形去

知」。主客格局打破,靈臺的心光自能透出,而能當下照取絕對的道的虛靜性格,證成終極真理,所謂「體道」。這是上契於道,與道合一,是我們的終極關懷的所在。這是坐忘的目標。

進一步,對於坐忘的實踐,莊子在〈大宗師〉篇中有較具體的描述:

> 以聖人之道告聖人之才,亦易矣。吾猶守而告之,三日而後能外天下。已外天下矣,吾又守之,七日而後能外物。已外物矣,吾又守之,九日而後能外生。已外生矣,而後能朝徹。朝徹而後能見獨。見獨而後能無古今。無古今而後能入於不死不生。

故坐忘有一個實踐程序,是漸進而非頓然的發展。三日、七日、九日都表示一歷程。要經過這些歷程,才能徹底去除識知心所造成的種種障蔽,如天下、物、生之屬。所謂外天下、外物、外生。最後心境清明洞徹,所謂朝徹,這樣才能回復靈臺明覺,而能與道相照面,照見它的虛靜性格,所謂見獨。獨即指獨立無待的道、終極真理。照見道的虛靜性格,才能突破時間的限制,泯除古今的分別,而臻於無生無死的永恆常住的精神境界。

莊子的另外一種恢復靈臺明覺的工夫是心齋。坐忘與心齋有密切的關聯。坐忘是放棄形體與識知心的一切作用,使心靈不再計較預謀。心齋則是要淘洗內心的一切經驗內容,使之回歸至至虛至靜的性格,以與道相應。按我們生活於現實世間,常不自覺地隨順著經驗世界的種種物欲對象的腳跟轉,也常會為這些物欲對象所蒙

蔽，只著眼於目前的現實的物質性的情境，而不見那遠大的以至形而上的精神價值的世界；只關注自己的切身利益，不能見到眾人的共同福利。因而身心積藏著種種庸俗的經驗內容。這是需要徹底加以清洗的。這種清洗，便是心齋。

莊子基本上是以氣來說心齋的工夫。他說：

> 若一志，無聽之以耳，而聽之以心。無聽之以心，而聽之以氣。聽止於耳，心止於符。氣也者，虛而待物者也。唯道集虛。虛者，心齋也。（〈人間世〉）

在修行者不懈的修習下，漸入佳境，聽聞之事，越來越微妙，由耳進於心，由心進於氣。以耳來感應，不及以心來感應。以心來感應，又不及以氣來感應。以氣來感應，即是以虛靈的心來感應。心必須虛，然後才能應物。心能居於虛的狀態，便是心齋，故心齋便是使心處於虛靈的狀態，沒有情欲，也沒有經驗內容，即沒有有關經驗世界的種種計較的、區別的知識。在心「齋」下的心，是靈臺明覺的，它的虛靈正好與道的虛靜相應。

坐忘與心齋表面上是兩種工夫，實際上二者有很多意思是相通甚至重疊的。坐忘比較偏重心的作用，擺脫識知心的執著計度，回復靈臺心的明覺。心齋則偏重氣的作用，以氣來淘洗一切經驗內容，使不能構成對道的阻塞，以重新回通於道，這即是體道。而體道或體證終極真理，正是莊子的終極關懷的所在。〈知北遊〉篇說：「夫體道者，天下之君子所繫焉。」莊子思想的宗教意涵，便可在這裏說。

五、無待與逍遙

現象世界的一切存在，都是流變無常、相互對待。其中有無數的對待，最深沉的對待，無過於生與死、善與惡。若能看破一切對待，特別是生與死、善與惡，便能從相互對立、對待的關係中解脫過來，而為無待與逍遙。莊子亦即就這無待、逍遙的境界，建立他的人生理想。

無待與逍遙是同義的，同表示自由無礙的意涵。不過，無待是負面的表示式，是遮詮；逍遙則是正面的表示式，是表詮。逍遙是一個同時涵有宗教與藝術性格的理念，是靈臺心或靈臺我突破一切由對待關係而來的障蔽所達致的自由自在的精神境界，它的直接涵義是絕對與自由。這是莊子哲學由個人向上提升所能達致的最高理境，與佛教的涅槃（nirvāṇa）可謂居於同一層次。對於逍遙的境界，莊子以一專篇來描述，稱為〈逍遙遊〉。甚麼是逍遙的境界呢？莊子云：

> 夫列子御風而行，泠然善也，旬有五日而後反。……此雖免乎行，猶有所待也。若夫乘天地之正，而御六氣之辯，以遊無窮者，彼且惡乎待哉？（〈逍遙遊〉）

這是通過有待與無待的對比，以顯出逍遙的絕對的性格。列子御風的風采，的確讓人神往。他子然一身，了無牽掛地獨來獨往，遨遊萬里。但從最高處看，還是不夠完美，他還有所待，倚待於風也。莊子的理想人格則不同，他能超越一切氣候風勢，以絕待者的風

采，遊於無窮的界域。他之所以能夠這樣做，是他自道而來，擁抱著道，而冥合於道。道是無待的、逍遙的，生活在道中的人，也是如此。

逍遙的境界，遠離生死，超越成壞，隨順著現象的遷化，而又夐然獨立。這正是靈臺明覺的姿采，「遊心乎德之和」。（〈德充符〉）這種境界應該沒有極限，但莊子似乎又要為它的廣延架設一些界限，以突顯這種境介的純樸與原始的性格。即是說，靈臺明覺的心流從條件制限的現象世界中透出，直向原始的洪荒的自然宇宙奔赴，而散發於虛無之中。虛無是逍遙的極限，也可以說是無極限的極限。〈應帝王〉篇有云：

> 予方將與造物者為人，厭，則又乘夫莽眇之鳥，以出六極之外，而遊無何有之鄉，以處壙埌之野。

這裏的「無何有之鄉」、「壙埌之野」，都意味著一種具有終極意義的本根，這本根不是別的，正是道或自然本身。靈臺的明覺最後還是歸根於它所自來的道、自然，以之為極限。倘若沒有這種本根，則靈臺明覺只是一種孤明而已，只滯留在主觀的狀態，而未能客觀化，獲致天地宇宙的無限的涵義。主觀狀態始終是脆弱的，而未能客觀地、堅強地挺立起來。

靈臺明覺的精神若只奔赴向原始宇宙的廣漠之所，則境界雖然淒美，但不免獨立蒼茫，孤獨無對，高處不勝寒，而有虛無主義之嫌。這不是莊子最後的人生歸宿。他不是虛無主義者；他還是要回落大地的萬物方面去，與之冥化為一體，成就一個大諧和的境界，

這便是「和」，也是道家的宗教的意涵的所在。他在〈天下〉篇中自述其境界與旨趣如下：

> 獨與天地精神往來，而不傲倪萬物。不譴是非，以與世俗處。……彼其充實不可以已，上與造物者遊，而下與外死生無終始者為友。

他不是要捨離萬物，也不卑視萬物，卻是要與世俗相處，與那些能超越生死背反的同道論交。在精神上，他不單不是虛無，而且很充實。他「與物為春」（〈德充符〉）、「與物有宜」（〈大宗師〉），與天地萬物、自然世界建立大諧和，合為一體。這是他們最高的人生理想。這大諧和可從兩面說：與自然的諧和為天和，與人的諧和為人和。在這兩者之中分別享受到天樂與人樂。這是莊子的生命的指向，是藝術的，也是宗教的。[6]在這兩者之間，道家對

6　我從中學開始，讀到《莊子》書中的〈秋水〉篇，接觸到道家的思想，打後幾十年，一直都有一個印象，以為道家是消極的、避世的，因此嚮往逍遙無待的境界。直到十多年前有比較多的機會接觸老子與莊子，才慢慢改變看法，覺得道家不完全是消極的，反而有積極的一面。如上面所說的，莊子除了與天地精神相往來之外，還是念念不忘世間，他「不傲倪萬物」，注意是非問題，「與世俗處」。進一步，又想到《老子》和《莊子》書中花了很多篇幅來斥罵那些自私自利、殘民自肥的暴君，把自己的快樂建築在對老百姓的欺凌、壓逼之上。他們比一般的盜賊還不如。一般的盜賊只偷盜別人的財貨，但那些王侯將相、亂臣賊子，卻把整個國家都偷去哩，所謂「大盜移國」。道家越是罵得凶，越能顯示他們對社會的不公的批判。另外，一般的看

中國文化所造成的貢獻與影響，又當以藝術方面為首要。

法是，道家賤視禮樂，認為這些東西只會擾民。這也不盡然。他們是看不起禮樂，但這是指變質為繁文縟節的、外在化的禮文樂曲，並不真是要反對禮樂的本來意義：尊敬與諧和的情操。不過，老子與莊子並不積極推行禮樂，與孔子要復興周文很不同。再有是孔子和孟子都曾帶著弟子周遊列國，希望得到國君的任用，以推行自己的政治理想。他們很積極做這件事，他們的昂揚進取的意志和實踐是毋庸置疑的。實際上，孔子也曾當過魯國的司寇，職級相當高，而且有很卓著的政績，可惜為時不長。老子和莊子則未聞有過周遊列國之行，莊子只當過一個小官：漆園吏，但為時不長，沒有多大影響。他們基本上是以隱士的身分在亂世中活動。這些種種，都讓他們給人一個消極的印象。一言以蔽之，道家即便是消極避世，當隱士，是有消極性的，但其中問題頗不簡單，不應隨俗說他們消極避世。總之，孔子、孟子知其不可而為之，這當然很積極。老子、莊子知其不可而不為，只是無奈，不是消極。他們畢竟不想犧牲太多細胞。老子講無為而無不為，則是要在消極中展現積極，要勇猛精進了。

第十九章
京都學派的宗教意涵

　　上面我們分別探討了儒學與道家跟宗教的關聯。以下我們看東亞當代的京都學派的宗教的意涵。京都學派基本上是一個哲學的學派，但它非常關心宗教的問題。由第一代的西田幾多郎、田邊元，經第二代的久松真一、西谷啟治，到第三代的武內義範、阿部正雄和上田閑照，都非常重視宗教學，把宗教問題看得比道德問題還要重要、深入，而且以宗教較道德更具終極性。就宗教哲學來說，當中以久松真一與田邊元發揮得最多。把他們兩人的宗教思想放在一起，剛好成就了一套完整的宗教理論，展示出一種周延的宗教意涵。倘若我們以佛教的淨土宗所講的往相和還相為一種完整的宗教實踐教說的話，則久松可以說是成就了往相，田邊元則成就了還相，他的弟子武內義範還有進一步的補充。以下我們即以這一點為主脈，闡述這幾個人所證成的完整的宗教學體系。

一、無相的自我

　　京都學派哲學的核心觀念是絕對無，每一位成員對於這絕對無都有自己的解讀和發揮。當然這些解讀和發揮在義理上是相通的、

互補的，也與各成員自身的獨特學養與旨趣分不開。就久松真一來說，他以無相的自我來說絕對無。這種說法與六祖慧能的《壇經》的精神最為相應，而與由慧能傳承下來的禪法如馬祖禪、臨濟禪以至無門慧開的《無門關》的內容，也有非常密切的關係。《壇經》所說的「無一物」的根本旨趣、立場和「無念為宗，無相為體，無住為本」的三無實踐，都是久松的無相的自我的義理與實踐基礎。

久松在自己的著作中時常提到無相的自我，這是他的終極主體的觀念。以下我基本上依據一份較少人留意的文獻來闡述他的無相的自我觀點，這即是他與田立克（P. Tillich）的對談記錄；這記錄自然談不上學術性，但頗能在一種比較宗教的角度下反映出無相的自我的深層義蘊。[1]按無相的自我的主要意思，自然是沒有任何相對相狀的自我，只有絕對性格的自我；同時，亦應含有自我不在一種相對的脈絡認取對象的形相，以至執取對象的形相為實在的意味。

首先我們可以說，無相的自我是一個觀念，是我們的生命存在的真實的主體性。但這樣說還不夠，我們應從實踐一面看無相的自

---

[1]　這個對談的日文記錄，載於《久松真一著作集 2：絕對主體道》中，題為〈神律と禪の自律〉，東京：理想社，1974，頁 563-591。英文本則參見 "Dialogues, East and West: Conversation between Dr. Paul Tillich and Dr. Hisamatsu Shin'ichi", *The Eastern Buddhist*. Vol. IV, No. 2 (Oct. 1971), pp.89-107; Vol. V, No.2 (Oct. 1972), pp.107-128; Vol. VI, No. 2 (Oct. 1973), pp.87-114。中文譯本有梁萬如、吳汝鈞譯〈東方與西方的對話：保羅田立克與久松真一的會談〉，吳汝鈞著《京都學派哲學：久松真一》，臺北：文津出版社，1995，頁 207-257。

我在現實生活中呈現，和它所起的作用。久松先提出德國神秘主義大師艾卡特（Meister Eckhart）的「孤離」（Abgeschiedenheit）觀念，表示當人在任何事物中達致這孤離的狀態時，正是喚起、喚醒自己的無相的自我的好時機，這亦可以說是孤離的自我。這孤離並不是負面意味，不是否定。具體地說，孤離不是一種相對意義的否定，也不是一種簡單的對行動的否定。在艾卡特來說，孤離表示一種空掉自身的狀態（Zustand）。但這並不表示要消棄一切相對性格的內容；毋寧是讓自己從紛亂的狀態中釋放開來，以達致一種寧靜的心境。這心境是要呈現自我、無相的自我的首要條件。即是說，孤離可使我們從所謂物理的、軀體的東西、精神性的東西分離開來；而正在這種分離之中，真我、寧靜的自我便能自我喚醒和自我呈現。這有集中的意味，集中自我的生命力量的意味。但不是田立克所說的集中，如田立克在柏林的咖啡室中集中地、專心地準備作一場演講的那一種。這只是集中精神在來日要進行的講演、講課、講道等的論點或題材方面。按這是以思考作為媒介而使自己的精神、精力集中起來，不往外發散，是一般的集中。久松所說的集中，是沒有對象的集中，不管這對象是甚麼，這可說是無集中（對象）的集中，是真正的集中。無相的自我便是在這樣的集中中透顯其自己，由潛存的狀態轉而為實現的狀態，由此可以生起種種妙用。我們也可以說，在這種集中而起妙用中，集中者與被集中者冥合而為一體。這其實也可以說是一種解構的集中，當所有東西被「解體」、被「否定」或被「空掉」時，只剩下空無（Nichts），這正是無相的自我展現自己的殊勝背景。

弔詭的是，無相的自我在無對象的集中、無集中的集中中，呈

現了自己。而它的呈現，有一種活現的作用，有一種自由的運作，在這種狀況之中，一切具有形相的事物便出現、成立起來。即是，由於無相的自我的自由作用，可使有形相的東西呈現它自己。這是無相的自我的妙用，京都哲學家說的「真空妙有」中的「妙有」，也有這個意思。但這種情況只能在達致「真空」的境界才可能，而真空的境界正是無、無自性（asvabhāva）、空（śūnyatā）。這境界與無相的自我一脈相承。要注意的是，這真空妙有使一切諸法成立，只有存有論的意義，真空妙有可作為諸法的存有論的依據。但這與宇宙論無涉，後者是直接交代諸法在經驗層中的生成與變化的。真空妙有不涉這些問題。

關於無相的自我的呈現問題，我們可以說，無相的自我自身便有一種讓自身呈顯的力量，不需要依靠外在的媒介。這種思維，讓我們想到海德格的一句名言：真實的本質便是呈顯，或真實在其呈顯中證成它的本質（Sein west als Erscheinen）。[2]無相的自我是真實，它自身便含有呈顯的能力，這呈顯正是它的本質。

另方面，久松又就無相的自我的呈顯的背景宣稱無相的自我是最具體的實在。與它比較，所有事物都是抽象的。無相的自我可以說是在實際時刻中的「實質的創造」或「具體的運作」。與無相的自我比較；一般的形相如杯子或桌子都是抽象的。這種說法展示一種超越常識的洞見。說無相的自我是具體的，自然不是就以分解的方式把無相的自我跟它所創造的事物分離而單提地說，而是從既成

2　M. Heidegger, *Einführung in die Metaphysik*. Tübingen: Max Niemeyer Verlag, 4. Auflage, 1976. S.108.

的存在物中含有無相的自我的存有論的依據這一點說。即是，無相的自我具有自我呈現的能力，這也是它的本質；說無相的自我是具體的，是就它存在於依它而存有論地成立的具體事物說。無相的自我是最具體的實在，表示存在於具體事物中而作為它們的本質的無相的自我是具體的，一切存在都不能遠離無相的自我而有其存在性。這種說法與現象學宗師胡塞爾（E. Husserl）所說的「本質是具體物 Konkreta」在旨趣上不謀而合。[3]胡塞爾的意思是，本質（Wesen）不能被抽離而存在，它必存在於具體物之中，故一說本質，便需關聯著具體物說，在這個意義下，他說本質是具體物（Konkreta），不是抽象物（Abstrakta）。無相的自我是本質層次的東西，但它不能存有論地遠離具體的事物。這顯示出人有東西方的地理上的不同，但在思維上則沒有東西方之別。就筆者所知，久松的著作似乎未提及胡塞爾的現象學，即使有，也不多見。他們的相近說法，實表示出「人同此心，心同此理」也。

二、藝術的創作

說到無相的自我的顯現，我們不妨就藝術創作這種文化活動來具體地說明一下。田立克便提議我們直觀一件藝術品，以例釋無相的自我的存在性：我們仍未能達致無相的自我的自覺層面，而直觀

3　E. Husserl, *Ideen zu einer reinen Phänomenologie und phänomenologischen Philosophie*, Erstes Buch: *Allgemeine Einführung in die reine Phänomenologie*. Neu herausgegeben von Karl Schulmann, Den Haag: Martinus Nijhoff, 1976, S.153.

一件藝術品，與已達致這個層面而看同樣的藝術品，有甚麼不同？久松的答覆是，一個藝術家若已喚醒他的無相的自我，呈現他的無相的自我，則無相的自我會被表現於藝術品中。以禪的繪畫為例，畫家正是那被繪畫的。畫家在他所畫的東西中表達了他的無相的自我。看畫的人也會喚醒他的無相的自我，而他所注視的禪藝術也同時表現了他的無相的自我。[4]按我們應再加一句：所有的無相的自我都是同一的，無相的自我是一普遍者（universal）。只是在個別的當事人中，依後者的特殊的條件，而有不同的呈現。

進一步，久松真一表示，如果一個已覺醒的畫家在一幀畫作中表現他的無相的自我，而那幀畫作被某個還未覺醒的人觀看時，看畫者便因此能夠把自己滲透到他自己的無相的自我中。按倘若是這樣，我們觀賞藝術作品，特別是那些能呈現作者的無相的自我的作品，有助於我們喚醒自己內藏的無相的自我。

有一點我們要注意，上面提過我們的無相的自我自身便具有呈現的能力。久松更堅定地表示，無相的自我只要它是自我，便包括了自我覺醒，這其實是自我呈現，這亦可通到上面所提海德格的說法方面去：無相的自我本質上便會呈顯。久松的說法是無相的自我是有活動的，它是要自我表現或展示它自己的。這種禪的無相的自我不是一個死的本體觀念、存有觀念，而是一個「活的」自我喚醒或自我實現，能創造地自我表現。而作為一個正在運作的「活的」無相性，它能夠在任何內容或透過其中來表現自己，表現為「無內容」的自我。按這內容是指經驗世界的多樣內涵。說無相的自我有

4　《久松真一著作集 2：絕對主體道》，頁 568 上。

內容，表示它可以透過經驗世界內任何東西表現它自己。久松自己
便說，無相的自我有無限的內容，所謂「無一物」有著具有無盡藏
的內容的意味，它可用的形相或內容是無限定的。

三、道與相

　　以下我要略述艾卡特與田立克對於與無相的自我相應的道的看
法，以突出無相的自我在比較的脈絡下的義蘊。田立克提到，艾卡
特認為道（Logos）內在於每一個人之中，它顯示一點，那是人不
能空掉的、否棄的，這即是神存在於每一個人的心中。道會受到有
限事物的障蔽，不能顯發出來，只作為潛質而存在。但若能去除這
些障礙，道便能開顯。[5]按無相的自我亦有這種潛藏的狀態，它的
喚醒相應於這道的開顯。道與無相的自我的顯著的不同在於，它不
是沒有形相的，它自身便是神的形相。它的呈現，是「被生」，為
神所生，也可以說是為我們所生，因它是內在於我們之中的。它是
一個具體的神聖形相，艾卡特常將歷史上的耶穌與這道聯繫在一
起，以《聖經》中的耶穌的圖像來把它具體化。因此，道不是無
相。

　　就佛教特別是禪與德國神秘主義來說，艾卡特有完全貧乏
（Armut）一觀念，這是空卻主客的二元性（Dualität）的意味。二
元性被空卻、克服後，並不是完全空虛，卻是正在空卻的活動中，
有真正的解脫的、救贖的意義的行為生起。田立克指出，道是一個
具足動感的原理，是愛或恩惠（agape）的原理。但它不是無相的

5　　同前註，頁 566 下-567 上 ff。

自我，無相的自我是那個我們所自來的神聖的深淵（Abgrund），是那無基底者（Ungrund）。在久松看來，這無基底者正是人的無相的自我，是具體的呈現，所有有形相的東西都由此而來。正是由於無相的自我的自由運作，具有形相的東西才能出現。

久松以無相的自我來說絕對無，表面看來，很能吻合南宗禪特別是慧能禪、臨濟禪、《無門關》的精神。特別是慧能禪的《壇經》裏面講的精義，如「無一物」（「本來無一物」）、「無念為宗，無相為體，無住為本」、「不思善，不思惡」等的涵義，都在無相的自我中得到伸張。這是非常明顯的一點，我想不必在這裏闡釋了。不過，若深入地、仔細地思索禪的本質，一方面有它的靜斂的一面，《無門關》提到的「游戲三昧」中的「三昧」可以印證這點。[6]按三昧或三摩地（samādhi）是一種心所，是把心力、精神聚斂起來而不向外發散的統一作用，把心、精神集中到一對象上去，而凝斂其力量，進入宗教意義的深沉的瞑想境地。進一步可把對象移除，心、精神也能自我集中，如久松所提的無對象的集中、無集中的集中。「無相的自我」中的「無相」，與這點很能相應，相即

6　無門曰：「……莫有要透關底麼？將三百六十骨節，八萬四千毫竅，通身起箇疑團，參箇無字，晝夜提撕。莫作虛無會，莫作有無會，如吞了箇熱鐵丸相似，吐又吐不出。蕩盡從前惡知惡覺，久久純熟，自然內外打成一片。如啞子得夢，只許自知，驀然打發，驚天動地。如奪得關將軍大刀入手，逢佛殺佛，逢祖殺祖，於生死岸頭，得大自在，向六道四生，遊戲三昧。」（《無門關》，《大正藏》48・292下-293上）對於游戲三昧，我頗有自己的詮釋：三昧是作禪定工夫，積集功德；游戲是把這些功德用於世間，普渡眾生，能夠善巧地運用種種法門，救助眾生，一切是表現得那麼自然，如小孩遊戲般。

是對象、對象相也。這樣說無相，是在工夫論上說，是沒有問題的。但若從存有論上說，問題便來了。相（lakṣaṇa）是現象（Phänomen），概括對象世界、經驗世界。這世界在佛教來說，是指世俗存在，是俗諦（saṃvṛti-satya）所對的世界。這雖不是勝義的存在，與第一義諦（paramārtha-satya）沒有直接關係，但是我們日常接觸的、生於斯、長於斯的環境。我們凡夫畢竟是腳踏著這個世俗的大地而生活的，在很多方面都與這個現象世界不能分離，與後者有極其密切的關聯。倘若「無」了、否定了，遠離開它，生存便失去依據，連存在於甚麼地方，都成了問題。故作為現象世界的相是不可無的，無相的確有虛無主義的傾向。京都學派喜歡說「真空妙有」，若否定了相，「妙有」便不能說了，妙有是以相為基礎的。我自己曾說過，相是不能無的、否定（單純的否定）的。我們應該「相而無相，無相而相」。即對於相或現象世界，我們不應執取，不應視為有自性，這是「相而無相」；但最後還是要回落到這個現象世界中，只是不對之執取便是，這便是「無相而相」。久松只注意相而無相，未充分注意無相而相，是很可惜的。

　　久松真一提出無相的自我的實踐法，走相而無相之路，由此不可避免地會產生兩個問題：由相到無相，讓自己與相的世界、現象的世界隔離開來，讓自己孤立，孤芳自賞，而遠離眾生，個人的力量終是有限。另外，無相的實踐所能培養、展示出來的力量不大，沒有讓內在的生命力反彈，對於最後能否達致宗教的救贖理想，並不能完全樂觀。這需要參照田邊元所開拓出來的懺悔思想與懺悔道哲學，才有較強的救贖力量。在這兩點之中，田邊是比較強調後一點的。

四、懺悔與懺悔道

　　田邊元所提的懺悔與懺悔道，表面看來好像很簡單，很容易理解；但認真思考這個問題，則不容易說清楚，主要的問題在它牽涉及生命的一種由懊悔、失望、自責、羞慚、無力種種負面的感受而逼引出的生命力的反彈、要自強的衝動，最後這些負面的感受會凝聚、轉化而證成一種有濃烈的道德的、宗教信仰的巨大的力量。這懺悔活動或行為有一個對象，那便是作為他力大能的阿彌陀佛。當事人要把整個生命存在都託付給這他力大能，向祂告解，表示內心的悔咎與傷痛，祈求祂的慈悲的願力，讓自己從無明、罪惡、卑賤的負面處境翻騰上來，向一個有光明前途的理想趨附，而重獲新生。

　　懺悔便是這樣一種行為、活動，以哲學的角度、導向來處理這種行為、活動，而建構一套哲學理論，便是懺悔道（metanoetics）。metanoia 本來是希臘語，有懺悔、迴心的意味，田邊元把它和淨土宗所歸宗的他力關聯起來，而成就懺悔道哲學（philosophy of metanoetics），開出他力信仰的宗教現象學。

　　在田邊元看來，任何宗教上的救度或救贖，都要依於懺悔，在懺悔活動中證成。兩者是不能分割開來的，它們總是相即地交流著，而成一種辯證的關係。而即在這種辯證法的對峙局面中呈現不同不異的動感的統合狀態。[7] 那麼兩者是否在生命中成一個背反

---

[7]　田邊元著《懺悔道としての哲學》，東京：岩波書店，1993，頁16。

呢？所謂背反，是指兩種東西的性質相反，但又總是牽纏在一起，成為一體，不能分離，如生與死、善與惡、罪與福等。我認為懺悔與救度還不能說是一種背反，因為雙方有一種因果關係，不如背反必須設定背反的雙方在存有論上的對等地位。即是，懺悔是因救度是果。任何救度都涉及一種心境上的提升、轉化。這種心境上的提升、轉化，都要基於一種心靈上的自我否定，否定過往作過的行為，然後才能帶出希望與新生。我們不可能想像一個過往作了惡事而又死不悔改的人會得到救度。他必須承認自己的過失，而感到後悔，希望能作一些事情，對別人有益的事情，作為補償，即是說，必須要懺悔，改過自新，救贖才能說。田邊似有認為懺悔與救度是一個背反之意，他認為救度與懺悔總是在否定的對立狀態中，不能成為一體，卻又相即交流。[8]這有問題。懺悔為因，救度為果，雙方有一種時序上、理論上的因果關係，不能說背反。

　　實際上，田邊元對懺悔頗有自己的一套看法，他認為，哲學一方面依從理性的自律而由當前的自我出發。這自我通過由世界而來的限定的一連串關係，而自覺到絕對無的媒介作用，無中有有，亦即是空有，通過死而得生，因而是超越生死的復活的生命。當事人必須有這種信、證。這信、證的媒介行為，正是懺悔。[9]對於田邊的看法，我認為應該注意兩點。第一，田邊提出自我透過由世界而來的限定而自覺到絕對無的作用。媒介經由絕對無的中介作用而成絕對媒介，在這絕對媒介作為精神、意識空間中，種種事物得以相

互交集、相互連貫。作為這種種事物的一分子的自我，自覺到絕對
無的這種中介作用，與其他自我溝通起來。通過這種溝通，自我自
身能對比出自己的過失、錯誤，而實行懺悔。第二，田邊元說自我
通過死而得生，因而是超越生死的復活的生命。這個意思有廓清的
必要。救度與懺悔不是背反關係，因而不必同時克服、超越救度與
懺悔兩個東西，以達致高一層次的存在的、生命的境界，如其後出
現的京都哲學家久松真一、阿部正雄所說的那樣。毋寧是，這倒有
禪門所說的「大死」、「絕後復甦」的旨趣。這個旨趣是，我們要
對生命中的一切負面要素如無明、罪惡、煩惱等作徹底否定，徹底
埋葬它們，才有救度可言。必須「大死一番」，才能有復甦的、新
生的生命。

在關於救度與懺悔的內在關係的問題上，田邊特別強調懺悔對
於救度的媒介作用，認為救度需要懺悔才能得到保證，我們實在可
以說，懺悔是一種活動，也是一種原理，一種救度原理。田邊說：

> 倘若救度是不需要懺悔的媒介作用而得到保證的話，則是最
> 早發生的救度，不是人的精神對於絕對者的精神的關係，而
> 是與人的行為完全離脫開來的同一性的自然存在這樣的事實
> 了。這便不是作為最初的精神的轉化的行、信、證的救度活
> 動了。還有，倘若懺悔單單只涉及自家的分別心的問題，不
> 涉及在救度性的轉化中的媒介，卻是只及於心理經驗的話，
> 則這只是悔恨、後悔之類的有限的、相對的經驗事實而已，
> 不能說精神性的體驗，沒有絕對的、超越的轉化意義的行、

證可言。[10]

概括這一段話語的內容，很明顯，田邊認為懺悔是在精神上、自覺意識上與救度有密切關聯的活動、行為。他雖然未有提到「良知」、「良心」或「道德良知」字眼，但他理解懺悔，是與這種道德主體的道德反省分不開的。即是，倘若當事人沒有德性的、道德自覺的悔意，則一切救度只能是一種機械的、刺激與反應意義的自然活動、事實，不能觸及當事者在精神上、良知上的覺醒，這不是真正的救贖，無所謂「行、信、證」。心理義的、經驗性的、從分別心說的轉化，不能帶來內在良知的、道德的轉化，只指涉心理的、經驗性的變化，只是心理上的後悔、悔恨而已，而無關於良知的、道德的、自覺的救贖（soteriology），這種轉化亦缺乏超越性、絕對性與永恆性。

　　田邊的這種意思應該不是很難懂。救贖或救度是良知上的、自覺方面的事，自應從精神的層次處理，不能從自然的層次來看。而作為媒介的懺悔，亦應是精神上的、自覺意義的。他還指出，這樣的救贖之路，其大門總是開放的，對一般人來說是敞開的。此中有一種辯證的思維，一般人都能理解。即是，在懺悔與救贖之間有辯證關係，懺悔與救贖之間的媒介作用，即建立在這種辯證關係上。這樣，我們便可清晰地理解到懺悔道對一般人敞開了救度之路。這是一種辯證性格的表現：在絕對轉化的絕對媒介作用中發生的任何肯定都包含否定，和被轉換為否定；在其中，否定可被轉化為肯

10　同前註，頁 13-14。

定，而不必被捨棄。[11]這其實是生命力的一種反彈，這點非常重要。

在這裏我只想重申一點：懺悔道哲學對一般人來說，永遠是敞開的，這是毋庸置疑的。其理由很簡單，作為絕對無的條件是媒介作用，這便成就了絕對媒介。懺悔是絕對媒介，它的根源在絕對無，而絕對無是一終極原理，它具有普遍性，因而內在於各人的生命中，因此，每一人都能進行懺悔，這便是田邊元說懺悔道對一般人敞開的理據。關於這點，我們可以說是田邊的宗教哲學對久松的相而無相的超越作用的補充。「無相」雖然克服了一切的對象性，而臻於絕對的境界，但與經驗世界仍在受苦受難的眾生隔離開來，畢竟不夠圓滿。相而無相是必要的，但需要再行深一步，由無相回落到相的世界，以普渡眾生。我們不應只有往相，同時也要有還相才行。

田邊對自己的懺悔道的哲學非常有自信，他曾表示自構思這種哲學以來，一切想法都立根於自己個人的實存的自覺。在他看來，在作為懺悔的自覺的懺悔道之外，不存有其他哲學的途徑了。[12]他又表示，在現實的不合理（按即非理性）的狀況中，他對國內（按

11　同前註，頁 17。

12　同前註，頁 29。讀者可能認為田邊的這種說法過分誇大懺悔道哲學。不過，倘若我們把哲學只就實踐的導向來說，亦即以生命哲學或生命的學問來說哲學，則懺悔的確是一種非常重要的行為。人不是上帝，不能沒有錯失；只要承認錯失，而樂於懺悔，才有自我轉化可言。自我轉化是一切生命的、行為的哲學的基礎。倘若就這點說，說懺悔道是唯一的哲學路向，並不為過。

指日本）的不正、不義以至偏見與妄斷的事，都有自己的責任感；
對於他人所犯上的罪惡與錯誤，有自己也負有責任的感覺。他又承
認自己的哲學在解決實際事務上的無力性（按當時是在第二次世界
大戰末期，日本已呈敗象），因此不得不為自己的哲學的無力絕望
而告解、而懺悔。最後，他坦言倘若要再向哲學之路出發，只有懺
悔一途。[13]哲學本來便是一種思辯的學問，那是對終極真理的思
辯。西方哲學便是一直在這種根本理解下發展的。田邊早年也是學
西方哲學起家的，到他接觸親鸞的淨土真宗的教義與實踐，已是後
來的事了。為甚麼他說哲學無力呢？我想他是就思辯的哲學而言哲
學，這種哲學不能涉足現實的政治、經濟、軍事等務實事情。政治
哲學又如何呢？我想也不行，實際的政治家，特別是那些掌權的
人，是不大會留意這種哲學的。田邊的哲學有很多精采之點，包含
洞見在內，但與現實社會沒有關聯。他的一生只是在大學講課和寫
書而已。這從現實的角度來看，不能不說是一種憾事。

　　不過，我們也不應過分低估哲學的力量，特別是在文化形態與
價值意識的開拓方面。釋迦、孔子、蘇格拉底等不是一直在影響著
東西方以價值標準為主的精神文化麼？田邊的懺悔道哲學雖一時不
能有甚麼影響，但它提出一種有普遍意義的道德與宗教活動的理
論；就與其他的哲學作比較來說，他的那一套算是與實際的世界距
離較短的了。他曾對自己的懺悔道哲學作過估量，提出懺悔不單是
一種事後的後悔，那是一種痛苦的憶念，對自己過往的罪過的追
悔，或者是一種痛苦的感受，而深深希望那些罪過未有發生過。它

13　同前註，頁 28-29。

卻是一種自我的突破（Durchbruch）或自我的放棄。[14]這自我突破、自我放棄可以激發起生命存在內部潛藏著的正面的強大的力量，讓當事人與過去作過的不當行為徹底地切割開來，而開展出一種全新的生命旅程。以下一節我們便討論這個問題。

五、自我放棄與「大非即大悲」

在田邊元的救度、救贖哲學中，有兩點需要注意，其一是自我放棄，另一則是「大非即大悲」。在田邊看來，當事人由於作了惡事或犯了罪，陷入情感與精神的苦痛中，受到良知的責備，自己無法憑自力解決這些生命上的問題，於是求助於他力，希望藉著阿彌陀佛的願力加被、加持，讓自己從生命的苦痛的深坑中逃生，並且得到覺悟與解脫。這是一般的說法，沒有問題。不過，田邊提出一

14　同前註，頁 4。以上是討論田邊元的懺悔道哲學，亦即是他的宗教哲學的問題。讀者也可參閱拙文〈田邊元的宗教哲學〉，拙著《絕對無的哲學：京都學派哲學導論》，頁 25-26。另外又有西谷啟治著〈田邊哲學について〉，中埜肇編集、解說《田邊元集》，東京：筑摩書房，1975，頁 399-424。James Fredericks, "Philosophy as Metanoetics: An Analysis", in Taitetsu Unno and James W. Heisig, eds., *The Religious Philosophy of Tanabe Hajime*, pp.43-71; Makoto Ozaki, "Other Power and Repentance", "Species as Expedient", Makoto Ozaki, *Introduction to the Philosophy of Tanabe: According to the English Translation of the Seventh Chapter of the Demonstration of Christianity*. Amsterdam-Atlanta, GA: Eerdmans Publishing Comp., 1990, pp.95-97, 97-99; Fritz Buri, "Der Inhalt der Metanoetik", in Fritz Buri, *Der Buddha-Christus als der Herr des Wahren Selbst*. Bern und Stuttgart: Verlag Paul Haupt, 1982, S.92-99.

極其重要之點：他力大悲的救贖行為並不是施與那些完全不作出倫理上的努力，而只抱怨自己的脆弱性、無能性，歌頌他力的全能性的耽於安逸生活而不覺得羞慚的人。他力的救贖只應施與那些盡了自力而對自己的無力性感到慚愧，因而實行懺悔的求道者。他特別強調，大悲只會在大非的否定轉化中現成。[15]田邊的意思是，一個人犯了罪，作了惡事，應該全力在自己能力中努力，盡量去解決這惡、罪的問題，即使這樣去作，還是解決不了問題，才應委身於外在的因素，向彌陀佛求助，藉著後者的悲願，讓自己在精神境界上、心靈狀態上得以昇華。倘若不這樣作，光是坐著等候外力的援助，是不會有結果的。他又表示，在求取絕對意義的轉化中，涉及絕對的否定的行為，這作為絕對轉化的絕對否定的行為，亦即是「大非」，是作為救度的大悲而被信、被證的，這是他力信仰的核心點。[16]即是，先有大非然後有大悲。大非是對過往的行為與行為的主體的徹底否定，在這之後，才能有大悲的願力出現，這種大悲的願力，是出自彌陀的至誠悲願的。而這大非即大悲、無即愛或大悲即大非、愛即無是一種具體的、需要親身參與的行動，這是一個實踐的問題，涉及懺悔道的問題，不是可以就理論上的辯解來解決的。關於「大非」、「大悲」、「無」、「愛」這些字眼，常出現於田邊的著作中，「大非」與「無」是負面說，「大悲」與「愛」則是正面說，兩方面都有辯證的意味。當事人須已徹底否定自己的惡行，才會得到彌陀的大悲助力；而他所蒙受的愛，是從絕對無而

15　《懺悔道としての哲學》，頁 19。
16　同前註，頁 9。

來的,這絕對無即是他力彌陀。

關於大非即大悲、無即是愛中的「大非」與「大悲」、「無」與「愛」的辯證性格,田邊也表示這種關係不能以邏輯的眼光來看。他提出,倘若大非即大悲這樣的信仰的事實是依某種邏輯而論證出來,則在最早的邏輯便沒有行、信、證的內容,也不是信仰的立場了。這樣便失去他力信仰有別於同一性的神秘主義的成立的理由了。[17]田邊這種說法,是讓淨土宗的教說特別是淨土信仰與邏輯切割開來,強調在以理性為基礎的邏輯的真理上,還有更深刻的辯證的真理。大非即大悲、無即是愛不是邏輯的真理,而是辯證的真理。在田邊看來,淨土宗的他力信仰中的行、信、證都是實際的行動,當事人只有全力去行動,去信仰,在行動與信仰中與他力的悲願合而為一。越是脆弱而在行動上越是積極的人,便越是淨土悲願要救度的對象,親鸞所提的「惡人正機」便有這個意思,即是,罪與惡越是深重的眾生、根機,便越是救贖的正確對象。這與一般的神秘主義(mysticism)不同,後者不考慮個體的特殊條件而施救,而只籠統地強調抽象的、無分別性的同一性。

因此,辯證性個的救度是要考量具體情境的,也有一定的救度程序。在這些點上,田邊說:

> 只有在懺悔的媒介作用中放棄自己,否定自己的存在價值,只有以這種情況作為媒介,才有救度可言……對於救度的不可思議性的戰慄與感恩,當事人即使是懺悔過,得到救度,

---

17　同前註,頁 11。

也應覺得這仍是不足夠的，難以讓自己繼續生存下去的。這種大非即大悲的不可思議的救度力，並不能消滅這些沉重的罪惡。在懺悔中，戰慄、感恩與誹謗總是在相即相入的循環狀態中，而懺悔與救度、罪惡也交相互動起來。依於這種循環狀態，在懺悔、救度和罪惡之中，一種媒介性格的關係會生起。在這種循環的歷程中，誹謗與罪惡能夠在懺悔性格的媒介作用中，被轉化為救度，而不必消滅罪惡。這種懺悔的無限構造能引生恐懼與戰慄，但可能讓人傾向於救度的目標。懺悔的媒介作用可以在不斷除煩惱罪障之中讓人得到轉化。[18]

對於田邊元的這種語重心長的敘述，我想作如下的說明。第一，以懺悔作為媒介而放棄自己，並不等同於自暴自棄，甚麼也不作，只等待大救星的降臨。這卻表示當事人徹底地要埋葬過去作盡惡事的自己的決心，和期待轉化來臨的熱切渴求。他始終保持著一種謙卑的心態，總是覺得自己改過自新的工夫作得不夠，不值得讓自己繼續生存下去。他越是這樣想，越是這樣否定自己（大非），便越能得到彌陀願力的加持（大悲），越能啟導出不可思議的救贖。當然，這只展示當事人的自省、懺悔與謙卑，並不把救贖置在心頭，作為一種目的。倘若不是這樣，則失卻懺悔道的原意了。第二，在懺悔的活動中，戰慄、感恩和誹謗這三種心態結集起來，而成為一個三位一體（triad）。戰慄是面對自己過往所作過的罪惡的事，感到不安，不能定下心來。誹謗則是咒罵，理性失了常態，自己禁制

18　同前註，頁 15-16。

不了。感恩則是當事人對他力彌陀的悲願表達感激，後者不但不嚴責自己過往的惡行，反而對自己慈悲加持，當事人對這種恩典感念不已。第三，在懺悔道或懺悔性格的媒介作用中，人的邪惡犯罪的心被轉化，而不必斷除煩惱罪障；這煩惱罪障反而可以作為方便（upāya）而被利用，警惕自己，也警惕別人。這是大乘佛教特別是天台宗的圓融智慧的表現：煩惱即菩提，生死即涅槃。

以上的敘述，都離不開一個總的確認：懺悔是救度、救贖的媒介。沒有了這種媒介，救贖便無從說起。而真正的懺悔應是發自心的真切的反省與感受，是絕對地自願性格的，不能有任何來自自己之外的壓力在裏頭。關於這點，田邊作出更深入的反省、反思。他指出，在懺悔道中，救度的大非力作為大悲心而運作，絕對無的絕對轉化即以這大悲心作媒介，而懺悔即這樣地成為哲學的通道了。在這裏，田邊提出「無の絕對轉換」，以大悲心作媒介而成就懺悔道，這如何可能，田邊未有解釋。[19]我在這裏姑補充幾句。所謂無（Nichts），是絕對無（absolutes Nichts），它是終極原理，有一定的客觀義，若要作出轉化，成就宗教目標，便得借助能夠運作、運轉的心，這即是大悲心。以大悲心為媒介，把絕對無的訊息傳達到眾生世界，教化他們，便成就所謂「無的絕對轉化」了。這也可以視為懺悔道的轉化，或哲學的轉化，懺悔道自身便是一種轉化義、救贖義的哲學。

在田邊看來，懺悔是救度的媒介，它的相對的自力成為絕對的他力的媒介，這絕對的他力即是彌陀的悲願。依於此，懺悔為絕對

19　同前註，頁 13。

他力所帶引，而被轉換為作惡犯罪之前的心態，體驗到不可思議的、超越的復位的喜悅。我們可以見到，哲學以「媒介的邏輯」把理性（按應指康德所說的純粹理性）媒介進（媒介作動詞解）不可思議的宗教的轉化中，讓人由概念的、理論的並且有否定傾向的媒介，了得宗教的直接體驗。[20]

　　這裏所說的宗教的直接體驗，是在實踐的活動中說的，不是在像宗教的定義那樣的概念、理論中說的。以下我們即看田邊如何看懺悔道的實踐義涵。田邊說：

> 我們以懺悔為絕對媒介來行動，其中的行、信、證是要求絕對知識的哲學的必然（要走）的路向。而自覺地實踐這種路向的，正是懺悔道。這是我自己所意指的哲學。這不是就懺悔而說「懺悔的哲學」，這是實踐懺悔的他力哲學。進一步說，哲學的懺悔，便是懺悔道。懺悔不是在哲學中作為一個外在的問題而被提出來，也不是止於在方法上提出一些規定……懺悔道是在哲學中發展出來的。哲學須是哲學的懺悔，才能達致它所要到達的目的地。有（being）是相對的，不可能是絕對。絕對無必須是無，如我曾說過那樣。無是轉化。因此，有作為無的媒介，是轉化的軸心。[21]

按田邊在這裏所說的絕對知識，應是指有關終極的、絕對的真理的

20　同前註。
21　同前註，頁 24。

知識；這只能透過具有強烈的實踐意味的行、信、證來達致，辯論的、分解的途徑是沒有用的。懺悔的哲學不是思辯的哲學，而是行動的哲學；而懺悔不是拿來說說的，卻是拿來實踐的。在這個前提下，自力與他力便變得不重要了。在實踐中，能夠以自力的方式解決問題，自然很好，倘若不能，而得求助於他力，也無可厚非。人的能力是有限的，他不是上帝。在這裏，田邊把實踐、行動放到最高位置。他強調哲學須是哲學的懺悔才管用；只有在懺悔的行動中，宗教意義的轉化才是可能的。而轉化的根源，正是作為終極真理的絕對無。絕對無是宗教的泉源，它是通過對一切相對性的東西的突破而成就的。相對關係必須先崩潰，才有絕對性的現成。相對關係存在於作為「有」的存在世界中，要達致絕對性，便只能在存在世界中努力，離開了存在世界，一切都是空談。基於此，有或存在世界便成了絕對無的媒介。在這方面，我們可以看到田邊元的思想在作實效性的轉向（pragmatic turn），也可以說是有實在論的傾向。他很明顯地與西田幾多郎的觀念論的導向分途了。這是他後來批評西田哲學的一個線索。

六、自覺與自我

在這裏，有一個重要的問題可以提出來，那便是自覺的問題：懺悔道在他力的遮蔭下，自覺或主體性意識會不會受到傷害呢？一種哲學倘若缺乏超越的反思與自覺，便會淪於自然論，更精確地說，是機械化的自然主義。一切活動會因此而失去主宰性，其軌跡會由外在的自然現象或因果性來決定，則價值特別是主體性的價值便無從說起。在這方面，田邊也考慮及。他表示，真正的自覺，不

是同一性的「生的連續不斷」的自覺，而是作為在絕對與相對之間的「否定的轉化」的「死與復活」的自覺。懺悔的自我放棄與他力的復活的轉化的媒介，加上對自覺的明證，可以為哲學帶來一種客觀的基礎。[22]田邊的意思是，真正的自覺，不是邏輯意義或層次方面的對同一的生的現象的連續不斷地出現的自覺，這是經驗性格的。真正的自覺應是超越的、辯證的；這是對由「否定的轉化」而來的「死與復活」的自覺。這一點非常重要。否定而又有轉化，顯然不是邏輯性的，而是辯證性的，只是其方向不是由正面的肯定開始，而是從負面的否定開始，因此接下來的應是一種肯定，或可說是大肯定，在這大肯定中，有「死與復活」的現象學意義的事件不停地出現，而為當事人所自覺。「死」是「否定」，「復活」是肯定；由死到復活，是一種徹底的精神活動，與物理的、身體的經驗性活動無涉。當事人可以在復活、生命的與精神的復活中得到保證，也可自覺到這種復活、復甦。這「死與復活」是一種主體性的活動，但也有客體性、客觀的基礎，其來源應該是他力。

就關聯到他力來說，田邊表示，我們要信任他力，在他力的恩寵下，放棄自我，或自我放棄，把自己的實存性放在自己的死亡之中，才有真實的實存性可言，才有自由可言。[23]在死亡之中放進自己的實存性，讓這實存性被否定，然後才能確立、認證自己的實存性。這是生命的一個大弔詭，是先死而後生的生死智慧的醒覺。即是說，自己的實存性或生命存在在他力的蔭護和恩寵下，先行自我

22　同前註，頁 12-13。

23　同前註，頁 5。

放棄,必須經過這種自我否定、自我放棄的精神活動,才能建立自己的真實不虛的實存性,亦只有在這種情況下,自由或主體自由才是可能的。他力是客體性(Objektivität),但對主體性並無施加壓力,反而對後者關懷與寵愛;這與他力彌陀的悲心弘願非常相應,當事人在這種情境下仍可享有充分的主體自由。

在主體自由與他力之間總保持著一定的均衡關係,主體自由並不是要完全失去自己,他力也不是要一方獨大,把主體自由視為被壓在五指山下的孫悟空,讓它變成完全被動狀態。有關這一點,田邊說:

> 促使我們去放棄自己,正是讓我們回復自己的力量。曾經否定「我們的存在性」,而又讓我們得以復歸於原來的肯定的,是同一的力量。一度單方面承認自己的無價值性與空無性,卻又率真地確認自己對負面價值的反抗性。不思議地,一度被否棄的自我存在轉而為被肯定。我們的存在便在這種絕對轉化的否定與肯定中被確立的。[24]

這段文字有非常重要的意義,它展示出田邊的他力主義的限度和對主體性的積極觀點。他力對於意志和能力較為薄弱的人是很重要的,當事人在求解脫、求新生的心路歷程中的確很受他力的慈悲願力的影響,但他並不是一面倒地依附他力的助力,他在某種程度上是能保留自己的主體性的。這是因為,如田邊所言,那在開始階段

---

[24] 同前註,頁 6。

自願放棄自己而委身於他力的悲願的自我，與那最後達致目標，回復原來的自我，是同一的主體性。在整個求道、成覺悟、得解脫的宗教進程中，當事人都能維持自我的主體性。他力是無條件地助成自己的宗教目標，但未有取代自我、割裂自我，自我由始至終都是完整無缺失的。特別是在這整個實踐歷程中，自己憑著他力的慈悲，能夠在自己感到最無價值、最空虛的狀態中，把深藏於自己的生命內部的力量發揮出來，造成生命力的強勢反彈。自我否定的自我轉化成自我肯定的自我；自我始終保持著連貫性，是很不容易的，委身於他力的自我卻能作到。即是，主體一方面全面地委身他力，把整體生命存在的前程都託付給他力，同時又能保留自己的主體意識、自我同一性。淨土信仰的獨特性與殊勝性，便在這裏。對於這樣的不可思議的宗教性的歷練與體驗，田邊用這樣的字眼描述出來：

> 在懺悔的媒介作用下，對於一切存在都放棄追求，在精神上斷除在救度義下的存在的回歸、復活，在絕對的大悲心的轉化力之中，才能超越地媒介地使被轉換的存在回復過來。這是屬於絕對的大悲心、大非力的不可思議的活動，與同一性的自然與必然性無涉。[25]

這種宗教性的歷練、體驗不同於同一性的自然與必然性，雙方也沒有必然的聯繫。這只能說是真誠的懺悔活動與大非即大悲的辯證的、弔詭的思維運作的結果。在這裏，難免有一些神秘主義的意旨

25　同前註，頁 14-15。

隱藏於其中。既然是神秘主義，我們便不想多說。不過，有一點要指出的是，一切有關宗教理想，也可包含神秘主義在內，都必須通過實際的行為、活動才能竟其功，光是思想或思辯是不足夠的。

七、淨土的世界

以上我們就田邊元提出的懺悔行為和懺悔道哲學補充了久松真一的無相的自我觀點的不足。其中一點是引入淨土宗的還相觀點與實踐，在無相的自我的相而無相的超越導向下，進一步開拓無相而相而回歸向俗世的境域。另外一點是透過懺悔的實踐而強化無相的自我所帶來的貧弱的宗教力量，讓後者變得充實飽滿。這是透過大非即大悲的辯證的思維與實踐而得以證成的。

田邊元的高足武內義範又進一步透過對「阿彌陀佛」的名號的稱念，開拓出一個「我與汝」（I and Thou）的超越的連結，在大地上引發出一種具有現象學意義的神聖的聚合，在其中，眾生在阿彌陀佛的悲願的帶引下，證成一個圓融無礙的淨土世界。這顯然是一種還相的表現。以下我先引述武內義範的一段話語來展開對淨土的境界問題的討論。

> 在佛的名號的情況來說，那兩個運動同時出現。我在當下與阿彌陀的名號相遇，這名號作為永恆性由淨土回流過來。這是以一種在當前的現在中的我與汝（Thou）相遇合的形式發生的，以那個名號（作為汝 Thou）由未來回流過來。在另一方面，在這種遇合發生之際，通過作為一種使召喚和回應連成一體的決定的「南無阿彌陀佛」的宗教活動，那象徵

的世界直接地在地上被發現了。[26]

這段文字相當難懂，需要詳加解釋。文中提到的「兩個運動」，正是精神的兩個走向。其中一個走向是由過去到現在，另一則是由未來到現在。過去表示歷史，未來表示理想、目標。故由過去到現在是歷史的走向，以歷史為主導；由未來到現在則是宗教的走向，以宗教為主導。對於這兩種走向，武內顯然是以價值的眼光來處理，因而特別重視那宗教的走向，由未來到現在。當念頌起阿彌陀佛的名號時，這名號代表淨土，故是由未來回流至現在，或由淨土回流過來。武內以為我與阿彌陀佛的名號相遇是一種我與汝（Thou）的遇合，很顯然地是以阿彌陀佛的名號為淨土，以之為汝（Thou），表示超越的理想。因此他說，在這種遇合發生之際，象徵的世界直接地在地上被發現了。這其實是說淨土世間的實現；象徵的世界即指淨土世間而言。

武內進一步說：

> 在更具體的形式方面，這個象徵的世界，作為人與那名號相遇合的背景，也指世界的敞開，在其中，念佛被歷史地傳播過來。這表示，像海德格的天、地、神、人的結合者那樣，所有的佛都稱頌和保證阿彌陀的名號的世界的實現，每一事物都反照出每一事物來。便正是在這個世界中，如同在布特

---

[26] Takeuchi Yoshinori, "Shinran and Contemporary Thought", *The Eastern Buddhist*, New Series, Vol. XIII, No. 2, Autumn 1980, p.43.

曼（R. Bultmann）的歷史的世界中，與汝（Thou）的相遇，與那名號的相遇，都發生了。[27]

這裏說的世界，顯然不是現實的歷史的世界、時空的世界，而是作為宗教理想的淨土的世界。在這個世界中，一切東西都是平等的，都具有無比的價值，而且都涵攝其他事物，「每一事物都反照出每一事物來」。這裏說的名號，自然是指阿彌陀佛的名號而言。說念佛被歷史地傳播過來，表示從歷史的層面傳送過來，而成為當前的宗教真實。之所以是這樣，是由於所有的佛的保證，這亦是由阿彌陀佛的保證。所有的佛稱頌起阿彌陀佛的名號，而又聯同阿彌陀佛，保證淨土世界的實現。這種說法，完全是宗教意義的。

所有的佛稱頌阿彌陀佛的名號，使我們想到日本淨土真宗的親鸞的主要著作《教行信證》方面來。其中談到誓願的問題。其中的第十七誓願說到諸佛的稱頌的誓願，即諸佛稱頌阿彌陀佛的名號誓願。這表示諸佛通過稱頌阿彌陀佛的名號來讚歎阿彌陀佛的偉大。據一般的理解，這並不是指涉我們對阿彌陀佛的名號的稱頌，而是指涉一件屬於絕對世界的事件：「南無阿彌陀佛」的稱頌出現在正法的彼岸，這件事發生在那超越人的世界的諸佛世界中。武內提到，關於諸佛對阿彌陀佛的名號的稱頌如何關聯到我們的念佛的宗教實踐一問題，是難以理解的。不過，他稍後又就這個問題表示，諸佛稱頌阿彌陀佛的名號的實踐，會在我們念頌無礙光如來的名號的實踐中反映出來。這樣便解答了這個問題。他的意思是，我們稱

27　同前註。

頌無礙光如來的名字，是一種象徵的活動，其中映現出諸佛對阿彌陀佛的名號的稱頌。這自然是從宗教信仰一方面著眼的。武內表示說：

> 淨土與這個世界，諸佛與一切眾生，宇宙的合唱隊，回響起那個名號，直徹入十方世界。而在地上的歷史性的念佛的偉業，在這個象徵的活動中，形成一個聚合著天、地、神、人的場所。這樣的象徵的活動，如雅斯培斯（K. Jaspers）所說，可稱為絕對的活動。在其中，一切主客的對立都熔化掉，具體的實在以其純粹的面貌出現在活動的場地上。我與汝（Thou）的遇合和相互呼喚便是在這裏實現出來了。[28]

這裏主要是要烘托出一種絕對的活動、絕對的境界，也就是淨土的境界。在這種境界中，據武內所說，有三件殊勝的現象顯現出來。其一是事物的主客對立的關係消失了，每一事物都以絕對主體的姿態出現，而擁有無比的、絕對的因而是不能代替的價值。二是具體的實在都以其純粹的面貌出現，即每一事物都不再是現象，不再受時間與空間的約制，而如如地以物自身的姿態出現，一切事物都回歸向它的真實自己、在其自己。三是在這淨土世界中，一切眾生都與作為汝（Thou）的阿彌陀佛的名號甚至阿彌陀自身相遇合，都得到阿彌陀佛的慈悲的本願的憐憫與助力，而走上往生之路，覺悟解脫。

---

[28] 同前註，頁 45。

第二十章
純粹力動現象學的宗教意涵

一、問題的提出

有一年，我到日本旅行，走山陰路線，到了一個叫「鳥取」的地方，停了下來。鳥取以產水果著名，同時有大砂丘，是日本三大砂丘之一。一日上午，我在砂丘徘徊，行來行去，從這邊行到那邊，又從那邊行回來，然後坐在岸邊的石頭上，面對日本海，四面無人。我突然覺得很寂寞，想起已逝去多年的媽媽。媽媽生來命苦，自幼家窮，生長在農村，讀小學讀到小二，便停學了，幫人做零工，未足二十歲便嫁入我們吳家，料理家務。爸爸則常在外邊做文書、書記的事，很少回家。媽媽生了我們兄弟三人之後，便患上癱瘓症，不能走路，只能待在家裏，還幸可以煮飯洗衣服。此後便一直留在家裏。只有一次她的異母同父的姊妹帶他出省城，在廣州住了一段時間，算是出過門了。回農村後便沒有外出過。到了六十歲左右，禍事又來了，她在椅子上坐了很久，要起來站一下，不幸跌倒在地上，大腿骨折斷。連站也站不起來了。農村的醫療條件非常惡劣，要看醫生，得把她放在竹籮裏，由兩個人前後抬起那穿著

竹籮子裏的木桿，走一個小時才能到市鎮，找醫生看病，但總是好不起來，最後只得放棄治療，在床上活動。打後十多年，都在床上度過，直到老死。她意志軟弱，對前景沒有盼望，只能過一天是一天。做一日和尚，敲一日鐘。我們請了一個傭人，二十四小時伴著她，照顧她的起居飲食，也包括大小便在內。一直到七十六歲，便離開這個世界。她的一生，只能以苦痛來描述。爸爸在香港，初時還惦念著她，每個月都寄些錢回來，後來找到一個女人服侍自己，媽媽的事便少管了。照顧媽媽的擔子，便落在我們幾個兒子身上。對於此事，媽媽一直忍受，無怨無悔。

媽媽有一副善良的心腸，只是貧苦。她喜歡小孩子。每逢有小朋友經過門前，她總會拿一些糖果給他們吃，逗他們玩。這是她的快樂的時光。她很少與人爭吵，很少罵人，內心和善平安。只是有時被祖母責罵，也不還口，只躲在房裏飲泣，一切逆來順受。她有時也頗受到一些侮辱、屈辱。一些野孩子走過門前，吐一口痰，大叫一聲：「死跛婆」，便溜走了，無影無蹤，媽媽簡直是奈何他們不得，只能忍受。

一九九六年元旦，大年初一，我從香港打電話回農村，想著跟媽媽講幾句話，祝賀她身體健康，心想事成。怎料一通電話，便聽到她說：「鈞兒，我很辛苦呀！」原來她有病，不肯看醫生，三弟催她無效，我便跟她解釋，有病應該看醫生，不必怕麻煩，她答應了。怎料一個多小時後，三弟打電話來，說媽媽到了醫院，已被發現沒有生命跡象，已經過去了。媽媽便這樣跟我們永別了。事後自然是辦理一些後事問題。一年多前我回農村，看看荔莊舊居，發覺都是殘垣敗瓦，雜草叢生，渺無人跡，只見一大堆螞蟻，有幾隻髒

老鼠在亂竄索食；每個角落都積著污水，想起很多兒時舊事，委實
難過。不停地問自己：媽媽去了甚麼地方呢？她知否我正在想她
呢？她一生孤苦，無聲無臭地來到這個世界，過清簡貧窮的（不是
貧賤，而是貧窮）生活，七十多個寒暑後便走了，靜悄悄地離開這
個世界。來時是一無所有，去時也是一無所有。她孤苦地來到這個
世界，也孤苦地走了，養育了我們幾兄弟。這到底是甚麼一回事
呢？她的出現與消失，到底是甚麼現象呢？

　　我在鳥取大砂丘，面對日本海，也是問這些問題。想著想著，
不禁唸起前此胡亂寫成的一首歪詩「鄉愁」，是這樣的：

　　　　背著破爛的布袋，
　　　　乘著輕快的步履。
　　　　只知甚麼是天涯，
　　　　不知甚麼是鄉愁。
　　　　路途遙遠難窮盡，
　　　　多少寒窗記不清。
　　　　夢裏依稀老母淚，
　　　　舊時遊伴煙雲飄。
　　　　哼起古老的山歌，
　　　　想起池塘的水牛。
　　　　有無朦朧思無著，
　　　　才知甚麼是鄉愁。
　　　　鄉愁鄉愁啊鄉愁，
　　　　老是讓我添惆悵。

奇怪的是，媽媽雖然離我們而去，去到一個不知是甚麼的世界（我姑這樣說，因為不能確定下來），但我總覺得她並未完全消失，甚至有時出現在我的左右，好像在導引我自己。我知道這是主觀的幻覺。一個人死了，便是死了，怎麼還會出現在這個世界呢？但有一個疑問總是在我的心中盤旋，揮之不去：一個像媽媽那樣善良的女人，出現在這個世間，苦痛地過日子，然後靜悄悄地走了，留給我種種淒清的回憶。這到底是甚麼一回事呢？是不是每個人都是這樣呢？

二、受苦、淬煉與提升

就我自己所提出的純粹力動現象學來說，似乎可以對這個問題作出回應。即是，人生來便是受苦的，但要在苦痛中自我淬煉，以提升自己的精神境界。

我先從苦與樂的對比說起。在我們日常的生活中，有苦痛的感受，也有快樂的經驗。但苦痛與快樂並不是對等的，而是，苦痛是根本的，是常數（constant），快樂則是狀態性的，是變數（variety, diversity）。苦痛是恆常的，基調性格的，快樂則是人的活動到了某個階段的感覺。不足這個階段，或過了這個階段，都無快樂可言，都是苦痛。譬如吃飯，有些人吃三碗飯便飽了，便滿足了，感到快樂了。吃一碗、兩碗，都不夠，還有飢餓的感覺。這便是不滿足，不快樂，也可以說是苦痛。吃三碗飯便剛剛好，感到舒服、滿意。但若繼續吃下去，便有點勉強了。吃四碗便太多了，吃五碗、六碗，便覺得熬不住了，太飽滯了，渾身不舒服，肚皮快要脹爆了。因此，就這個人來說，吃飯這種活動，三碗對他來說是恰

當的，過癮的，快樂的。不足三碗，或三碗以上，便是過猶不及，都不舒服，不快樂。故不快樂是恆常性格的，對這個人來說是不足或超過三碗飯的分量。快樂則是階段性的，每個人不同。對這個人來說，三碗飯是適當的分量，不足三碗，或超過三碗，便不行，便不舒服。

再以游泳為例。某君喜歡游泳，每次都游一小時，盡興而返。因此他的適量時間是一小時。若只讓他游半小時或四十五分鐘，他都覺得不過癮，要游足一小時才滿意。若逼他一小時後繼續游下去，兩小時，三小時，……最後他必會弄到筋疲力竭，淹死水中。因此，游泳對他來說，一小時是最適量的，他會感到滿足。少於或超過一小時，便不行了。

這樣的活動或經驗可以用到整個人生方面去，而提出人生的基調是苦痛的，快樂只能在某個階段、程度下感受得到。佛教說人生「一切皆苦」或「有漏皆苦」，並沒有錯。生老病死，哪一點不是苦痛呢？佛陀教人遠離苦樂二邊，而行中道，便展現人生的真理與洞見。刻意去過苦行的生活，和無限制的淫樂，都是不好的。要從這兩個相對的極端超脫開來，而守離苦離樂的中道（madhyamā pratipad），是最適切的。但達致中道是一種工夫，要艱苦修行來證成的。

就上面所說的苦痛是常數，快樂是變數，前者是恆常，後者是暫時來看，說人生來是受苦的，並沒有錯。但我們不必一條鞭地隨順著苦痛的生活滾下去。毋寧是，我們要對人生的苦痛煩惱有徹底的認知與體驗，找尋出一條超拔的道路。這便是筆者所說的在苦痛煩惱中自我淬煉，在體驗與忍受苦痛煩惱中開拓出一條能讓自己的

精神境界不斷提升的光明大道。種種人生的明覺與洞見
（Einsicht），都是在這個脈絡中說。我們在哪裏跌倒，便在那裏
站起來。我們不必視苦痛煩惱為帶給我們無窮無盡苦難的洪水猛
獸，卻應與它建立某種關係，與它周旋，找尋應付與克服它的洞
口。甚至不視它為敵人，與它交個朋友；視苦痛煩惱為淬煉自己的
意志的一個場所。我們可以擴大自己的包容面，不單能包容快樂，
同時也能包容苦惱。

　　從佛教的觀點來看，苦痛煩惱與快樂比較，雖然是常數，但不
是不能對付的，不能克服的、超越的生存問題。苦痛煩惱畢竟是緣
起的，是生滅法。是緣起、生滅的，便是可以改變的，以致教化
的、轉化的。道德的教化義與宗教的轉化義便是在這裏說。

三、純粹力動的實現本質

　　以下我們轉到一個較大的視野來看人與受苦的問題，亦即是就
純粹力動現象學來說。純粹力動（reine Vitalität, pure vitality）是終
極原理，它是一種超越的力動，綜合絕對無（absolutes Nichts）與
絕對有（absolutes Sein）的靈動質實的優點，同時也超越了兩者可
能發展成的不良的弊端：虛無主義與常住論。它作為一種抽象的力
動，以實現為本質。[1]這正相應於海德格（M. Heidegger）所提到的

---

[1]　純粹力動具有存有論的意涵，它只能存在於它所實現出來的種種事物
　　之中。我們不能在宇宙中找到一種在抽象的、抽離的狀態的純粹力
　　動。一說到純粹力動的存在性，便必從它在轉化的歷程中所示現的具
　　體物事中說。

「存有在實現中證成其本質」（Sein west als Erscheinen）。[2]即是說，純粹力動必須從實現方面說，它的本質正是實現，它以實現其本質而存在。純粹抽象的純粹力動是沒有的、不存在的。它作為一切存在事物的根基，會透過一連串的變化、轉化的歷程而呈顯出來。它會從超越的、抽象的狀態凝聚、下墮，而分裂出、分化出客體世界，自己則以睿智的直覺（intellektuelle Anschauung）的主體性而存在。這主體性又透過自我限定、否定而屈折成知性或認知主體，在這種過程中，它釋放出時間、空間形式和範疇概念，以助成認知主體對客體世界的種種認知活動，而成就知識。[3]而在純粹力動分裂、分化成客體世界的歷程中，它先詐現為有超越義的氣，又進一步凝聚而成材質義的氣。材質義的氣又會自我限定而為種種叢聚義的蘊聚，蘊聚再進一步會分化為種種具體的事體（event）、際遇（occasion）。這事體、際遇是虛通性格，不是質實的物體，也不是物體的不可再分割的最小單位，如分子、原子之類。

若以道家的詞彙來說，純粹力動相應於老子的道、無、自然。《老子》書中所說的「道之為物，惟恍惟惚」、「有物混成，先天地生」庶幾近之。而純粹力動詐現而成的超越的氣和材質的氣之

2　參看本書頁 226 註 2。這存有在實現中證成其本質，頗有儒家張載的《正蒙》的「太虛不能無氣，氣不能不聚而為萬物，萬物不能不散而為太虛。循是出入，是皆不得已而然」的意味。

3　這裏說睿智的直覺能釋放出時間空間，亦即睿智的直覺是時間空間的根源，與京都哲學家久松真一在有關方面有相應之處。在久松看來，時間空間的根源是以覺悟了的自我為主體的世界。參看拙著《佛教的當代判釋》，臺北：臺灣學生書局，2011，頁 657。

間，則相當於《老子》書中所說的「有」：「天下萬物生於有，有生於無。」這「有」正是介於純粹力動所詐現出來的超越的氣與材質的氣之間。以儒學的詞彙來說，劉蕺山所說的形下的材質之氣與形上的元氣正分別與這裏的材質的氣與超越的氣相應。

在這裏，我們要特別注意及由氣不斷分化、詐現出來的蘊聚、事件、際遇諸種概念，我們是用這些概念來說世界的內容的。我們不應以為世界的最根本的內容是質實性的粒子（entity），不要視它們為不能分割的實質性的物體，例如原子、分子、電子或印度實在論所說的極微（aṇu）之屬。這些東西只是表示條件的聚合而已，它們不是實的，而是虛的。借用張東蓀的知識論中說到的架構概念：這些東西只是架構（structure）而已。與其說它們是實物、實體物，不如說它們是關係來得恰當。懷德海（A. N. Whitehead）喜歡說事件（event）、際遇（occasion），而不說實物（matter），也是相近的旨趣。宇宙中其實並不存在一些微細到不能分割開來的粒子，我們為這些粒子定名為分子、原子，是由物理學上的計算而來的，並不表示宇宙是由這些無量數的粒子所構成。在古印度，外界實在論者認為宇宙由無量數的不可分割的粒子如原子或極微所構成。但這是說不通的。有一種反對的說法是，倘若真有原子存在，則一個原子為了要和周圍的多數的原子相結附，勢必要具有多數的側面，這便與原子的不可分割性相矛盾。倘若我們不視之為有多數側面，則會有另外的困難：無限的原子所占有的空間，與一個原子所占有的，將會只在一點上。這樣，山河大地都變成了與一個原子是同樣大小了。這是唯識學派批判外界實在論特別是一切有部（Sarvāsti-vāda）與經量部（Sautrāntika）的說法。

四、純粹力動與不同的宗教

　　世界上有很多不同的宗教出現過，很多到現在還是存在，而且不斷發揮其影響力，如所謂世界三大宗教的佛教、基督教和回教或伊斯蘭教。它們各有自己的創教者、所信仰的神，那又如何以純粹力動現象學來解釋呢？那也不難處理。純粹力動可示現不同的神，作為不同宗教各自的所信仰者；也會示現不同的創教者，讓他們各自開拓相關的宗教。這些創教者各自依於自身的民族、文化的特色，創造出種種不同的宗教。而各種宗教所流行的地域也不同。伊斯蘭教流行於沙漠地帶，佛教流行於大的文化傳統，基督教則流行於不同的人種之中，薩滿教流行於原始的部落，神道教則流行於島國，亦即是日本。至於所宗奉的教義、儀式與聖典，則依不同的文化模式的不同而有不同。回教徒或伊斯蘭教徒一手持經一手持劍，那是要統一偌大的沙漠地方的不同信仰，使他們都宗奉安拉為唯一的神的緣故。倘若以《可蘭經》宣揚教義不能成功，便訴諸武力。佛教不崇尚武力，喜歡以智慧、義理來宣揚其教旨，也一樣有效。基督教提出上帝造人的宗旨，但人也在造上帝。我們只要到羅馬梵蒂岡的聖彼得大教堂（St. Peter's Basilica）仰望一下圓拱形的天花板，便可以看到米開蘭基羅（B. Michelangelo）所繪畫的上帝造阿當的圖畫，上帝的外形與人的外形沒有甚麼不同。那顯然是米氏以人的形象為模本來繪畫上帝的形象。這不正是人造上帝麼？上帝以右指接亞當的左指，以表示創造、賦予生命之意。《阿含經》記載佛陀是由母親的脅間生出來的，行七步，便聲稱自己是天地中唯一獨尊者。這不也是人造佛陀麼？一般人哪能這樣地活動呢？

進一步看，每一種宗教都有其自身的深厚的文化背景，這些文化背景各自不同，這表示人類文化的多元性，向不同的面相發展。這表示人的創造性與純粹力動的潛在的內涵的善巧的結合。而不管文化背景與民族性如何殊異，各種宗教在義理上如何不同，各顯姿采，但都歸向同一的旨趣，那便是要從有限的形物超越開來，突破上來，共同走向一純善無惡的目標。這亦是純粹力動的目標。純粹力動原來的面貌是不著顏色的，沒有知識性、道德性、藝術性的確定的指向，它是以恆常地活動、表現動感為其本質。它活動到哪裏，便成就那裏的璀璨文化，以善為依歸的文化。這不特別是道德上的善，而是一種不停地活轉的生生不息的動感。[4]這動感是一切價值之源。價值是要開拓的，而開拓價值需要力量。這力量正來自純粹力動的生生不息的動感。動感便是希望，便是價值，便可以說創造。這是純粹力動的本質。這本質不是概念，不是抽象的理想，而是實際的實現、呈顯。一切文化與宗教，都從這裏開始。

五、生與死：冒起與回歸

上面主要是說純粹力動與宗教、文化的關聯。這裏要專就人來說。人有生有死，中間頂多能延續百年。不過，生不是生命的開始，死也不是生命的結束。在純粹力動現象學中，人的生與死表示純粹力動在個別的人中的示現：生是示現的冒，死是示現到某一階

---

[4]　這裏所說的善，如文中所說，不純是道德性的善。它倒有點像西田幾多郎在他的《善の研究》中的善的意思。後者涉及純粹經驗、意志、睿智的直覺、實在、精神、神等意味。當然也有道德上的善的旨趣。

段，是暫時的結束，回歸到純粹力動方面去。

　　在示現中，人稟受純粹力動的動感的、實現的、呈顯的本質，在世間要面對種種苦痛煩惱，在處理這些苦痛煩惱中，人要淬煉自己，要能忍受種種困難，克服、超越它們，這在在都需要耐性與智慧。在哪裏倒下，便在那裏站起來，堅持下去，繼續走人生之路。純粹力動並不把一切都賦予各人，只賦予動感，其他現實的困難，則有賴當事人臨事解決，找尋出路。或者說，每一個人都稟受純粹力動的動感的本質而成立，他們自己都具有智慧和自由意志，對於人生旅程中所出現的種種障礙、苦難、苦痛煩惱，都需要自己親自去應付、去解決。在這親自應付、解決困難的經驗中，人有時會成功，有時也會失敗。成功則要累積功德，以備將來之用。失敗則要吸取其中的教訓，思考與尋求成功的途徑。人必須要對自己具有充分的信心，事事親力親為，不能認輸，也輸不起。不能自我放棄、自暴自棄。解決困難，當然可以求助於他人，以至作為他力大能的阿彌陀佛。但人必須先要面對困難而自強，自力解決。到真正感覺自身的限制與脆弱，才可找別人幫忙。一時不能解決困難，並不表示永遠的失敗，要一而再，再而三地不斷努力嘗試。這些經驗是可以累積的。他日自己變得更成熟、意志變得更堅強時，本領變得更高，便可自行解決了。失敗並不可恥，不表示無能，毋寧是，失敗是成功的前提。人生所要應付的問題那麼多，那麼難，怎能每次都能成功，而不失敗呢？失敗了，倒下了，過了一段時間，韜光養晦，再站出來，便又是一條好漢了。

　　有一點很重要的是，我們不能盼望來生，以為今生做不到的，可以留待來生去做。來生是靠不住的，它只是一個藉口。一切事情

必須當下現成，今生現成。今生是今生，來生是來生，即便有來生，能不能與今生相涵接，很難說個準。我們處理事情，要有務實的態度與精神，今生的事今生做，來生的事，來生再算。

　　以上描述了純粹力動在世間的示現，也包括我媽媽在內。力動示現出很多歷史的風流、英雄人物，媽媽只是一個平凡的農村女子，生來命苦，除了善良的本性外，沒甚麼好描述的。她已盡了本分，無怨無悔。

六、純粹力動現象學四言偈

　　以下我試以四言偈闡述自己的純粹力動現象學的梗概。偈云：

　　純粹力動，氣象萬千，吞體噬用，汪洋無涯。
　　綜和超克，絕對有、無；亦實、非實，非、非非實。[5]
　　儒耶道釋，四學俱融。下墮似現，諸象紛陳。

5　「亦實、非實，非、非非實」出自鳩摩羅什對龍樹（Nāgārjuna）的《中論》（*Madhyamakakārikā*）的漢譯：「一切實非實，亦實亦非實，非實非非實，是名諸佛法。」（《大正藏》30・24a）梵文本為：sarvaṃ tathyaṃ na vā tathyaṃ tathyaṃ cātathyameva ca, naivātathyaṃ naiva tathyametadbuddhānuśāsanaṃ. (*Mūlamadhyamakakārikās de Nāgārjuna avec la Prasannapadā Commentaire de Candrakīrti*, ed. Louis de la Vallée Poussin, Bibliotheca Buddhica, No. IV, St. Petersbourg, 1903-13, p.369) 梵文本白話語譯為：一切都是實在（tathyam），一切都不是實在（atathyam）；一切都是實在又不是實在；一切都不是實在又不是不是實在。這是諸佛的教法。

屈折成識，見色明空，復照相即，睿智順成。

生死背反，電療斷執。從寂出假，歷劫罪苦。

挫敗騰飛，遊戲三昧。從假歸寂，生死同了。

天和人和，自在無礙。多卷雄文，辯析深義。

以下依序解釋。純粹力動是終極真理、原理，它是一切存在的根源；自身是一超越的力動，既是力動，便具有力量，作創生之用。因此它不需要一個外在的體，來機械性地產生作用。它既是體，也是用，體用關係，在它來說，並不適切，故「吞體噬用」，體用雙泯。在方法論上，純粹力動一方面綜合了實體主義的終極的絕對有（absolutes Sein），和非實體主義的絕對無（absolutes Nichts），同時也超越、克服了兩者各自可能發展出來的極端狀態：常住論與虛無主義。它一方面有肯定作用，也有否定作用；也有同時肯定和同時否定的作用。這並不表示終極真理有四種，終極真理是絕對性格，我們只能說唯一的終極真理，而這一也不是數目上的一。我們可以說，對於終極真理，我們可以有四種方式，或我們要達致終極真理，有四種實踐的途徑。這即是肯定或表詮、否定或遮詮、肯定與否定的綜合和肯定與否定的超越。表詮和遮詮是分析性格，綜合和超越則是辯證性格。這四種實踐的方式並不相互排斥，毋寧是，四者合起來，可以讓我們對終極真理有一全面而無遺漏的理解、體會。

　　就內涵而言，純粹力動現象學概括了儒學、基督教、道家和佛教的內容，把這四方面的學問包攝起來。這種力動的本質是呈顯，它通過凝聚、下墮，分化、詐現而為物質性的氣，再由氣分化成種

種蘊聚，再進一步詐現而為諸種不同的現象、事物。終極真理是一定呈顯的，它不會停留在一種抽象的、抽離的狀態中。它具有呈顯的本質。我們不能存有論地說在現象、現實世界之外，有一種潛藏狀態的終極真理。一說終極真理，便是就它呈顯、表現為種種存在於時間與空間中的種種現象、事物中說，因為呈顯是終極真理的本質。我們也可以說，終極真理的本質便含有呈顯的意義，「終極真理是呈顯的」是一個分析命題。沒有不呈顯的終極真理。我們也可以說，終極真理必須在呈顯中證成它的本質。

就變化的總的歷程而言，力動自我分裂而開拓出對象世界，包括花草樹木、山河大地，自身則直貫地展現為具有明覺作用的主體。主體再自我屈折而成心識，曲折地了別對象世界的性格，而成就俗諦的科學知識。但在形而上學的真諦層面，它又可回復自己的明覺，當體了解萬象的本性或根源是超越的力動，而沒有獨立自在的質體。更能理解這萬象與純粹力動的相即不離關係。這樣便證成了睿智的直覺的明照作用。

睿智的直覺能突破種種生死、有無、善惡、理性非理性、存在非存在的背反（Antinomie），從極其重要的關頭破除對自我的執著。它是動感的，從寂靜的處所來到這假名的、權宜的世界，讓我們經歷多次的罪惡與苦痛煩惱。我們不斷受到挫敗，但不認輸，最後終於能夠克服挫敗，證得覺悟，並以在漫長的歷程中所累積到的功德，自在無礙地普渡眾生。最後又由權宜的世界回返到寂靜的世界，同時解決生與死的問題。在與天跟與人所達致的諧和關係中，亦即是天和與人和中，出入自在，了無障礙。

我將以多本著書，來展開對這純粹力動現象學的玄深義蘊的探

究與發揮。本論方面包括《純粹力動現象學》、《純粹力動現象學續篇》、《純粹力動現象學六講》，量論方面包括《西方哲學的知識論》、《當代中國哲學的知識論》、《佛教知識論》和《純粹力動現象學的知識論》。

七、純粹力動現象學與宗教對話

以上我們探討了許多世界宗教，它們都各具特色，在基本立場和實踐方法都不盡相同，甚至可以說是殊異得很。實際上，自東至西，自古迄今，宗教發展的繁雜性，好像一個萬花筒，令人迷惑，不知選取哪一種宗教作為自己的終極信仰才好。這些宗教有是實體主義立場的，如猶太教、基督教、伊斯蘭教、印度教、儒學等等，也有是非實體主義立場的，如佛教、道家特別是莊子（老子則傾向實體主義），另外還有基督教的德國神秘主義等等。各種實體主義都尊崇一個具有實體性格的人格神，如猶太教的雅赫維、基督教的耶和華和伊斯蘭教的安拉，或者以作為實體的終極原理作為信仰的核心，如印度教的梵、儒學的天道、天理之類。而非實體主義則無人格神的觀念，也不立終極的實體，反而以不是實體、否定實體的空或無的原理作為信仰的核心，如佛教的空（śūnyatā）、道家的道、自然和基督教德國神秘主義的無（Nichts）。在宗教儀式或實踐方面又各自不同，這包括祈禱、瞑想、靜觀，甚至道德實踐等。不過，儘管各方面都有明顯差異，但都被理解為宗教，或具有宗教的功能或意涵，則必有相通的地方，我們可就這種相通、疏通，便可說宗教性，或宗教的本質。宗教性格的遇合、對話，便可從這點開始、展開。至於宗教的極限，可以就田立克所提的終極關懷

（ultimate concern）或就筆者提的生死相許說。有甚麼事情是我們一生念之繫之的，比我們的生死問題更重要的終極關心的呢？這便是宗教的信仰問題。

　　一般的所謂宗教對話，是兩個或多個有宗教信仰的人聚在一起，從自己的宗教信仰出發，相互交流，分享信仰的經驗與心得，雙方都對他方的信仰予以尊重，在這個基礎上，雙方相互理解。藉著這種理解，可以知道己方的信仰的長處、特性和不足之處，而加以反思、檢討，看如何可以自我批評，轉換一些不完足的地方，吸取別人的長處，讓自己的宗教變得更具有效力，更具有普遍性，更能符合與滿足己方的信徒的訴求。這樣便能達致自我轉化的目標，讓自己的宗教信仰變得更有理性性、更有寬容性，和更具圓融性。這應該是宗教對話的本來目標。但在實際情況來說，不同的宗教的遇合與對話，總是各自表白己方的信仰的內容與行為的實踐，一涉到基本的立場，如上面所提及的實體立場、非實體立場、絕對有觀念和絕對無觀念，便停止了，行人止步了。大家都不退讓，各執持著自己的觀點。好像一退讓，一旦承認自己的缺點和對方的優點，便是投降主義，背叛甚至出賣了自己的宗教。這幾乎是所有宗教信仰的人士所不敢做的，不能做的。

　　過去東西方都很有一些有代表性的宗教人物，以開放的心靈、自我轉化的目標，參予宗教對話。西方人士如田立克（P. Tillich）、孔漢斯（H. Küng）、希克（J. Hick）、科柏（J. B. Cobb），甚至精神分析家榮格（C. G. Jung）和現象學家海德格（M. Heidegger）等，東方則以日本和印度人士比較熱心於這種對話，特別是日本的鈴木大拙、久松真一、柴山全慶、阿部正雄等，

也包括創價學會的池田大作在內。其中也包含一些學術界人士，如中村元與玉城康四郎。在對話的雙方中，總有一方試圖本著己方的立場，以一些概念或觀點加到另一方去，把另一方納到自己的宗教信仰之中。這其實不是平等的對話，而是嘗試利用這對話的機會，以己方的宗教影響對方的宗教，涉及一種勝負的、優劣的分別意識。例如京都學派的阿部正雄提出自我淘空（self-kenosis, self-emptying）的神的觀念，把佛教的空的義理、非實體主義的義理，灌注入基督教的實體性格的神觀念中去，淡化耶和華的實體性，使祂趨近於非實體主義的空。這種做法頗引起西方宗教學界、神學界的反彈，雖然也有一些西方的神學家同情阿部的做法。但總的來看，我認為阿部的做法並不成功。倘若基督教真的如他所說，神變成空或無的性格，則道成肉身如何說呢？三位一體又如何說呢？耶穌的地位如何能維持下去呢？

　　要解決宗教對話的困難，必需在不同的宗教中，找到一個可以通於各種宗教的共同因素，或找到一個根源性的觀點、觀念，能夠概括一切宗教的核心性格的，例如實體主義與非實體主義、絕對有與絕對無觀念。這便顯出筆者提的純粹力動現象學的重要性，或對宗教對話的貢獻。純粹力動作為一個展示終極原理、真理的觀念，概括了實體主義的健動性格和非實體主義的虛靈明覺的作用，同時能夠超越、克服這兩種主義或思維導向所可能引致的難題：常住論和虛無主義。它同時也包含絕對有與絕對無的殊勝本質、性格。在歷史上和現實上存在的宗教，由底層次的到高層次的，由迷信的到理性的，由自然的到人文的，都可為純粹力動所涵蓋。不管所信仰的是原始民族的精靈，如薩滿教，或重視理性的有神論或非神論，

如猶太教、基督教、佛教、道家、儒學，或重視激情（passion）的宗教，如伊斯蘭教或神道教，或其理想是由於違背科學因而是不可能實現的宗教，如教人長生不死而做神仙的道教，和神話的種種構思，都可以概括在純粹力動的動感中，而為後者的不同的示現方式、結果。一種原始的、粗鄙的信仰，如薩滿教的神附體或跳大神說，可以視為純粹力動在原始民族或部落的示現。人格神、形而上的實體如梵、天道、反形而上實體的空、無，都可視為純粹力動在比較有理性成分的民眾中示現。純粹力動甚至以示現為神仙，以滿足那些有迷信傾向而完全忽視科學的真理性的人群，此中最明顯的便是道教。在純粹力動中，我們可以發現不同的宗教信仰的共同基礎。這共同基礎正是宗教對話的起點或支持點。人的終極關懷和願意以生命來換取的理想的實現，都是這共同基礎的表現。

　　純粹力動現象學可以把不同的世界宗教聚攏起來，而形成一個由原始洪荒狀態經過種種信仰與義理上的變化，以向文明與理性的宗教信仰的目標進發的歷程。在這個向文明與理性發展的宗教信仰的程序中，各個部落可以保留自己的本源的禮拜的習俗模式，因此不會相互混同起來。他們的共同目標，是一種具有普世價值的文明與理性。在這個共同目標的脈絡中，各種宗教可以進行多元的對話，各自理解自身的宗教信仰的殊勝之處和偏頗之處，而留長捨短，自我轉化，讓自身的宗教實踐有敞開性的發展，更能滿足不同信仰的宗教信徒的精神上的訴求。在純粹力動現象學的意識形態裏面，各種宗教可以相互理解和學習，自由自在地遊息於以純粹力動為創造的超越原理的精神的場所中，各方信徒都能實現自己的終極關懷。

　　此中的關鍵問題或核心觀點，是純粹力動如何能概括實體主義、絕對有與非實體主義、絕對無。在實體主義中，一切存在的根據是一個絕對有的實體，它具有形而上義的體性、內容。一切作用都以它為基礎而發放出來。它是體、本體，能夠活動，具有建動的、進取的動感，能散發出種種不同的作用，讓萬物得以生起，同時以終極原理的身分引導萬物的生長、活動。這裏有一明確的體用關係：絕對的實體或絕對有是體，萬物的生成、變化是用。在基督教，上帝是體；祂創造萬物，同時又使耶穌以道成肉身的方式來到世間，為世人贖罪，則是用。在印度教，大梵（Brahman）是實體，它衍生萬物，同時又把自身的清淨的性格貫注到萬物中去，引導萬物運行，最後讓墮落、下墜的萬物回歸到大梵的清淨的本性中，則是用。在儒家，天道、天理是創造之原，它生生不息，同時又大用流行。天道、天理是體，進一步說是道德的實體，能創生出道德的性格的萬物。它能隨順萬物的生成、變化而表現動感；萬物流注到哪裏，它便在那裏成就萬物的本性，所謂「天命之謂性」、「天地之大德曰生」。它的作用是生，這生非要藉著動感而進行不可。不過，實體主義在理論上有兩個困難：一是體用關係流於機械性，二是萬物受到實體的「實」的性格的影響，讓它們進展、轉化產生困難。首先，說種種作用要由終極的實體發放出來，像電能從發電機發放出來那樣。這樣以發電機為體，以電能為用，這種說法表面看來很自然，但這是在現象的層面說，不是在終極真理的層面說。體用關係表示體與用有一種機械性的關係，由體發用。但就超越的終極真理而言，它的活動不應被納入經驗性的現象層面的內裏，被說為機械性地由體發放而為用，像發電機發放出電能那樣。

體用關係應只在經驗現象的層面有效，到了超越的、終極的層面，便無效了。故體用關係在儒家的天道、天理中不具有適切性，在上帝與大梵中也沒有適切性。純粹力動現象學超越了這種體用關係的機械性。在這種哲學中，純粹力動是一種超越的活動，由於它是一種活動，則自然具有力動、動感，不必倚靠一種實體性的東西來發出力量、作用。這裏沒有體與用的分別，沒有體用關係。毋寧是，體即是用，用即是體，此中的「即」，是完全相同的意思。它自身不停在活動，在動態中，沒有所謂靜態。它的基源的性格，是中性的，沒有道德、知識、宗教、藝術的偏向，而只是恆常地活動、動轉。道德、知識、宗教與藝術是它不斷動轉而落在不同的人群、部族中開拓出來的文化活動。這是它的文化開拓。它是純然的力動，不是絕對的實體，不是絕對有，但能取代絕對有，而發揮其生生不息的作用。另外一個問題是，實體有創生的作用，它創生萬物，它的實體性、體性也會灌注入萬物中，因而萬物也應從它那裏承受「實」的性格，儒家特別是宋明儒學和當代新儒學所強調的「實事實理」或「實理實事」，便有這個意思。但事或物的實在性「實」到哪種程度呢？倘若「實」得太過，讓事物有濃厚的實在性，不能接受變化的話，則道德上的教化、宗教上的轉化便不能說了。在純粹力動現象學中，純粹力動作為一終極原理，本質上便要實現，或要在實現中證成其本質。它凝聚、下墮、分化而詐現出種種事物。純粹力動不是超越的實體，由它所詐現出來的事物也沒有實體性，因此不會出現「實理實事」的理論困難。

　　非實體主義則是對應於實體主義的另外一種哲學的理論；它不認同萬物都有其常自不變的實體、自性（svabhāva）。實體主義以

終極真理聚焦於實體、自性之中；非實體主義則認為對實體、自性的否定、拒斥，才是終極真理。詳細言之，非實體主義確認終極真理只能透過否定、遮詮的方式才能表述出來。即是，終極真理不是絕對有，而是絕對無，或空（śūnyatā）。我們必須空卻一切有實體內容的東西，而臻於空、無的理境，亦即是絕對無，終極真理才能說。在西方宗教中，德國神祕主義便強調上帝的本質是無（Nichts），不是有，人的本質也是無，與上帝的相同。這是西方的非實體主義的先驅。不過，實體主義是西方宗教的主體，非實體主義只是支流而已。在東方，最明顯的非實體主義的思維形態，莫如印度佛教的空和禪的無。空是自性的否定。有關事物的真理是空，是它們沒有實體、自性的那種狀態。龍樹便以空是對事物的自性和我們的邪見的否定。禪則提出無。在存有論上是無一物，在實踐論上是無住、無相、無念，所謂「三無」的工夫。發展到日本的京都學派，則提出絕對無這一精神的、意識的空間，而為一種可供萬物自在無礙地遊息於其中的場所。於是有所謂「絕對無的場所」。他們強調「空」一觀念，同時更強調「不空」一觀念，認為不空能表示終極真理。這是終極真理的積極性、建構性的一面。進一步，他們提「真空妙有」，認為在真空之中能開拓出善巧的存在世界、有的世界。但這缺乏文獻學與義理方面的依據，真空是遮撥作用的，它否定自性的存在，但未能展現開拓、發展存在世界的作用。絕對無或絕對無的場所也是一樣。此中的關鍵，在於力或力動的問題。當然非實體主義或絕對無觀念有其義理上的善巧之處，主體若能處於空或絕對無的境界，則心靈能藉著它的虛的狀態，更能發揮其明覺作用，能更清晰地、透明地照見萬物的真相，不生起虛

妄執著。萬物可如如地出現在主體心靈的虛靈明覺的作用中,展示
其真如的本相。另外,道家的莊子提出靈臺明覺心,以照見萬物的
始源狀態,老子也提出「致虛極,守靜篤」的工夫,以觀取萬物的
展轉流變,最後回歸到道的懷抱中。所謂「萬物並作,吾以觀
復」。但非實體主義或絕對無也有它的嚴重的缺失或限制,這便是
不能說明萬物的生起的問題。以空或無或絕對無來說終極真理,只
是展示終極真理是一種狀態,表示經驗事物或現象的無實體、無自
性的終極真理。即使提出「不空」,這不空並不表示作為空的對反
面的實體、自性,而表示功德,這功德有多種,都是大乘菩薩用以
教化、轉化眾生的種種方便法門,並沒有動感的意涵。京都學派的
阿部正雄曾提出「動感的空」(dynamic śūnyatā)一觀念,但這不
具有文獻學與義理上的依據,只是他個人的主觀的、一廂情願的說
法。[6]嚴格地說,說生,或生起萬物,是一種活動,必須要有力動
或實體性才行。上面已說明了實體性、實體主義的困難。剩下的只
有力動。非實體主義的核心概念如空、不空、無、絕對無,都不能
說力動,因此都不能解決生的問題。在這一點上,純粹力動現象學
便展示出它的殊勝性。純粹力動作為終極真理、原理,是一種超越
的力動,它不具有形而上的體性,因而在種種活動中都能展示靈動
機巧性格,不會滯著於某些對象上面,而影響其動感。它藉著凝
聚、下墮、分化和詐現等程序而成就種種事物,它的動感、力動具
有足夠的力量以生起種種事物。即是,它能夠展現非實體主義的殊

---

[6]   John B. Cobb and Christopher Ives, eds., *The Emptying God: A Buddhist-Jewish-Christian Conversation*. New York: Orbis Books, 1990, pp.3-65.

勝的靈動機巧性，又具有足夠的動感以詐現、生起這個現象世界的種種事物，以成就一個諧和的、現象學義的世界。

參考書目

一、中、日文部分

八木誠一著《フロント構造の哲學：佛教とキリスト教の相互理解のために》，京都：法藏館，1988。

大島末男著《カール・バルト：人と思想》，東京：清水書院，2000。

干春松編《儒家、儒教與中國制度資源》，南昌：江西人民出版社，2007。

久松真一著《絕對主體道》，《久松真一著作集》第二卷，東京：理想社，1974。

久松真一著《東洋的無》，《久松真一著作集》第一卷，東京：理想社，1982。

山折哲雄著，鄭家瑜譯《日本人的宗教意識》，新店：立緒文化事業公司，2000。

上田義文著《大乘佛教の思想》，東京：第三文明社，1977。

上田閑照編《西田哲學：沒後五十年記念論文集》，東京：創文社，1994。

上田閑照著《宗教への思索》，東京：創文社，1997。

王志成著《解釋與拯救：宗教多元哲學論》，上海：學林出版社，1996。

王志成著《宗教、解釋與和平：對約翰・希克宗教多元論哲學的建設性研究》，成都：四川人民出版社，1999。

王志成著《和平的渴望：當代宗教對話理論》，北京：宗教文化出版社，2003。

王守華、王蓉著《神道與中日文化交流》，石家莊：河北人民出版社，2010。

王孝廉著《中國的神話世界：各民族的創世神話及信仰》上、下，臺北：時報文化出版公司，1987。

王亞平著《基督教的神秘主義》，北京：東方出版社，2001。

王明編《太平經合校》，北京：中華書局，1979。

王明著《道家和道教思想研究》，北京：中國社會科學出版社，1984。

王珉著《終極關懷：蒂里希思想引論》，北京：新華出版社，2000。

王唯工著《氣的樂章》，臺北：大塊文化出版公司，2002。

王景琳著《鬼神的魔力：漢民族的鬼神信仰》，北京：三聯書店，1992。

于可主編《世界三大宗教及其流派》，長沙：湖南人民出版社，2001。

K・巴特著，何亞將、朱雁冰譯《教會教義學》精選本，香港：三聯書店，1996。

毛峰著《神秘主義詩學》，北京：三聯書店，1998。

中村俊也著《新儒家論：杜維明研究》，東京：亞紀書房，1996。

尹飛舟等著《中國古代鬼神文化大觀》，南昌：百花洲文藝出版社，1992。

本山博著《神秘體驗の種種相》I、II，三鷹：宗教心理出版社，1995、1999。

科林・布朗著，查常平譯《基督教與西方思想　卷一：哲學家、思想與思潮的歷史～從古代世界到啟蒙運動時代》，北京：北京大學出版社，2005。

包爾丹著，陶飛亞、劉義、鈕聖妮譯《宗教的七種理論》，上海：上海古籍出版社，2005。

弗蘭克著，李昭時譯《實在與人：人的存在的形而上學》，杭州：浙江人民出版社，2000。

田邊元著《懺悔道としての哲學》，東京：岩波書店，1993。

萊因霍爾德・尼布爾著，關勝渝、徐文博譯，曾慶豹校《基督教倫理學詮釋》，臺北：桂冠圖書公司，1998。

保羅・尼特著，王志成、思竹、王紅梅譯《一個地球多種宗教：多信仰對話與全球責任》，北京：宗教文化出版社，2003。

保羅‧尼特著，王志成譯《宗教對話模式》，北京：中國人民大學出版社，
　　2004。

恩斯特‧卡西爾著，于曉等譯《語言與神話》，北京：三聯書店，1992。

加繆著，杜小真譯《西西弗的神話》，桂林：廣西師範大學出版社，2002。

西格蒙德‧弗洛伊德著，王獻華、張敦福譯《論宗教》，北京：國際文化出
　　版公司，2001。

石上玄一郎著，吳村山譯《輪迴與轉生：死後世界的探索》，臺北：東大圖
　　書公司，1997。

石田慶和、薗田坦編《宗教學を學ぶ人のために》，京都：世界出版社，
　　1999。

休斯頓‧史密士著，劉安雲譯，劉述先校訂《人的宗教：人類偉大的智慧傳
　　統》，新店：立緒文化事業公司，1998。

米爾恰‧以利亞德著，武錫申譯《不死與自由：瑜伽實踐的西方闡釋》，北
　　京：中國致公出版社，2001。

印順著《中國古代民族神話與文化之研究》，臺北：正聞出版社，1990。

江丕盛、彼得斯、本納德編《科學與宗教》，香港：中華書局，2003。

牟宗三著《道德的理想主義》，臺中：私立東海大學，1959。

牟宗三著《政道與治道》，臺北：廣文書局，1961。

牟宗三著《才性與玄理》，香港：人生出版社，1963。

牟宗三著《心性與性體》，上、中、下，臺北：正中書局，1968、1969。

牟宗三著《智的直覺與中國哲學》，臺北：臺灣商務印書館，1971。

牟宗三著《現象與物自身》，臺北：臺灣學生書局，1975。

牟宗三著《佛性與般若》上、下，臺北：臺灣學生書局，1977。

牟宗三著《圓善論》，臺北：臺灣學生書局，1985。

牟鍾鑒、張踐著《中國宗教通史》上、下，北京：社會科學文獻出版社，
　　2000。

西田幾多郎著《自覺に於ける直觀と反省》，《西田幾多郎全集》第二卷，
　　東京：岩波書店，1978。

西田幾多郎著《哲學の根本問題：行為の世界》、《哲學の根本問題續篇：辯證法的世界》，《西田幾多郎全集》第七卷，東京：岩波書店，1979。

西田幾多郎著《無の自覺的限定》，《西田幾多郎全集》第六卷，東京：岩波書店，1979。

西田幾多郎著《善の研究》，東京：岩波書店，1997。

西田幾多郎著《現象學論文集》，大橋良介編、解說《西田哲學選集》第四卷，京都：燈影舍，1998。

西田幾多郎著《働くものから見るものへ》，《西田幾多郎全集》第四卷，東京：岩波書店，1979。

西谷啟治著《宗教とは何か：宗教論集 I》，東京：創文社，1973。

西谷啟治著《神と絕對無》，《西谷啟治著作集》第七卷，東京：創文社，1991。

西谷啟治著《根源的主體性の哲學・續》，《西谷啟治著作集》第二卷，東京：創文社，1991。

西谷啟治著《根源的主體性の哲學・正》，《西谷啟治著作集》第一卷，東京：創文社，1992。

西谷啟治著《宗教哲學》，《西谷啟治著作集》第六卷，東京：創文社，1995。

西谷啟治著《西洋神秘思想の研究》，《西谷啟治著作集》第三卷，東京：創文社，1996。

西谷啟治著、陳一標、吳翠華譯注《宗教是甚麼》，臺北：聯經出版事業公司，2011。

西美爾著，曹衛東等譯《現代人與宗教》，香港：漢語基督教文化研究所，1997。

朱天順著《原始宗教》，上海：人民出版社，1978。

任繼愈主編《中國道教史》，上海：上海人民出版社，1991。

艾伯林著，李秋零譯《神學研究：一種百科全書式的定位》，北京：中國人

民大學出版社，2003。

伊利亞德著，楊素娥譯《聖與俗：宗教的本質》，臺北：桂冠圖書公司，
　　2001。

謝・亞・托卡列夫著，魏慶征譯《世界各民族歷史上的宗教》，北京：中國
　　社會科學出版社，1985。

麥可・托拜亞斯、珍・摩里遜、柏蒂娜・葛雷編，薛絢譯《心靈的殿堂》，
　　新店：立緒文化事業公司，1997。

杜而未著《崑崙文化與不死觀念》，臺北：臺灣學生書局，1985。

杜普瑞著，傅佩榮譯《人的宗教向度》，臺北：幼獅文化事業公司，1999。

杜維明著《人性與自我修養》，臺北：聯經出版事業公司，1992。

杜維明著《現代精神與儒家傳統》，臺北：聯經出版事業公司，1996。

杜維明編《儒家發展的宏觀透視》，臺北：正中書局，1997。

杜維明著，彭國翔編譯《儒家傳統與文明對話》，石家莊：河北人民出版
　　社，2006。

尼古拉・別爾嘉耶夫著，張源等譯《精神與實在》，北京：中國城市出版
　　社，2002。

李亦園著《信仰與文化》，臺北：巨流圖書公司，1990。

李亦園著《文化的圖像》上、下，臺北：允晨文化公司，1992。

李明輝著《儒學與現代意識》，臺北：文津出版社，1991。

李剛著《重玄之道開啟眾妙之門：道教哲學論稿》，成都：巴蜀書社，
　　2005。

李紹崑著《彌爾敦與禪道》，臺北：臺灣學生書局，1979。

李養正著《道教概說》，北京：中華書局，1989。

李維斯陀著，周昌宗譯《神話學：裸人》，臺北：時報文化出版公司，
　　2000。

呂志鵬著《道教哲學》，臺北：文津出版社，2000。

詹姆士・利奇蒙德著，朱代強、孫善玲譯《神學與形而上學》，成都：四川
　　人民出版社，1997。

卡特琳・克萊芒著，蔡鴻濱譯《神學旅行》，北京：北京大學出版社，
　　2001。

肯內斯・克拉瑪著，方蕙玲譯《宗教的死亡藝術：世界各宗教如何理解死
　　亡》，臺北：東大圖書公司，2002。

克里希那穆提著，廖世德譯《生與死》，臺北：方智出版社，1995。

何光滬著《多元化的上帝觀：二十世紀西方宗教哲學概覽》，貴陽：貴州人
　　民出版社，1999。

何光滬、許志偉主編《對話：儒釋道與基督教》，北京：社會科學研究出版
　　社，1998。

何信全著《儒學與現代民主：當代新儒家政治哲學研究》，臺北：中央研究
　　院中國文哲研究所，1996。

威廉・何登著，梁敏夫譯《近代神學淺說》，香港：基督教文藝出版社，
　　2000。

斯蒂芬・亨特著，林宏譯《宗教與日常生活》，北京：中央編譯出版社，
　　2010。

約翰・希克著，錢永祥譯《宗教哲學》，臺北：三民書局，1979。

約翰・希克著，王志成譯《宗教之解釋：人類對超越者的回應》，成都：四
　　川人民出版社，1998。

約翰・希克著，王志成、思竹譯《信仰的彩虹：與宗教多元主義批評者的對
　　話》，南京：江蘇人民出版社，2000。

約翰・希克著，王志成、思竹譯《第五維度：靈性領域的探索》，成都：四
　　川人民出版社，2000。

約翰・希克著，陳志平、王志成譯《理性與信仰：宗教多元論諸問題》，成
　　都：四川人民出版社，2003。

約翰・希克著，王志成譯《多名的上帝》，北京：中國人民大學出版社，
　　2005。

約翰・希克著，王志成、朱彩虹譯《上帝與信仰的世界：宗教哲學論文
　　集》，北京：中國人民大學出版社，2006。

村上陽一郎、細谷昌志編《宗教：その原初とあらわれ》，京都：ミネルヴァ書房，1999。

吳言生、賴品超、王曉朝主編《佛教與基督教對話》，北京：中華書局，2005。

吳汝鈞著《印度佛學的現代詮釋》，臺北：文津出版社，1994。

吳汝鈞著《中國佛學的現代詮釋》，臺北：文津出版社，1995。

吳汝鈞著《京都學派哲學：久松真一》，臺北：文津出版社，1995。

吳汝鈞著《老莊哲學的現代析論》，臺北：文津出版社，1998。

吳汝鈞著《京都學派哲學七講》，臺北：文津出版社，1998。

吳汝鈞著《絕對無的哲學：京都學派哲學導論》，臺北：臺灣商務印書館，1998。

吳汝鈞著《純粹力動現象學》，臺北：臺灣商務印書館，2005。

吳汝鈞著《純粹力動現象學續篇》，臺北：臺灣商務印書館，2008。

吳汝鈞著《純粹力動現象學六講》，臺北：臺灣學生書局，2008。

吳汝鈞著《當代新儒學的深層反思與對話詮釋》，臺北：臺灣學生書局，2009。

吳汝鈞、陳瑋芬編《跨文化視野下的東亞宗教傳統：當代新儒家與京都學派》，臺北：中央研究院中國文哲研究所，2011。

吳汝鈞等著《道家詮釋學與純粹力動現象學》，臺北：臺灣學生書局，2011。

吳汝鈞著《絕對無詮釋學：京都學派的批判性研究》，臺北：臺灣學生書局，2012。

路易斯・P・波伊曼著，黃瑞成譯《宗教哲學》，北京：中國人民大學出版社，2006。

麥克・彼得森、威廉・哈斯克、布魯斯・萊欣巴赫、大衛・巴辛格著，孫毅、游斌譯《理性與宗教信念：宗教哲學導論》，北京：中國人民大學出版社，2005。

迪特里希・朋霍費爾著，高師寧譯，何光滬校《獄中書簡》，成都：四川人

民出版社，1997。

朋霍費爾著，朱雁冰、王彤譯《第一亞當與第二亞當》，北京：華夏出版
社，2004。

W・E・佩頓著，許澤民譯，陳維綱校《闡釋神聖：多視角的宗教研究》，貴
陽：貴州人民出版社，2006。

金白莉・帕頓、本杰明・雷依主編，戴遠方、錢雪松、李林等譯《巫術的蹤
影：後現代時期的比較宗教研究》，北京：中國人民大學出版社，
2005。

房志榮、黃懷秋、武金正、陳敏齡、莊宏誼、陳德光合著《宗教交談：理論
與實踐》，臺北：五南圖書出版公司，2000。

林榮洪、溫偉耀著《基督教與中國文化的相遇》，香港：香港中文大學崇基
學院，2001。

約瑟夫・拉辛格著，靜也譯《基督教導論》，上海：上海三聯書店，2002。

岡田武彥著《儒教精神と現代》，東京：明德出版社，1994。

漢斯・昆著，包利民譯《基督教大思想家》，香港：漢語基督教文化研究
所，1995。

漢斯・昆著，孫向晨、許國平譯《上帝存在嗎？近代以來上帝問題之回
答》，香港：道風書社，2003。

金谷治著《死と運命：中國古代の思索》，京都：法藏館，1986。

周立升、顏炳罡等著《儒家文化與當代社會》，濟南：山東大學出版社，
2002。

周桂鈿著《天地奧秘的探索歷程》，北京：中國社會科學出版社，1988。

周偉馳著《記憶與光照：奧古斯丁神學研究》，北京：社會科學文獻出版
社，2001。

周偉馳著《奧古斯丁的基督教思想》，北京：中國社會科學出版社，2005。

周錫銀、望潮著《藏族原始宗教》，成都：四川人民出版社，1999。

卓新平著《世界宗教與宗教學》，北京：社會科學文獻出版社，1992。

卓新平著《宗教理解》，北京：社會科學文獻出版社，1999。

卓新平著《當代西方天主教神學》，上海：三聯書店，1998。

卓新平著《基督宗教論》，北京：社會科學文獻出版社，2000。

M・舍勒著，劉小楓選編，林克譯《愛的秩序》，香港：三聯書店，1994。

舍勒著，孫周興譯《死、永生、上帝》，北京：中國人民大學出版社，
　　2003。

尚九玉著《宗教人生哲學思想研究》，北京：北京師範大學出版社，2000。

尚勸余著《聖雄甘地宗教哲學研究》，北京：中國社會科學出版社，2004。

穆罕默德・阿布篤著，馬堅譯《回教哲學》，臺北：河洛圖書出版社，
　　1978。

凱倫・阿姆斯壯著，蔡昌雄譯《神的歷史》，新店：立緒文化事業公司，
　　1997。

J・G・阿拉普拉著，楊韶剛譯《作為焦慮和平靜的宗教》，北京：華夏出版
　　社，2001。

麥克・阿蓋爾著，陳彪譯《宗教心理學導論》，北京：中國人民大學出版
　　社，2005。

岸根卓郎著《宇宙の意思：人は、何處より來りて，何へ處去るか》，東
　　京：東洋經濟新報社，1997。

岸根卓郎著，何鑒、王冠明譯《宇宙的意志》，北京：國際文化出版公司，
　　1998。

武內義範、武藤一雄、辻村公一編《田邊元：思想と回想》，東京：筑摩書
　　房，1991。

武內義範著《日本の哲學と佛教、隨想》，《武內義範著作集》第五卷，京
　　都：法藏館，1999。

武內義範著《宗教哲學、宗教現象學》，《武內義範著作集》第四卷，京
　　都：法藏館，1999。

亨利・柏格森著，王作虹、成窮譯《道德與宗教的兩個來源》，貴陽：貴州
　　人民出版社，2000。

段德智著《死亡哲學》，臺北：洪葉文化事業公司，1994。

凱特・洛文塔爾著,羅躍軍譯《宗教心理學簡論》,北京:北京大學出版社,2002。

弗・洛斯基著,楊德友譯《東正教神學導論》,石家莊:河北教育出版社,2002。

小約翰・B・科布、大衛・R・格里芬著,曲躍厚譯《過程神學:一個引導性的說明》,北京:中央編譯出版社,1999。

胡治洪著《全球語境中的儒家論說:杜維明新儒學思想研究》,北京:三聯書店,2004。

胡孚琛著《魏晉神仙道教:抱朴子內篇研究》,臺北:臺灣商務印書館,1992。

胡孚琛、呂錫琛著《道學通論:道家、道教、仙學》,北京:社會科學文獻出版社,1999。

阿丁・施坦澤茲詮釋,張平譯《阿伯特:猶太智慧書》,北京:中國社會科學出版社,1996。

思竹著《巴別塔之後:雷蒙・潘尼卡回應時代挑戰》,北京:宗教文化出版社,2004。

威爾肯斯、帕杰特著,劉平譯《基督教與西方思想卷二:哲學家、思想與思潮的歷史～19世紀的信仰和理性》,北京:北京大學出版社,2005。

默羅阿德・韋斯特法爾著,郝長墀選編,郝長墀、何衛平、張建華譯《解釋學、現象學與宗教哲學:世俗哲學與宗教信仰的對話》,北京:中國社會科學出版社,2005。

馬堅譯《古蘭經》,北京:中國社會科學出版社,1981。

莫爾特曼著,隗仁蓮、蘇賢貴、宋丙延譯《創造中的上帝:生態的創造論》,北京:三聯書店,2002。

莫爾特曼著,曾念粵譯《俗世中的上帝》,北京:中國人民大學出版社,2003。

莫特曼著,曾慶豹策劃,鄧肇明、曾念粵譯《莫特曼論中國文化》,香港:基道出版社,2008。

島田虔次著《中國に於ける近代思惟の挫折》，東京：筑摩書房，1970。

唐君毅著《人文精神之重建》上、下，香港：新亞研究所，1955。

唐君毅著《中國哲學原論 原道篇》卷一、二、三，香港：新亞研究所，
　　1973、1974。

唐君毅著《中華人文與當今世界》上、下，臺北：臺灣學生書局，1975。

唐君毅著《生命存在與心靈境界》上、下，臺北：臺灣學生書局，1985。

愛彌爾・涂爾干著，渠東、汲喆譯《宗教生活的基本形式》，上海：上海人
　　民出版社，1999。

特洛爾奇著，朱雁冰等譯《基督教理論與現代》，北京：華夏出版社，
　　2004。

加里・特朗普著，孫善玲、朱代強譯《宗教起源探索》，成都：四川人民出
　　版社，1995。

特雷西著，馮川譯《詮釋學、宗教、希望：多元性與含混性》，香港：漢語
　　基督教文化研究所，1995。

陶陽、牟鍾秀著《中國創世神話》，上海：上海人民出版社，1989。

大衛・雷・格里芬著，孫慕天譯《後現代宗教》，北京：中國城市出版社，
　　2003。

高長江著《宗教的闡釋》，北京：中國社會科學出版社，2002。

高師寧、何光滬編《基督教文化與現代化》，北京：中國社會科學出版社，
　　1996。

高國藩著《中國巫術史》，上海：三聯書店，1999。

高壽仙著《中國宗教禮俗：傳統中國人的信仰系統及其實態》，天津：天津
　　人民出版社，1992。

唐・庫比特著，王志成、思竹譯《上帝之後：宗教的未來》，北京：宗教文
　　化出版社，2002。

唐・庫比特著，王志成、何從高譯《空與光明》，北京：宗教文化出版社，
　　2003。

唐・庫比特著，王志成、朱彩虹譯《生活，生活：一種正在來臨的生活宗

教》，北京：宗教文化出版社，2004。

唐・庫比特著，王志成、鄭斌譯《後現代神秘主義》，北京：中國人民大學
　　出版社，2005。

徐復觀著《中國藝術精神》，臺北：臺灣學生書局，1979。

徐復觀著《中國人性論史：先秦篇》，臺北：臺灣商務印書館，1984。

阿文德・夏瑪著，陳美華譯《宗教哲學》，臺北：立緒文化事業公司，
　　2006。

秦家懿、孔漢思撰，吳華譯《中國宗教與西方神學》，臺北：聯經出版事業
　　公司，1989。

秦家懿著，吳有能、吳華譯《儒與耶》，臺北：文史哲出版社，2000。

卿希泰著《中國道教思想史綱》，成都：四川人民出版社，1981。

孫亦平主編《西方宗教學名著提要》上、下，臺北：昭明出版社，2003。

孫尚揚著《宗教社會學》，北京：北京大學出版社，2001。

孫效智著《宗教、道德與幸福的弔詭》，臺北：立緒文化事業公司，2002。

默西亞・埃里亞德著，吳靜宜、陳錦書譯《世界宗教理念史卷一：從石器時
　　代到埃勒烏西斯神秘宗教》，臺北：商周出版社，2001。

默西亞・埃里亞德著，廖素霞、陳淑娟譯《世界宗教理念史卷二：從釋迦牟
　　尼到基督宗教的興起》，臺北：商周出版社，2001。

默西亞・埃里亞德著，董強譯《世界宗教理念史卷三：從穆罕默德到宗教改
　　革》，臺北：商周出版社，2002。

埃克哈特著，榮震華譯《埃克哈特大師文集》，北京：商務印書館，2003。

翁山蘇姬著，黃梅峰譯《翁山蘇姬：來自緬甸的聲音》，臺北：時報文化出
　　版公司，1997。

翁紹軍著《神性與人性：上帝觀的早期演進》，上海：上海人民出版社，
　　1999。

袁珂著《中國神話通論》，成都：巴蜀書社，1993。

約翰・麥奎利著，安慶國譯，高師寧校《談論上帝：神學的語言與邏輯之考
　　察》，成都：四川人民出版社，1997。

渡邊浩著《現代新儒學の比較政治思想的研究》，1998。（按此是平成 7～8
年度科研費補助金研究成果報告書。）

托馬斯・陶倫斯著，唐文明、鄔波濤譯，謝文郁校《上帝與理性》，北京：
中央編譯出版社，2004。

梁漱溟著，長谷部茂譯《東西文化とその哲學》，東京：農山漁村文化協
會，2000。

梁漱溟著《東西文化及其哲學》，臺北：臺灣商務印書館，2002。

梁駿著《普蘭丁格的宗教認識論》，北京：中國社會科學出版社，2006。

讓・弗朗索瓦・勒維爾、馬蒂厄・里卡爾著，陸元昶譯《和尚與哲學家：佛
教與西方思想的對話》，南京：江蘇人民出版社，2000。

艾瑪紐埃爾・勒維納斯著，余中先譯《上帝、死亡和時間》，北京：三聯書
店，1997。

郭于華著《死的困惑與生的執著》，臺北：洪葉文化事業公司，1994。

郭淑雲著《原始活態文化：薩滿教透視》，上海：上海人民出版社，2001。

郭淑雲、王宏剛主編《活著的薩滿：中國薩滿教》，瀋陽：遼寧人民出版
社，2001。

丹・康－沙塞保著，傅湘雯譯《猶太教的世界》，臺北：貓頭鷹出版社，
1999。

清澤滿之著，藤田正勝譯《宗教哲學骸骨》，京都：法藏館，2002。

啟良著《神論：從萬物有靈到上帝之死》，廣州，花城出版社，2002。

強昱著《從魏晉玄學到初唐重玄學》，上海：上海文化出版社，2002。

許志偉著《基督教神學思想導論》，北京：中國社會科學出版社，2001。

張大柘著《當代神道教》，北京：東方出版社，1999。

張佛泉著《自由與人權》，臺北：臺灣商務印書館，1993。

張志剛著《宗教學是甚麼》，北京：北京大學出版社，2002。

張志剛著《宗教哲學研究：當代觀念、關鍵環節及其方法論批判》，北京：
中國人民大學出版社，2003。

張榮明著《權力的謊言：中國傳統的政治宗教》，杭州：浙江人民出版社，

2000。

張澤洪著《道教齋醮科儀研究》，成都：巴蜀書社，1999。

張慶熊著《基督教神學範疇：歷史的和文化比較的考察》，上海：上海人民
　　出版社，2003。

張灝著《幽暗意識與民主傳統》，臺北：聯經出版事業公司，1989。

陳國符著《道藏源流考》，北京：中華書局，1963。

陳霞著《道教勸善書研究》，成都：巴蜀書社，1999。

葉舒憲著《中國神話哲學》，北京：中國社會科學出版社，1992。

梶山雄一著《輪迴の思想》，京都：人文書院，1997。

馮佐哲、李富華著《中國民間宗教史》，臺北：文津出版社，1994。

富育光著《薩滿教與神話》，瀋陽：遼寧大學出版社，1990。

費德曼著，沈苗根、籬緹譯《仁愛不死：德蕾莎修女的一生》，香港：雪谷
　　出版社，1999。

傅偉勳主編《永恆與現實之間：當代宗教思想家》，臺北：正中書局，
　　1991。

傅偉勳著《死亡的尊嚴與生命的尊嚴：從臨終精神醫學到現代生死學》，臺
　　北：正中書局，1994。

傅偉勳著《生命的學問》，臺北：揚智文化事業公司，1997。

傅謹著《宗教藝術比較研究論綱》，臺北：文津出版社，1994。

董恩林著《唐代老學：重玄思辨中的理身理國之道》，北京：中國社會科學
　　出版社，2002。

湯一介著《魏晉南北朝時期的道教》，西安：陝西師範大學出版社，1988。

喬·威·弗·黑格爾著，魏慶征譯《宗教哲學》上、中、下，北京：中國社
　　會科學出版社，1999。

黃陵渝著《猶太教學》，北京：當代世界出版社，2000。

森紀子著《轉換期における中國儒教運動》，京都：京都大學出版會，
　　2005。

L·斯維德勒著，劉利華譯《全球對話的時代》，北京：中國社會科學出版

社，2006。

福特著，李四龍譯《當代學術入門：神學》，香港：牛津大學出版社，2000。

鈴木大拙著，徐進夫譯《耶教與佛教的神秘教》，臺北：志文出版社，1989。

鈴木出版編輯部編，徐明達、黃國清譯《禪僧與癌共生》，臺北：東大圖書公司，1997。

靳鳳林著《死，而後生：死亡現象學視閾中的生存倫理》，北京：人民出版社，2005。

大衛·雷·格里芬著，孫慕天譯《後現代宗教》，北京：中國城市出版社，2003。

普普·賈亞卡著，胡因夢譯《克里希那穆提傳》，臺北：方智出版社，1998。

馬克·傑爾門、湯瑪斯·哈特門著，楊秋生譯《神的名字》，新店：立緒文化事業公司，1997。

詹姆斯·C·利文斯頓著，何光滬譯《現代基督教思想：從啟蒙運動到第二屆梵蒂岡公會議》上、下，成都：四川人民出版社，1999。

威廉·詹姆斯著，蔡怡佳、劉宏信譯《宗教經驗之種種：人性的探究》，新店：立緒文化事業公司，2011。

奧古斯丁著，周偉馳譯《論三位一體》，上海：上海人民出版社，2005。

奧爾森著，吳瑞誠、徐成德譯《基督教神學思想史》，北京：北京大學出版社，2003。

楊紹南著《宗教哲學概論》，臺北：臺灣商務印書館，1996。

楊慧林著《聖言、人言：神學詮釋學》，上海：上海譯文出版社，2002。

溫偉耀著《基督教與中國的現代化：超越經驗與神性的尋索》，香港：基督教卓越使團，2001。

溫偉耀著《生命的轉化與超越：我的基督宗教漢語神學思考》，北京：宗教文化出版社，2009。

鄧啟耀著《中國神話的思維結構》，重慶：重慶出版社，1992。

雪堡的愛德華·赫伯特勛爵著，周玄毅譯《論真理》，武漢：武漢大學出版社，2006。

熊十力著《十力語要》，臺北：廣文書局，1962。

熊十力著《新唯識論》，臺北：文津出版社，1986。

熊十力著《原儒》，臺北：明文書局，1997。

熊十力著，吾妻重二譯註《新唯識論》，大阪：關西大學出版部，2004。

趙林著《黑格爾的宗教哲學》，武漢：武漢大學出版社，2005。

蔡家麒著《論原始宗教》，昆明：雲南民族出版社，1988。

蔡德貴主編《當代伊斯蘭阿拉伯哲學研究》，北京：人民出版社，2001。

劉一虹編《信仰與理性》，瀋陽：瀋陽出版社，1997。

劉小楓主編，楊德友、董友等譯《二十世紀西方宗教哲學文選》，上海：三聯書店，1991。

劉小楓主編《道與言：華夏文化與基督文化相遇》，上海：三聯書店，1996。

劉小楓著《聖靈降臨的敘事》，北京：三聯書店，2003。

劉仲容、林天河編著《宗教哲學》，蘆洲：國立空中大學，1998。

劉幼生、宋大川、張鐵綱編《中國命相研究》上、中、下，太原：山西人民出版社，1992。

劉述先著《全球倫理與宗教對話》，臺北：立緒文化事業公司，2001。

劉述先著《理一分殊》，上海：上海文藝出版社，2000。

劉城淮著《中國上古神話》，上海：上海文藝出版社，1988。

劉清平、湯澄蓮譯《上帝沒有激情：托馬斯·阿奎那論宗教與人生》，武漢：湖北人民出版社，2001。

黎志添著《宗教研究與詮釋學：宗教學建立的思考》，香港：香港中文大學，2003。

雷蒙·潘尼卡著，王志成、思竹譯《智慧的居所》，南京：江蘇人民出版社，2000。

雷蒙·潘尼卡著，王志成、思竹譯《看不見的和諧》，南京：江蘇人民出版社，2001。

雷蒙·潘尼卡著，王志成、思竹譯《印度教中未知的基督》，成都：四川人民出版社，2003。

雷蒙·潘尼卡著，思竹譯《宇宙～神～人共融的經驗：正在湧現的宗教意識》，北京：宗教文化出版社，2005。

潘能伯格著，李秋零、田薇譯《人是甚麼：從神學看當代人類學》，香港：道風山基督教叢林，1994。

海爾曼·德·丹、麥爾維爾·斯圖沃特等講演，趙敦華編《歐美哲學與宗教講演錄》，北京：北京大學出版社，2000。

魯思文著，王宇潔譯《伊斯蘭教》，香港：牛津大學出版社，2000。

鄭志明著《中國社會與宗教》，臺北：臺灣學生書局，1989。

諸橋轍次著，蔡驎、翟新譯《孔子、老子、釋迦牟尼三聖會談》，北京：中國廣播電視出版社，1991。

朱利安·鮑爾迪著，謝世堅譯《黑色上帝：猶太教、基督教和伊斯蘭教的起源》，桂林：廣西師範大學出版社，2004。

盧曉衡主編《關羽、關公和關聖：中國歷史文化中的關羽學術研討會論文集》，北京：社會科學文獻出版社，2002。

斯坦利·羅邁·霍珀著，瞿旭彤譯《信仰的危機》，北京：宗教文化出版社，2006。

斯蒂芬·霍金著，趙君亮譯《宇宙的起源與歸宿：聽霍金講萬物之理》，南京：譯林出版社，2011。

戴康生主編《當代新興宗教》，北京：東方出版社，1999。

戴康生、彭耀主編《宗教社會學》，北京：社會科學文獻出版社，2000。

蕭萐父等編《玄圃論學集：熊十力生平與學術》，北京：三聯書店，1990。

鍾彩鈞、周大興主編，張裕德執行編輯《猶太與中國傳統的對話》，臺北：中央研究院中國文哲研究所，2011。

藤田正勝編《善の研究の百年》，京都：京都大學學術出版會，2011。

羅永麟著《中國仙話研究》，上海：上海文藝出版社，1993。

關啟文著《我信故我思：真理路上的摯誠探索》，香港：學生福音團契出版
社，1998。

Ferguson, Kitty 著，容士毅譯《霍金與最終理論的追尋》，臺北：牛頓出版公
司，2000。

アジア問題研究會編《アジア第 25 號：唐君毅教授滯日講演特集》，1959。

フレデリック・ルノワール著，今枝由郎、富樫瓔子譯《佛教と西洋の出會
い》，東京：株式會社トランスビュー，2001。

ヤコズ・ベーメ著，福島正彥譯《キリストへの道》，京都：松籟社，
1991。

二、英、德文部分

Abe, Masao, *Buddhism and Interfaith Dialogue*. Ed. Steven Heine. Honolulu:
University of Hawai'i Press, 1995.

Abe, Masao, *Zen and Comparative Studies*. Ed. Steven Heine. London: Macmillan
Press Ltd., 1997.

Abe, Masao, *Zen and Modern World . A Third Sequel to Zen and Western Thought*.
Ed., Steven Heine, Honolulu: University of Hawai'i Press, 2003.

Abe, Masao, *Zen and Western Thought*. Ed. William R. LaFleur, London:
Macmillan Press Ltd., 1985.

Alitto, Guy S., *The Last Confucian: Liang Shu-ming and the Chinese Dilemma of
Modernity*. Berkeley and Los Angeles, Calif.: University of California Press,
1974.

Aquinas, St. Thomas, *God and Creation*. Tr. William P. Baumgarth and Richard J.
Regan. Scranton: University of Scranton Press, 1994.

Barth, Karl, *Kirchliche Dogmatik*. Auswahl von H. Gollwitzer. Zürich:
Theologischer Verlag, 1967.

Barth, Karl, *The Word of God and the Word of Man*. Tr. Douglas Horton. New
York: Harper and Row Publishers, 1957.

Bergson, Henri, *The Two Sources of Morality and Religion*. Tr. R. Ashley Audra and Cloudesley Brereton. Notre Dame: University of Notre Dame Press, 1977.

Berthrong, John, *All under Heaven: Transforming Paradigms in Confucian-Christian Dialogue*. Albany, NY: State University of New York Press, 1994.

Berthrong, John, *Transformation of the Confucian Way*. Boulder: Westview Press, 1998.

Blakney, Raymond B., tr. *Meister Eckhart: A Modern Translation*. New York: Harper and Row Publishers, 1941.

Boehme, Jacob, *Six Theosophic Points and Other Writings*. Tr. John Rolleston Earle. The University of Michigan Press: Ann Arbor Paperbacks, 1958.

Bonhoeffer, Dietrich, *Act and Being: Transcendental Philosophy and Ontology in Systematic Theology*. Tr. H. Martin Rumscheidt. Minneapolis: Fortress Press, 1996.

Bonhoeffer, Dietrich, *Ethics*. Tr. Neville Horton Smith. New York: Simon and Schuster Inc., 1995.

Bonhoeffer, Dietrich, *Ethik*. München: Chr. Kaiser Verlag, 1949.

Bouquet, A. C., *Comparative Religion*. London: Cassell and Company Ltd., 1961.

Bowers, Russell H. Jr., *Someone or Nothing? Nishitani's Religion and Nothingness as a Foundation of Christian-Buddhist Dialogue*. New York: Peter Lang, 1995.

Brown, Brian Edward, *The Buddha Nature: A Study of the Tathāgatagarbha and Ālayavijñāna*. Delhi: Motilal Banarsidass, 2004.

Brown, David, *Continental Philosophy and Modern Theology: An Engagement*. Oxford: Basil Blackwell, 1987.

Brunner, Emil, *Dogmatics: Die Christliche Lehre von Gott*. Zürich: Zwingli Verlag, 1946.

Brunner, Emil, *The Christian Doctrine of God. Dogmatics Vol.I*. Tr. Olive Wyon.

London: Lutterworth Press, 1970.

Brunner, Emil, *The Christian Doctrine of Creation and Redemption. Dogmatics Vol.II.* Tr. Olive Wyon. Philadelphia: The Westminster Press, 1974.

Bultmann, Rudolf, *Faith and Understanding.* Tr. Louise Pettibone Smith. Philadelphia: Fortress Press, 1987.

Bultmann, Rudolf, *Jesus Christ and Mythology.* New York: Charles Scribner's Sons, 1958.

Cahn, Steven M. and Shatz, David, eds., *Contemporary Philosophy of Religion.* Oxford: Oxford University Press, 1982.

Caird, John, *An Introduction to the Philosophy of Religion.* New York: AMS Press, 1970.

Cobb, John B. and Ives, Christopher, eds., *The Emptying God: A Buddhist-Jewish-Christian Conversation.* New York: Orbis Books, 1991.

Cohen, Arthur A. and Halverson, Marvin, eds., *A Handbook of Christian Theology.* Nashville: Abingdon, 1958.

Coward, Harold, ed., *Life after Death in World Religions.* Delhe: Sri Satguru Publications, 1997.

De Bary, Wm. Theodore, *Neo-Confucian Orthodoxy and Learning the Mind-and-Heart.* New York: Columbia University Press, 1981.

Durkheim, Emile, *The Elementary Forms of the Religious Life.* Tr. Joseph Ward Swain. New York: The Free Press, 1965.

Ehrhard, Piolette A., *Die Realität des moralischen Handelns. Mou Zongsans Darstellung des Neokonfuzianismus als Vollendung der praktischen Philosophie Kants.* Frankfurt a. M., 1997.

Eliade, Mircea, *Shamanism: Archaic Techniques of Ecstasy.* Tr. Willard R. Trask. Princeton: Princeton University Press, 1974.

Fan, Yuhcheng, *Tang Junyis Synthese Chinesischer und westlicher Philosophie. Die Grundlegung des moralischen Selbst als Schlüssel zum Verständnis des*

Gesamtwerks. München, 2000.

Feldmann, Christian, *Die Liebe bleibt. Das Leben der Mutter Teresa.* Freiburg: Verlag Herder, 1998.

Fox, Matthew, *Breakthrough: Meister Eckhart's Creation Spirituality in New Translation.* New York: Image Books, 1980.

Gilson, Etienne, *The Christian Philosophy of St. Thomas Aquinas.* Tr. L. K. Shook. New York: Octagon Books, 1983.

Gromaki, Robert G., *New Testament Survey.* Grand Rapids, Michigan: Baker Book House, 1981.

Hall, David L. and Ames, Roger T., *Thinking Through Confucius.* Albany: Suny Press, 1987.

Heisig, James W., *Philosophers of Nothingness.* Honolulu: University of Hawai'i Press, 2001.

Hibbs, Thomas S., ed., *Thomas Aquinas on Human Nature.* Cambridge: Hackett Publishing Company, 1999.

Hick, John, *Disputed Questions in Theology and the Philosophy of Religion.* London: Macmillan, 1997.

Hick, John, ed., *Classical and Contemporary Readings in the Philosophy of Religion.* Englewood Cliffs: Prentice Hall, 1990.

His Holiness the Dalai Lama, *The Good Heart: A Buddhist Perspective on the Teachings of Jesus.* Tr. Geshe Thupten Jinpa. Boston: Wisdom Publications, 1996.

Hodgson, Peter C. and King, Robert H., eds., *Christian Theology: An Introduction to Its Traditions and Tasks.* Philadelphia: Fortress Press, 1988.

Johnston, William, *Silent Music: The Science of Meditation.* Glasgow: William Collins Sons and Co. Ltd., 1976.

Johnston, William, *The Inner Eye: Mysticism and Religion.* San Francisco: Harper and Row, 1978.

Kant, Immanuel, *Die Religion innerhalb der Grenzen der bloßen Vernunft.* Stuttgart: Philipp Reclam Jun, 1974.

Kant, Immanuel, *Kritik der praktischen Vernunft. Grundlegung zur Metaphysik der Sitten.* Frankfurt a. Main: Suhrkamp Verlag, 1978.

Kant, Immanuel, *Religion within the Limits of Reason Alone.* Tr. Theodore M. Greene and Hoyt H. Hudson, New York: Harper and Row, 1960.

Kantor, Hans-Rudolf, *Die Heilslehre im Tiantai-Denken des Zhiyi (538-597) und der Philosophische Begriff des "Unendlichen" bei Mou Zongsan (1909-1995).* Wiesbaden, 1999.

Katz, Steven T., ed., *Mysticism and Philosophical Analysis.* London: Sheldon Press, 1978.

King, Sallie B. and Ingram, Paul O., eds., *The Sound of Liberating Truth. Buddhist-Christian Dialogues.* Surrey: Curzon Press, 1999.

Kögler, Hans Herbert, *The Power of Dialogue: Critical Hermeneutics after Gadamer and Foucault.* Cambridge: The MIT Press, 1999.

Kübler-Ross, Elisabeth, *On Death and Dying.* New York: Macmillan Publishing Company, 1991.

Küng, Hans, *Eternal Life? Life After Death as a Medical, Philosophical and Theological Problem.* Tr. Edward Quinn. London: SCM Press, 1984.

Küng, Hans, *Theology for the Third Millennium: An Ecumenical View.* Tr. Peter Heinegg. New York: Doubleday, 1988.

Laycock, Steven W. and Hart, James G., eds., *Essays in Phenomenological Theology.* Abany: State University of New York, 1986.

Lee, Ming-Huei, *Der Konfuzianismus im Modernen China.* Leipzig: Leipziger Universitätsverlag, 2001.

Levenson, Joseph, *Confucian China and Its Modern Fate: A Trilogy.* Berkeley: University of California Press, 1968.

Liu, Shu-hsien, Berthrong, John and Swidler, Leonard, eds., *Confucianism in*

Dialogue Today: West, Christianity and Judaism. Philadelphia, PA: Ecumenical Press, 2004.

Lopez, Donald S. and Rockefeller, Steven C., eds., *The Christ and the Bodhisattva*. Albany: State University of New York Press, 1987.

Louis Roy, O. P., *Mystical Consciousness: Western Perspectives and Dialogue with Japanese Thinkers*. Albany: University of New York Press, 2003.

Makeham, John ed., *New Confucianism: A Critical Examination*. New York: Palgrave Macmillan, 2003.

Masih, Y., *Introduction to Religious Philosophy*. Delhi: Motilal Banarsidass Publishers, 1998.

Masutani, Fumio, *A Comparative Study of Buddhism and Christianity*. Tokyo: Bukkyo Dendo Kyokai, 1967.

Mayeda, Graham, *Time, Space and Ethics in the Philosophy of Watsuji Tetsuro, Kuki Shuzo, and Martin Heidegger*. New York: Routledge, 2006.

McCool, Gerald A., ed., *A Rahner Reader*. New York: Crossroad, 1981.

Metzger, Thomas A., *Escape from Predicament: Neo-Confucianism and China's Evolving Political Culture*. New York: Columbia University Press, 1977.

Metzlersche, J. B., *Die Macht des Dialogs: Kritische Hermeneutik nach Gadamer, Foucault und Rorty*. Stuttgart: Verlagsbuchhandlung, 1992.

Miller, M., *Die Modernität der Tradition: Zum Kulturverständnis des Chinesischen Historikers Yu Yingshi*. Münster, 1995.

Moltmann, Jürgen, *Theology Today: Two Contributions towards Making Theology Present*. Tr. John Bowden, London: SCM Press, 1989.

Mommaers, Paul and Van Bragt, Jan, *Mysticism: Buddhist and Christian-Encounters with Jan van Runsbroec*. New York: Crossroad, 1995.

Neville, Robert, *Boston Confucians*. Albany, NY: State University of New York Press, 2000.

Niebuhr, H. Richard, *Christ and Culture*. New York: Harper and Row, 1975.

Nishida, Kitaro, *An Inquiry into the Good*. Tr. Masao Abe and Christopher Ives. New Haven: Yale University, 1990.

Nishida, Kitaro, *Fundamental Problems of Philosophy: The World of Action and the Dialectical World*. Tr. David A. Dilworth. Tokyo: Sophia University, 1970.

Nishida, Kitaro, *Intuition and Reflection in Self-Consciousness*. Tr. Valdo H. Viglielmo. Albany: University of New York Press, 1987.

Nishida, Kitaro, *Nothingness and the Religious Worldview*. Tr. David A. Dilworth. Honolulu: University of Hawai'i Press, 1987.

Nishitani, Keiji, *Nishida Kitaro*. Tr. Yamamoto Seisaku and James W. Heisig. Berkeley: University of California Press, 1991.

Nishitani, Keiji, *Religion and Nothingness*. Tr. Jan van Bragt. Berkeley: University of California Press, 1982.

Nishitani, Keiji, *The Self-Overcoming of Nihilism*. Tr. Graham Parkes with Setsuko Aihara. Albany: State University of New York Press, 1990.

Otto, Rudolf, *Das Heilige: Über das Irrationale in der Idee des Göttlichen und sein Verhältnis zum Rationalen*. München: Verlag C. H. Beck, 1963.

Otto, Rudolf, *The Idea of the Holy: An Inquiry into the Non-rational Factor in the Idea of the Divine and Its Relation to the Rational*. Tr. John W. Harvey. London: Oxford University Press, 1958.

Ozaki, Makoto, *Individuum, Society, Humankind: The Triadic Logic of Species, According to Hajime Tanabe*. Leiden: Brill, 2001.

Panikkar, R., *The Intrareligious Dialogue*. New York: Paulist Press, 1978.

Pappas, Paul C., *Jesus' Tomb in India: Debate on His Death and Resurrection*. Berkeley: Asian Humanities Press, 1991.

Phillips, D. Z., ed., *Religion and Morality*. London: Macmillan, 1996.

Puhakka, Kaisa, *Knowledge and Reality. A Comparative Study of Quine and Some Buddhist Logicians*. Delhi: Motilal Banarsidass, 1975.

Reynolds, Stephen, *The Christian Religious Tradition*. Belmont, California:

Wadsworth Publishing Company, 1977.

Schweitzer Albert, *Geschichte des Chinesichen Denkens. Werke aus dem Nachlass.* Eds., Bernhard Kämpf and Johann Zürcher, München: Verlag C. H. Beck, 2002.

Smith, D. Howard, *Chinese Religions.* London: Weidenfeld and Nicolson, 1968.

Streng, Frederick J., *Understanding Religious Man.* Belmont: Dickenson Publishing Company, Inc., 1969.

Tanabe, Hajime, *Philosophy as Metanoetics.* Tr. Takeuchi Yoshinori. Berkeley: University of California Press, 1986.

Tilley, Terrence W., ed., *Postmodern Theologies: The Challenge of Religious Diversity.* Maryknoll, New York: Orbis Books, 1995.

Tillich, Paul, *Biblical Religion and the Search for Ultimate Reality.* Chicago: The University of Chicago Press, 1955.

Tillic, Paul, *Christianity and the Encounter of the World Religions.* New York: Columbia University Press, 1964.

Tillich, Paul, *Dynamics of Faith.* New York: Harper and Row Publishers, 1957.

Tracy, David, *Blessed Rage for Order.* Chicago: The University of Chicago Press, 1996.

Tracy, David, *Plurality and Ambiguity: Hermeneutics, Religion, Hope.* Chicago: The University of Chicago Press, 1994.

Tu, Wei-ming, *Centrality and Commonality: An Essay on Confucian Religiousness.* Albany, NY: State University of New York Press, 1989.

Unno, Taitetsu, ed., *The Religious Philosophy of Nishitani Keiji.* Berkeley, California: Asian Humanities Press, 1989.

Unno, Taitetsu and Heisig, James W. eds., *The Religious Philosophy of Tanabe Hajime.* Berkeley: Asian Humanities Press, 1990.

Waldenfels, Hans, *Absolute Nothingness: Foundations for a Buddhist-Christian Dialogue.* Tr. J. W. Heisig, New York: Paulist Press, 1980.

Wargo, Robert, J. J., *The Logic of Nothingness: A Study of Nishida Kitaro.* Honolulu: University of Hawai'i Press, 2005.

Weber, Max, *Die Wirtschaftsethek der Weltreligion: Konfizianismus und Taoismus.* Ed., Helwig Schmidt-Glintzer, Tübingen: J. C. B. Mohr Paul Siebeck, 1991.

Yu, Anthony C., *State and Religion in China: Historical and Textual Perspectives.* Chicago: Open Court, 2005.

國家圖書館出版品預行編目資料

宗教世界與世界宗教

吳汝鈞著.－ 初版.－ 臺北市：臺灣學生，2013.07
面；公分

ISBN 978-957-15-1590-8 (平裝)

1. 宗教 2. 宗教文化

200   102012483

宗教世界與世界宗教

著　作　者：吳　　　　　汝　　　　　鈞
出　版　者：臺 灣 學 生 書 局 有 限 公 司
發　行　人：楊　　　　　雲　　　　　龍
發　行　所：臺 灣 學 生 書 局 有 限 公 司
　　　　　　臺北市和平東路一段七十五巷十一號
　　　　　　郵 政 劃 撥 帳 號 ： 0 0 0 2 4 6 6 8
　　　　　　電　話 ： (0 2) 2 3 9 2 8 1 8 5
　　　　　　傳　眞 ： (0 2) 2 3 9 2 8 1 0 5
　　　　　　E-mail：student.book@msa.hinet.net
　　　　　　http：//www.studentbook.com.tw
本 書 局 登
記 證 字 號：行政院新聞局局版北市業字第玖捌壹號
印　刷　所：長 欣 印 刷 企 業 社
　　　　　　新北市中和區中正路九八八巷十七號
　　　　　　電　話 ： (0 2) 2 2 2 6 8 8 5 3

定價：新臺幣四〇〇元

西 元 二 〇 一 三 年 七 月 初 版

20010